U0097055

古代歷史文化研究輯刊

二八編

王明蓀 主編

第 21 冊

中國語境的王賡武
——王賡武學術論文與演講報告（1970～2020）（上）

王賡武著、莊園編

國家圖書館出版品預行編目資料

中國語境的王賡武——王賡武學術論文與演講報告（1970～
2020）（上）／王賡武著、莊園編 -- 初版 -- 新北市：花木蘭
文化事業有限公司，2022〔民 111〕
序 4+ 目 2+200 面；19×26 公分
（古代歷史文化研究輯刊 二八編；第 21 冊）
ISBN 978-626-344-095-1（精裝）
1.CST：王賡武 2.CST：學術思想 3.CST：史學 4.CST：文集
618　　　　　　　　　　　　　　　　　　　111010299

ISBN-978-626-344-095-1

古代歷史文化研究輯刊
二八編　第二一冊　　　　　　ISBN：978-626-344-095-1

中國語境的王賡武
——王賡武學術論文與演講報告（1970～2020）（上）

作　　者　王賡武
編　　者　莊　園
主　　編　王明蓀
總 編 輯　杜潔祥
副總編輯　楊嘉樂
編輯主任　許郁翎
編　　輯　張雅淋、潘玟靜、劉子瑄　美術編輯　陳逸婷
出　　版　花木蘭文化事業有限公司
發 行 人　高小娟
聯絡地址　235 新北市中和區中安街七二號十三樓
　　　　　電話：02-2923-1455／傳真：02-2923-1452
網　　址　http://www.huamulan.tw 信箱 service@huamulans.com
印　　刷　普羅文化出版廣告事業
初　　版　2022 年 9 月
定　　價　二八編 27 冊（精裝）新台幣 80,000 元　　版權所有・請勿翻印

中國語境的王賡武
——王賡武學術論文與演講報告（1970～2020）（上）

王賡武著、莊園編

作者簡介

　　王賡武，著名歷史學家，現為新加坡國立大學特級教授。祖籍江蘇泰州，1930 年生於印尼泗水。南京中央大學外文系肄業。新加坡馬來亞大學歷史系畢業。1957 年獲倫敦大學博士學位。曾任馬來亞大學文學院院長、澳大利亞國立大學遠東歷史講座教授、香港大學校長、新加坡國立大學東亞研究所所長。2020 年，獲選為唐獎第 4 屆漢學獎得主。唐獎教育基金會指出：王賡武教授以獨特的視角理解中國，並在中國的世界秩序、海外華人以及華人移民變遷等領域，提供具開拓性且深入的剖析。

　　莊園，女，1972 年出生於廣東省汕頭市。澳門大學哲學（文學）博士，文藝學副研究員，現在汕頭大學圖書館工作。已出版個人專著 6 部、個人編著 2 部、發表學術論文 50 多篇。擔任學術雜誌《華文文學》副主編（2010 ～ 2019）期間，編輯出版海內外學者的華文文學論文總約 1600 萬字。

　　代表著述有以下幾部：《個人的存在與拯救——高行健小說論》（莊園著，2017 年 2 月，香港大山文化出版社，30 萬字）、《高行健文學藝術年譜（1940 ～ 2017）》（莊園著，2019 年 9 月，臺灣花木蘭文化出版社，4 卷本 70 萬字）、《許廣平後半生年譜——兼及魯迅的家人與友人等（1936 ～ 1968）》（莊園著，2020 年 9 月，臺灣花木蘭文化出版社，2 卷本 35 萬字）、《女性主義專題研究》（莊園著，2012 年 8 月，中山大學出版社，23 萬字）、《女作家嚴歌苓研究》（莊園編，2006 年 4 月，汕頭大學出版社，20 萬字）、《文化的華文文學——華文文學方法論爭鳴集》（莊園編，2006 年 4 月，汕頭大學出版社，13 萬字）。

提　　要

　　此書由編者收集的中國大陸期刊（1980 ～ 2020）刊發的王賡武先生的學術論文、演講報告、主題發言、書評、書序及賀信等編撰而成。全書包括序言、正文、其他、附錄及編者後記。

　　正文部分為王賡武的學術論文和演講報告。按時間先後順序排列，時間的先後基於兩方面的考量，一是作者寫作發表的時間、一是期刊刊發文章的時間。這部分涵蓋了王賡武教授 1970 ～ 2020 期間的主要著述。

　　其他為王賡武書評一篇、書序一篇及賀信兩篇。

　　附錄部分有三項內容，一是編者考察中國語境下對王賡武著述的選譯和傳播情況；二是編者對收集的王賡武 18 部中文著作（1980 ～ 2020）的介紹，內容包括書名、著譯者、出版社、出版時間、目錄、著者序言、後記、編者序言、後記、著者導言、結語等；三是王賡武教授給編者的一封信。

此為韓山師範學院東南亞華文文學研究中心重點項目——《評述東南亞歷史學家王賡武的華人研究——華文文學研究可借鑒方法論一種》，項目編號 PSB210601。

序　言

朱壽桐

　　我的專業是中國文學，一向對歷史研究心存敬畏但不敢貿然涉足。即使主持中國歷史文化中心的工作以後，也仍然是對歷史保持足夠的尊重和疏離的態度。文史不分家的俗語從我個人的角度來說則是隔行如隔山。

　　我深知我的侷限，也羨慕有些治史的朋友在文學話題上常常信馬由韁縱橫馳騁的瀟灑，儘管其文學史知識的欠缺有時可能達到驚人的程度。當然並不是說文史之間須要築成人為的鴻溝，我知道文史兼修乃是傳統學問的常見路數，文史皆通更是國學大家的獨步境界。陳寅恪先生以史學之功治文學，真有縱大鑊而烹小鮮的從容與快意，而他的以詩證史的研究方法，則成了史學研究和詩學研究界都樂於仿傚的經典法則。

　　莊園所研究的王賡武先生同樣如此，這位歷史學家也正是文學通人，他的《1800年以來的中英碰撞》一書，充分注意到英國史學家阿瑟・韋利研究史學問題往往通過「揭開中國詩歌的神秘面紗，將中國詩歌領入英語世界」，於是成就了他自己的「偉大的轉折點」。王先生不是一般地引用文學資料佐證歷史，他作為歷史學家真的是非常懂得文學，瞭解文學的效能，他分析出韋利對中國文學的學術開發是「獨闢蹊徑，與中國人進行深層次的心靈和審美的交流」，說明這位英國學者的這份文學情感可以「對中國的思想、語言和藝術產生咒語般魔力」。的確，文學在歷史和歷史關係中所起的作用乃是心靈溝通、審美交流與思想藝術的魔力訴求，它當然不是宏觀結構意義上的環節甚至節點。文學以及藝術從來不具有歷史環節甚至某種節點的意義，「四面楚歌」的故事充其量只是烘托當時楚漢決戰的氣氛，其作用不過與楚霸王的「虞姬歌」相仿，實在難以構成那一段大歷史的某種環節。但是，文學藝術可以為

它所承載的任何一段歷史，任何一段歷史環節，任何一個歷史節點上的人物、事件、細節注入靈魂，注入生命的因素，注入血脈和水分，使得歷史免除敘述的乾癟、僵硬和生命感的空乏。於是，歷史學家王賡武一直重視文學因素的活性調動與良性激發，他自己實際上就是一個優秀的作家，他的《家園何處是》等回憶錄都是用優美的散文筆法進行個人敘寫的生動的文學篇章。他非常重視史學敘事中的文學藝術成分，他所主持的幾個重大歷史研究項目中，文學因素的開發都佔據突出的位置。《中國與海外華人》一書重點論述了魯迅與原廈門大學校長林文慶的關係，可以說彌補了中國現代文學史的相關重要內容。先生所主編的《香港史新編》，中收黃維梁對香港文學發展狀況的研究，以及鍾景輝對香港話劇文學歷史與成就的分析，都是極有分量的學術敘述，研究者的分量和影響力也都非常有優勢。

王賡武先生研究歷史時注重文學，還因為他比其他歷史學家更清楚地知道，特別是他極為擅長的移民史研究，需要大量引入語言因素，而與語言因素最近切的則是文學。王賡武先生是當代學界華人史特別是東南亞華人移民史研究的第一人，他的超卓的學術建樹在於他對華人的身份認同以及與此相關的理論問題的創造性探索，而這樣的探索都與文學表現與語言表述密切聯繫在一起。歷史學家蘇基朗在為王著《天下華人》所作序言中指出：王賡武先生的突出貢獻在於他對海外華人的身份認同本身所作的系統性分疏。他釐清「華僑」（overseas Chinese）及「華僑圈」（Chinese diaspora）兩詞的含混意義，指出其不特不適用於海外華人，並且引起非華人的廣泛誤解，令人以為海外華人一致團結地抱持落葉歸根、效忠母國的僑居心態，而漠視其多元多變與忠於居留國的動態實情。基於對西方歷史文化的深度理解，他也對英文「China」「Chinese」「Chineseness」等一系列近代輸入中國的概念，從事歷史的剖析，以說明其隨著當代政治經濟的變動無常而產生多元多變的內涵，故此不能簡單地望文生義，用以規範海外華人的身份認同。王教授提倡的「海外華人」（Chinese overseas）一詞，也已漸為學界所通用。

非常有必要認真閱讀王賡武先生的相關著述，他所揭示的海外華人特別是東南亞華人移民的心態是那樣地真實可信而且振聾發聵。毫無疑問，「海外赤子」式的對於祖國認同、親近的心態對於海外華人來說是一種巨大的真實，這種巨大的真實需要巨大的歷史環境及其所構成的巨大的歷史環節所支撐，所加持，也就是說，在祖國面臨巨大的歷史命運的關鍵時刻，或者面臨著強

敵侵擾的歷史關節之際，海外華人的祖國意識和民族意識便自然會趨於強烈，因此，辛亥革命之際的主要物質資源來自於海外華人，抗日戰爭時期海外華人所作出的貢獻和犧牲更足以彪炳史冊，甚至抗美援朝戰爭時期，海外華人都貢獻出了自己的心力。但在非「巨大命運」時期，在僅僅適合於微敘事的時代，要求海外華人同樣將「民族意識」的頻道調諧到中華民族方面，顯然並不現實，因為人們一旦習慣過平常的日子，所在國和居留國的政治經濟生態和文化生態才是切身的，現實的，富有直接影響力的。這是一種歷史的辯證法，是迫近現實的政治倫理和社會倫理的有價值、有規律的歷史呈示。因此，祖國意識、民族意識對於海外華人來說是一種「巨大」的真實，而「巨大」的真實不應該與日常的瑣碎的真實相含混。

然而，文化倫理的呈現又將是另一種情形。海外華人的政治認同、社會認同可能會隨著社會生活秩序的變化而改變，但文化認同則保持相對穩定的狀態。一般來說，文化認同與認知主體的語言修養和語言傾向密切相關，如果身處海外的華人始終以漢語為自己的主體語言，那麼他的文化認同必然傾向於自己最熟悉、最適應、最親切的語言文字所代表的那種文明形態和文字形態。於是，特別是在東南亞地區，華人使用漢語母語的普及程度往往代表著漢語文化認同在這一地區的顯現度。由於東南亞地區的各國語言並不能化育成足以與漢語抗衡的世界語言，旅居這一地區的華人往往都自然地堅持使用自己的母語，這樣，他們的文化認同比世界其他地方的華人更明顯地傾向於漢語文化也就是母語文化，無論他們的政治、社會認同是否隨著社會政治的巨大敘事與俗常敘事的變化而發生適應性改變，母語文化認同，以及漢語文學的持續操作毫無疑問會成為這一地區華人文化的重要載式。東南亞的華人其文學寫作一般都習慣是用自己最稔熟的漢語母語，雖然有時候他們會堅持認為這種以漢字承載的語言未必就必然叫作漢語。漢語文化認同無論在事實狀態上還是在文化理念上都是東南亞華人知識者普遍常見的文化形態。用漢語寫作是東南亞華人知識者最常見、最普遍和最自然的寫作狀態。這是王賡武先生較少涉及的東南亞華人文化認同的基本狀況和基本原理，但也是王賡武先生對華人政治社會認同研究所餘留的重要的學術話題。王賡武先生的研究為我們的漢語文學和漢語新文學闡示提供了足夠的學術空間。

莊園編的這本書突出的是「中國語境的王賡武」，闡述歷史學家王賡武及其歷史學術與「中國語境」的關係，其中最重要的內容以及最富有啟發意義

的警示便是海外華人祖國與民族心態的「巨大」與俗常的領悟。如果從文學式的想像切入，一直伴隨著「海外赤子」式的旋律，在大量小說和詩歌的表現層面理解海外華人，就不可能真正理解海外華人複雜的然而又是合理的心理狀態和現實倫理。王賡武以他的等身著作讓我們懂得了如何真正理解海外華人，而莊園以她的這部書讓我們明白如何才算真正理解了王賡武先生。

2021 年 7 月

正　文

中國和東南亞（1402～1424 年）〔註1〕

遲越譯

　　過去的幾十年裏，人們曾把大量的注意力集中到中國和其他亞洲國家的關係問題上，而在中國與其他亞洲國家的關係史中，經常討論的問題大概要以 1405 至 1433 年間鄭和幾次遠航印度洋一事為最。這幾次遠航聲勢赫赫，一向被看做是這一時期中國與東南亞關係中極重大的事件。而本文則試圖闡述一下這段關係史上為以往所忽視了的若干問題。此外還打算將中國對東南亞諸國的政策與中國在其他地方推行的政策加以對比，並就東南亞對中國的重要性做出某些估計。為此，我選擇了明朝永樂皇帝在位時期（1402～1424 年），正是這位皇帝（朱棣）曾六次派遣鄭和遠航印度洋並多次接納了許多外國官方的或私人團體的訪問，這為中國歷史上其他皇帝所不及。所謂「東南亞」者，我所指的即是現在所說的這個包括了次大陸和島國在內的東南亞諸國。

　　不過應該記住的是，中國和東南亞許多民族在各個級別上的交往關係在明朝（1368～1644 年）之前，就已經發展了好幾個世紀了。早在唐朝（618～906 年）中國人就已經知道了暹羅灣和瓜哇海沿岸的一些重要貿易中心。在七、八世紀，一直有這些地區的使節來訪問中國，北宋（960～1126 年）時期尤為頻繁——特別是在十世紀末，十一世紀初這個時期。而從北宋衰落後直到蒙古人 1276 年佔領了中國南部為止這段時期朝廷則很少接待外國使節的來訪。元朝歷代皇帝和明朝的統治者都繼承了中國的悠久傳統，不斷加強著

〔註1〕此文 1970 年發表於劍橋大學出版社的《中國和東南亞社會史研究論集》。刊發在《南開史學》1982 年 6 月（第 1 期，輯刊）第 268～301 頁。

與東南亞國家的交往。但是，在明朝以前，這樣的交往主要是非官方的或半官半私的，地點也只限於在中國南部的一些商埠。朝廷對於貿易甚至歲貢的過問也只乘一時之興。至於由皇帝親理此項事務的實例則更是絕無僅有。諸如皇帝接見哪些使臣以及是否派人回訪等事，也只是根據大臣奏請而辦的例行公事而已。

從初唐以來各朝代與東南亞的關係多無甚大討論的價值。至於元世祖忽必烈於 1292 年大舉入侵爪哇、明太祖朱元璋（1368～1398）親派使團南入爪哇兩事，雖都由兩位傑出的皇帝親自籌劃，但與永樂皇帝為堅持發展與東南亞的關係所做的種種公開的、卓有成效的努力相比，皆微不足道。事實上，永樂皇帝是中國第一位把很大的注意力集中到發展和東南亞各國關係上的皇帝，他在位時期所採取的主動措施決定了中國與這些地區的國家關係的模式和性質。其所以意義重大，就在於當時朝廷的創舉在中國以後的外交關係中長時期起著決定性作用，永樂皇帝以前的統治者們都未曾採取有效措施鼓勵與東南亞國家建立正式關係，這一事實正標誌著永樂皇帝在十五世紀早期的中國大發展中作為開創者的關鍵地位。由於這個原因，這篇文章中對於這一時期的研究也就有了特殊的理由。後面就要談談，1402 至 1424 年間中國與東南亞國家的交往的很大一部分原因是出自永樂皇帝個人對於東南亞的興趣。

儒家正統歷史學家總是隱去每一個皇帝的個性和非正統的一面而去突出他的君王角色和為君的範型，因此把一個皇帝按著他的本來面目寫成一個暴君、一個獨裁者或是一個孱弱無能的孩子、一個花天酒地的公子哥兒的事例是歷來罕見的。歷代的史家寫本朝的開國皇帝時更是遵此辦理。永樂皇帝雖非明朝的開國皇帝，但由於他是 1402 年篡奪其侄（他長兄之子）的皇位而稱帝的，這就使得他要另立自己的皇統。其廟號定為「成祖」即在標榜與其父同處明室開國皇帝的地位。因此，關於永樂皇帝官方的歷史就主要成了一部封建帝王的個人英雄史，一個有遠見的勇士和軍事家、一個睿智嚴謹、愛民如子的好皇帝的歷史。關於他的仁政和明智穎達以及他對文臣武將的知人善任，都有著豐富的實例記載。但從那些枯燥而謹嚴的字句中，我們仍可以看到他的專橫，他的驕奢、他的多疑的天性以及政治上的專斷。

永樂皇帝統治的時代也是個多事之秋，但歷史記載卻巧妙地一帶而過，使得這個時代比實際上看起來要平靜得多。永樂皇帝的統治方法是每事必問，

獨斷專行，但能明顯體現出他個人感情和謀略的事件卻很難為人所知。我們
雖可以看到整套的編年史和各種論旨，但卻看不到他是如何做出決策的。我
們知道永樂皇帝篡位之後，經過大規模的屠殺、流放和削職，官僚機構中的
權臣大吏已經勢單力薄。但他又是如何自己選用了一些學者和宦官來輔佐他
統治，我們尚不十分清楚。更令人氣惱的是，雖然有專門羅列那些紛至沓來
的外國使者的清單，也有一些關於如何接待他們的文件，但卻無從知道他們
對中國、對朝廷、對永樂皇帝本人究竟有何關係的內情。

　　考慮到這個背景，我們才體悟出為什麼明成祖統治時期的一些事件，特
別是鄭和遠航一事歷來為史學家們所迷惑不解，由於人們對於其根本目的缺
少令人信服的材料，所以種種有關的推測都遇到了障礙。結果，凡想解釋中
國對東南亞和印度洋諸國採取的方針政策者，不是把它說成為永樂皇帝一時
的心血來潮，就是把它歸結為中國的擴張主義和帝國主義，再不就是中國世
界秩序的自然擴張。還有一些解釋，其出發點是把 1453 年作為分界，認為這
個時期以前中國的政策是向外擴展的，這個時期以後，中國便由世界退回而
轉為孤立主義，然而，這些解釋也不能令人滿意。

　　那些只顧寫鄭和艦隊聲勢赫赫地遠航東非海岸的學者們都從來未認真地
研究一下永樂皇帝對蒙古各部落聯盟的政策，對西藏的政策、對各車臣部落
的政策，對朝鮮和日本的政策、對中國西南邊疆各少數民族的政策，對緬甸、
老撾乃至對東南亞許許多多國家的政策，從未研究過這些政策的深遠意義。
相反，把鄭和的遠航一味戲劇化的學者們卻時常把它來和以後幾個世紀的歐
洲海上帝國主義相比。其原因是，這些人有一種成見，他們總想把鄭和的遠
航解釋為中國一貫企圖染指東南亞的不祥之兆。

　　但是，事實並沒有給這些解釋以有力的支持，而我們則需要相信的是，
關於十五世紀中國與東南亞國家的關係很可能有更可靠的實證，這就引導我
們去更切實地考查一下永樂王朝。由此，我們要得知永樂皇帝的真正意圖、
他決定派鄭和及其他使節去東南亞的背景、除此之外他還為之焦慮的事情、
他對於東南亞諸國的打算以及與中國的歷史聯繫起來看，永樂皇帝的決策的
典型性如何。

　　下面，我就從永樂王朝的最顯著之處談起。永樂皇帝朱棣剛一出場就帶
著一股殺氣。1398 年總算躲過了他父親朱元璋的處置，他拒絕接受他侄子的
統治。惠帝登基的幾個月之後，他便開始對抗新皇帝並且發動了內戰。從 1399

年至 1402 年三年期間，國內的戰亂壓倒一切，1402 年 7 月 17 日，明惠帝的軍隊終被擊敗，首都南京陷落，朱棣登上了皇帝的寶座。但是明惠帝的屍首並未找到，留下了後患。許多推測認為，這位合法的皇帝——朱棣的侄子確是已經逃遁或藏匿起來。朱璋登基的反響是很大的，朝廷失去了一部分能幹的老臣，除了皇帝的親兵和隨從太監以外，沒有人能夠得到真正的信任.政府機構不得不重建了。

　　永樂皇帝的第一個行動就是堅持推行了他父親的一系列政策，並聲稱是他侄子的謀臣們歪曲了這些政策。他提升了留下來的大臣，並選拔了一批無名之輩，讓他們的地位高居於這些大臣之上，在其他省份及邊陲地區也採取了同樣的做法。他擢拔了七位年青的學者做他的私人秘書，在這些人們的幫助下，他鞏固了他們個人集團統治。以後，他又以高官厚祿獎勵了為他效忠的支持者們。

　　同年 8 月 22 日，永樂皇帝登基的第五周，就接待了第一個來訪的使團，這個使團是中國西南地區雲南的一個藩王派來的。一周以後，最後一股反對當權王朝的力量在山東被粉碎了，永樂皇帝向海外派出第一個出訪代表團，這次是去朝鮮向其宣告新皇帝的登基的。六天之後，即同年 9 月 4 日，一個僧人攜帶著永樂皇帝宣布登基的詔書及重禮前往西藏。又過了三個星期，他向蒙古各部落的首領派出了使節。同年 10 月 3 日，他又遣送使節前往如下各國：

　　安南（Annam）、暹羅（Saim）、爪哇（Java）、日本（Japan）、南印度（South India）、琉球（Ryukyu）、蘇門答剌（Sumadra）、占婆（Champa）。

　　還有一件事是頗有深意的，即永樂皇帝向禮部頻布了如下詔令：

　　「太祖高皇帝時，諸番國遣使來朝，一皆遇之以誠，其以土物來市易者，悉聽其便，或有不知避忌而誤幹憲條，皆寬宥之，以懷遠人。今四海一家，正當廣示無外，諸國有輸誠來貢者聽.爾其諭之，使明知朕意」。〔註2〕

　　第二天又有一件事，可以表明永樂皇帝的對外政策。有一批大概是他侄子在位時派出的使者從東南諸島回國，他們奏報說某些中國冒險者與當地的海盜勾結，為害地方。永樂皇帝馬上發布了這樣一道詔令：

　　「好善惡不善，人之同情，有不得已而為不善者，亦非本心。往者爾等或避罪譴，或苦飢寒，流落諸番，與之雜處，遂同為劫掠，苟圖全活。巡海官

〔註2〕見《明實錄・永樂實錄》，江蘇國學圖書館傳鈔本，十二卷第八頁。

軍即不能矜情招撫，更加侵害，爾等雖有悔悟之心，無由自遂，朕甚憫焉.今特遣人齎敕往諭，凡番國之人，聽各逐本土，欲來朝者當加賜齎遣還，中國之入逃匿在彼者，咸赦前過，俾複本業，永為良民。若仍恃險遠，執迷不悟，則命將發兵，悉行剿戮，悔將無及」。〔註3〕

此後，永樂皇帝向滿洲西部的烏梁海的一些蒙古部落派出使節邀請通商，派出的使節遠至撒馬兒罕（Samarkand）的一個穆斯林國家。1403 年初，進而派使團去朝鮮，暹羅以及西藏地區等等。同年 3 月 4 日，一個極為重要的外交使團前去韃靼大汗統治下的蒙古最強大的一個部落聯盟，與他們公開外交關係。

在永樂皇帝登基的九個月中，就已經向與明朝有關的所有國家順利地派出了使團。但是明王朝與海上國家和與內陸國家的關係有一個重要區別。與內陸國家交往的目的不辯自明，無庸贅述。出海訪問的使團是負著這樣的使命的，他們要向海上諸國強調中外友好的貿易關係「並宣稱中國人絕」不再參與海盜的劫掠活動。以後的數月之中，擬定了從海上運糧至北京、滿洲地區的綜合性草案，此外的一些輔助性計劃還包括了造船問題、防範長江口與福建之間的海盜問題，長江兩岸諸港目的情況、建立市舶司，甚至還涉及到廣州附近的颱風等問題。

關於引起 1403 年 10 月 1 日至 28 日中國的級別很高的使團遠航滿刺加（Malacca）和印度洋的一些事件，我在別的文章中已經闡述過。這無疑是作為在 1402 年末到 1403 年初對海外諸國關係實行的決策的一個補充措施。需加以說明的是，這些事件只有置於明朝政府對海上及內陸諸國所實行的一系列外交政策的整體中，才能得窺其實質.當時永樂皇帝朱棣掇為關注的一些地區不外是蒙古各部、西藏的西部和西南部邊陲地區、雲南地區、緬甸（Burma）、老撾（Laos）、安南以及從 1348 年方國珍起義時就商、盜一家的整個東南和東部沿海地區。

現在讓我們來看看永樂早期使中國陷進一場與東南亞的糾葛中去的事件的經過。我所指的是中國與安南的一場糾紛，即所謂「安南事件」。起初，中國於 1402 年 10 月 3 日派了一個使者前往安南，而後安南也於 1403 年 4 月 21 日派遣使團回訪。在以前的四年中，安南就發生了篡奪王位的事件。那時

〔註3〕見《永樂實錄》十二卷第十頁。參見朱元璋禁止私人渡海出洋的政令，此政令永樂皇帝於 1402 年 6 月 30 日再次頒布。

正是陳朝衰敗的時期。明朝的禮部就以此事進行調查，1403 年 5 月 5 日一個負有特殊使命的使者，前往安南調查有關王位繼承問題。

這個調查是基於什麼進行的？永樂皇帝以什麼權力根據越南的新統治者的一封信來參與其事呢？我們發現在記載中安南的新統治者自封為「傳立國使」，奏請永樂皇帝承認他的封號，這是否意味著安南真誠地自認為中國的藩屬或自願歸順中國並承認永樂皇帝有權調查新王繼位的合法性呢？

一經調查便陷入了一件十分棘手的事件中。永樂皇帝起初承認了這個新王，而當逃亡在外的陳王朝的合法繼承人向他說明了篡位的事實以後，永樂皇帝又撤回了成命。但永樂皇帝並沒有興師問罪，只不過將合法的繼承者送回了本國，當這位繼承人被殺之後，中國和安南便發生了公開的衝突。關於王位繼承問題，中國和安南進行了三年煞費苦心的協商。（從 1403 年 4 月至 1406 年 4 月），終於談判破裂而於 1406 年 5 月進入戰爭準備階段。11 月，第一批討伐軍隊便進入安南開仗了，明政府給安南奪權者歷數了二十條大罪狀做為討伐的理由，其內容不妨摘舉如下：

「賊大黎季 X 父子，兩弒前安南國王以據其國，罪一也。賊殺陳氏子孫宗族殆盡，罪二也。不奉朝廷正朔，僭改國名大虞，妄稱尊號，紀元元聖，罪三也。視國人如仇，淫刑峻法，暴殺無辜，重斂煩徵，剝削不已，使民手足無措，窮俄罔依，或死填溝堅，或逃生他境，罪四也。世本姓黎，背其祖宗，擅自改易，罪五也。憑籍陳氏之親，妄稱暫權國事，以上罔朝廷，罪六也。聞國王有孫在京師，詭詞陳請，迎歸本國，以臣事之。及朝廷赦其前過，俯從所請，而益膪邪謀，遮拒天兵。阻遏天使，罪七也。其安南國王之孫，始被迫逐，萬死一生，皇上仁聖，矜憫存恤，資給護送，俾選還本土。黎賊父子，不思感悔，竟誘殺之，逆天滅理，罪八也。寧遠州世奉中國職貢，黎賊恃強奪其七寨，占管人民，殺虜男女，罪九也。又殺其土官刀吉罕之婿刀猛慢，虜其女曩示，以為驅使，強徵差發銀兩，驅役百端，罪十也。威逼各處土官，趨走執役，發兵搜捕夷民，致一概驚走，罪十一也。侵佔思明府祿州西平州永平寨之地，及朝廷遣使索取，巧調支吾，所還舊地，十無二三，罪十二也。還地之後，又遣賊徒據西平州，劫殺朝廷命官，復謀來寇廣西，罪十三也。占城國王占巴的賴，新遭父喪，即舉兵攻其舊州格列等地，罪十四也，又攻佔城板達郎白黑等四州，盡掠其人民孳畜，罪十五也。又加兵占城，取其象百餘隻及占沙離牙等地，罪十六也。占城為中國番臣，既受朝廷印章服物，黎賊乃自

造鍍金銀印九章冕服玉帶等物，以逼賜其王，罪十七也。責占城國王惟尊中國，不重安南，以此一年凡兩加兵，罪十八也。天使以占城使者同往本國，黎賊以兵劫之於尸毗奈港口，罪十九也。朝貢中國，不遣陪臣，乃取罪人，假以官職，使之為使，如此欺悔不敬，罪二十也。」〔註4〕

這份宣戰書字裏行間都表明安南本受寵幸，從這個角度看，所舉罪狀都被看做十惡不赦。我援引其文是為了說明當時安南對中國的臣屬地位意味著什麼。罪狀的前八條被寫成是出於道德和思想上的問題，後面五條涉及到國家防務，接下去的五條是譴責安南對於另一個藩屬國的侵略行徑，最後兩條是對皇帝個人的觸犯。

就是這四方面的原因，促使永樂興師問罪。從永樂皇帝的觀點來看，這些罪行是十足的挑釁，中國發兵也是理所當然的。從安南的觀點來看，這份陳罪書表現了中國的宗主權對於藩屬國家的獨立自主的剝奪。有些人會問，上述罪狀的任何一條是否也適用於東南亞的其他各國呢？

在解決這個問題之前，讓我先談談永樂皇帝對於亞洲其他地區所採取的政策。安南問題自然一直是永樂王朝的主要問題，甚至當篡權者被排除以後，安南統治者還是不斷向中國挑戰。永樂皇帝在位時這件事一直煩擾著他，1428 年他終於放棄了和安南民族英雄黎利的作戰（這位英雄為他的祖國的獨立一直和中國抵抗了十年之久）。另外還有三件重要對外事務，那就是：提防倭寇在遼東、山東半島直至福建、廣東沿海的登陸搔擾，遣送鄭和艦隊下西洋以及防禦北部蒙古的南下。這三件事兩個是和海上有關，另一個是陸上問題。永樂皇帝很快就認識到，儘管倭寇搔擾頻繁、遣送鄭和船隊出海花銷甚巨，但他真正棘手的事情還是在北部。在北部，國家領土極易遭到侵犯，永樂皇帝曾三次親自前往，第一次在 1409 年至 1410 年，第二次在 1413 年至 1416 年，第三次在 1417 年，此後就一直留在了北方。1421 年初，永樂皇帝就把都城永久遷移至北京了。

許多歷史學家一直在談論著這次遷都以及它對於中國在東南亞，包括在安南的利益的影響。一方面，遷都至北京，從歷史和地理的角度來講都有一定的好處。另一方面，不大確切地說，永樂皇帝在登基前曾住在北京長達二十年之久，因此對這裡感到更親近一些。在南京，他感到陌生和無援。到了北京以後，永樂皇帝成了一個軍事皇帝，帶領著他的軍隊馳騁在大草原上追

〔註4〕見《永樂實錄》四十六卷第三頁。

擊蒙古人，每次都是獲勝而歸。但顯而易見的是，蒙古人不同於中國其他的鄰邦，他們從不肯接受中國的統治，不管這樣的統治偽裝得多麼巧妙。他們認為只有武力才能決定一切。因此，只有用分裂瓦解他們的辦法才能奏效。永樂皇帝的軍隊駐守在長城腳下，警惕待戰，每當蒙古人出現了一個新首領，便賄賂引誘使之分散以便各個擊破。永樂皇帝在位時曾多次領兵親征蒙古人，1410 年征討了 5 個月，1416 年征討了 6 個月，1422 年征討了 5 個月，1423 年征討了 4 個多月，當他 1424 年第五次向蒙古人作戰時，死在蒙古的榆木，享年 64 歲。這些次戰役中，永樂皇帝曾有三次大獲全勝，但哪一次也不具有決定性，在此後的一百八十年裏，蒙古人一直是北部邊疆的首要敵人。

清楚了這一點，我們就可以更好地勾畫出海上問題在永樂皇帝頭腦中所處的地位了，倭寇對整個帝國來說並不是什麼嚴重的威脅，但他們的搔擾卻破壞了從長江口向軍事要地北京和滿洲的漕糧運送，從而防禦倭寇也成了鞏固支持北方前線的一個重要因素。同樣，加強艦隊也成為北方防務的重要職責。當時中國的艦隊是比較強大的，以致派許多船隻出海去探險並未給海防帶來危險，被一些人看做是進行海上擴張的鄭和探險隊，無疑對中國的安全也是非常必要的。也只有這樣的「擴張」，才能使這支船隊成為中國與海上國家發展關係的重要因素。

永樂皇帝在位期間派出的探險隊主要有六次：1405 至 1407 年，1407 至 1419 年，1409 至 1411 年，1413 至 1415 年，1417 至 1419，以及 1421 至 1424 年，（鄭和自己於 1422 年返國）。

這數次海上探險對於發展中國和東南亞的關係的重要意義是無容懷疑的。在當時其他國家沒有如此強大的艦隊，因此這樣的探險也確是一次力量的顯示，但是很清楚的是中國艦隊絕無染指東南亞的企圖。中國派遣他們出海是為了向西更遠一點的國家進行外交和貿易上的往來，他們是穿過馬六甲海峽到達那裡的。這個地區只有三個地方才受到直接的影響：爪哇北部的港口，滿剌加新建的貿易中心以及蘇門答臘島北部的蘇門答臘國。中國人間接支配著的巴林旁港（Port of Palem bang）是中國海上貿易的前哨，但對鄭和艦隊來說也並非必不可少，設立它只不過是作為艦隊在那裡等待季風的安全港。

我在另處曾指出，海上探險對於中國建立和滿剌加及蘇門答臘之間的友好關係是十分重要的，也曾談到兩王國應中國創議而派遣使團前往中國一事。中國與這些國家互派使團的情況如下：中國曾派了十一個使團，其一出使滿

刺加，其餘皆途經為過客，滿剌加即以十二個使團遣中國以回報。中國的十一個使團皆到了蘇門答臘並折而西下印度洋，蘇門答臘即向中國派出同等數量的使團相酬答。可見雙方所不同者僅中國為借道順訪，而南洋諸國則為專訪。

不過，在同一時期派出的大船隊，與來自暹羅的二十一個使團、來自爪哇的十七個使團，幾乎是沒有什麼關係的.柬埔寨（Cambodia）和占婆也都在不同的基礎上，由於某些不同的原因和中國進行交往。此外，中國與東方的一些島國如文萊（Brunei）、蘇祿（Snlu）也有明確的交往，但它們與鄭和船隊沒有任何關係，與中國在印支次大陸的利益也無涉。

鄭和艦隊及其航海的路線為我們區分出東南亞地區的各個部分提供了方便。儘管這些艦隊對東南亞小國的衝擊有一定的重要意義，但它們卻沒有直接捲入中國和東南亞國家的關係中去。這件事使我們看到，當時在中國人的概念中，甚至在當代某些人的概念中，東南亞並非一個整體。簡而言之，為弄清中國和整個東南亞地區的總的關係，我們必須先弄清這個地區各個部分的情況以及它們各自與中國的關係。

我已經指出，永樂皇帝在對外事務上有切膚之虞的問題是安南問題，倭寇問題、派遣遠航西洋的艦隊的問題以及蒙古人的問題。其中，蒙古人是鄙視外交的，安南是中國的一個屬國，猶同中國的一個行省，與它們的關係都不是明朝外交關係的典型事例。其他兩個問題則在中國和東南亞國家的外交關係上有著直接和間接的牽涉，我們就從這兩個問題談起。

倭寇威脅著中國的整個海岸，也引起了開往中國的所有船隻的不安——這些船隻都沒有武裝艦隊護航。倭寇的侵擾使得永樂皇帝不得不去考慮處理與日本的關係。永樂皇帝曾題賜給四個國家的國王，其中給日本大將軍的題賜即出於這種考慮。有趣的是永樂皇帝所題詩詞的另兩份是給東南亞國王的，第四份則是給印度西南部柯枝（Cochin）國王的。雖然這些題辭的日期各不相同，但其中兩份肯定與鄭和艦隊出海有密切關係，其一送往滿剌加，其二送往柯枝。而送往當時已知世界最東端的國家文萊的也許與之有關。將這四篇文章比較一下就能看出其中有趣的相似和不同。

題賜四個國家的時間如下：①滿剌加：1405 年 11 月 11 日；②日本：1406 年 2 月 6；③文萊：1408 年 12 月 20 日；④柯枝：1416 年 12 月 28 日。第一份題辭顯示了永樂皇帝開創了為藩王御筆親書的先例。永樂皇帝可能確信滿

刺加正在企圖和中國建立特殊的關係，而這樣的事情對於在中國文化影響範圍之外的國家來說還是第一次，所以永樂皇帝認為由他親自來寫是恰當的。這件事與永樂皇帝派遣鄭和艦隊出使西洋的計劃是相配合的，他也許是要強調一下滿剌加的戰略意義。但主要的原因還是由於滿剌加國王是第一個向中國提出要求支持和保護的。由於永樂皇帝對於滿剌知的情況幾乎一無所知，所以他寫的主要是他父親朱元璋所建立的聲名赫赫的朝代和由此而出現的天下統一的局面。他說正因為萬物都因這種局面而得益，所以他理解滿剌加國王想與中國密切聯合的願望。在表示他「絕不對外隔離」的政策時，永樂皇帝表現出沾沾自喜並把這些都歸結為是天子的恩惠。在詩中，他誇讚了赤道地區的自然美景和滿剌加國王的英明統治，並在結尾用了祝願滿剌加王國繁榮昌盛，百姓世代興旺的對偶句。

在第二份題辭中，永樂皇帝極力奉迎了日本將軍源道義，因為他在對馬壹岐等島打擊了倭寇海盜，並保護了這裡，永樂皇帝在讚頌了他父親明太祖的無與倫比的善行、英明卓絕、遠見卓識和公正無私之後，接著稱頌了源道義本人，他寫道：

「朕惟麗天而長久者，日月之光華，麗地而長久者，山川之流峙。麗於兩間而永久者，賢人君子之令名也。朕皇考太祖聖神文武欽明啟遠俊德成功統天大孝高皇帝，智周八極而納天地於範圍，道冠百王而亙古今之統紀，恩施一視而溥民揚之亨嘉，日月星辰無逆其行，江問山嶽無易其位，賢人善俗萬國同風，表表於茲世，固千萬年之嘉會也。朕承鴻業，享有福慶，極天所覆，咸造在廷，周爰咨詢，深用嘉歡。惟爾日本國王源道義，上天綏靖。錫以賢智，世守茲土，冠於海東，允為守禮義之國。是故朝聘職貢無闕也，慶謝之禮無闕也，是由四方之所同也。至其恭敬栗栗如也，純誠懇懇如也，信義旦旦如也，畏天事上之意，愛身保國之心，揚善遏惡之念，始終無間。愈至而猶若未至，愈盡而猶若未盡，油油如也，源源如也。邇者對馬壹岐暨諸小島，有盜潛伏，時出寇掠，爾源道義能服朕命，咸殄滅之，屹為保障，誓心朝廷，海東之國，未有賢於日本者也。朕嘗稽古唐虞之世，五長迪功渠搜，即敍成周之隆，髦微盧濮率遏亂略光華簡冊，傳誦至今。以爾道義方之，是大有光於前誓者。日本王之有源道義，又自古以來未之有也。朕惟繼唐虞之治，舉封山之典，特命日本之鎮，號為壽安鎮國之山，錫以銘詩勒之貞石，榮示於千萬世。銘曰：日本有國鉅海東，舟航密邇華夏通。衣冠禮樂昭華風，服御絺繡

鼓鍾。食有帛俎居有宮，語言文字皆順從。善俗殊異羯與戎，萬年景運當時雍。皇考在天靈感通，監觀海宇罔不恭。爾源道義能迪功，遠島微寇敢鞠訩。鼠竊蠅喁潛其蹤，爾奉朕命搜捕窮。如雷如電飛蒙衝，絕港餘孽以火攻。焦流永上橫復縱，什什伍伍禽奸凶。荷校屈肘衛以（金字旁＋從），獻俘來廷口喁喁。彤庭左右誇精忠，顧諗太史疇薰庸。有國鎮山宜錫封，惟爾善與山增崇。寵以銘詩貞石礱，萬世照耀扶桑紅。」〔註5〕

在其餘的兩份題辭中就沒有什麼奉迎稱頌之詞了。題賜文萊國王的理由很清楚：文萊的國王是第一個親訪中國並向中國皇帝表示了敬意的國王。永樂皇帝清楚寫明，與文萊發展友好關係是文萊先王的願望和新王的請求，這是他寫這份御筆題辭的原因。他很明確的表表示出自己的居尊地位，並十分強調了所謂「勿存內外唇齒一體」這個不偏袒、不排外的原則，而且指出正是本著這一原則，他才作了這份御筆題辭。題辭中還提及了文萊國王與永樂皇帝的對話，這段對話是關於永樂皇帝是否能給文萊以題辭的特惠的問題。下面，永樂皇帝做出結論說文萊皇帝攜妻子、兒子、兄弟以及親屬和大臣來中國訪問，這在歷史是空前的，因此應得到皇帝的回答。然後永樂皇帝寫詩稱讚了文萊國主的誠懇和忠誠。整篇的語氣是居高臨下的，反映了永樂皇帝確認的與文萊的主臣關係。

第四份寫給柯枝國王的題辭，是在第三份題辭事隔多年之後才完成的，這是一份較為謙遜的官樣公文。從這上面絲毫看不出中國在印度洋活動的意圖。這一次題賜除了由於柯枝國王曾對永樂皇帝的善行作過奉迎以外，看不出其他明顯的理由。當時，永樂皇帝剛剛在北方取得對蒙古人作戰的勝利而從北京回到南京，為永久遷都做最後一次準備。這份題辭反映了他對聚集南京等候召見的諸多使團失去了熱情；很可能是他即將永久安身在北方而向海上諸國作出的一次告別。這樣的一次慣例性的外交活動是無可非議的，至於其並無甚大意義一節，題辭的作者也沒想加以掩飾。

但不管怎樣，這四份題辭曾在日本、印度，中經馬來群島，從東到西廣泛流傳開來。對於柯枝國王的行動是否最後完成了永樂皇帝繼承父業，是否可以認為對柯枝的題贈僅是永樂皇帝為標榜他和他父親都曾強調過的對海外渚國「一視同仁」的原則而加的點綴（柯枝在他的世界秩序中確也有一席之地）？所謂「天下一體（特別是涉及到東南亞各不同地區時）究竟有幾分真

〔註5〕見《永樂實錄》四十卷第五頁。

實性？儘管滿刺加和文萊都曾向中國請求過保護，但永樂皇帝對滿刺加是採取利用而對文萊則是表示了居高臨下的態度的。文萊是第一個由國王親自拜訪中國的國家（1408 年），滿刺加的國王則是在三年之後來向中國表示臣服的。再一個同樣忠順的國家就要算蘇祿了，1417 年曾有蘇祿「三王朝覲」。這三個國家——文萊、滿刺加、蘇祿都是既小且弱，它們需要保護，需要進行對它們有益的貿易，這些永樂皇帝似乎願意向它們提供。

如果說這種「一視同仁」原則是一種分裂政策，是防止加強政治聯合的一種手段，那麼其囊括的範圍有多大呢？永樂皇帝是在小心翼翼地防止再出現象聖維查耶那加爾（SriVijaya）或瑪亞帕希特王國（Majabahir）或暹羅那樣的帝國嗎？還是只是消極地給予要求保護的國家以支持呢？

從以上敘述的事實來看，我們就能夠清楚中國是如何看待東南亞的了。在緬甸和老撾有許多部族聯盟或行政單位，作為陸上藩屬國，為中國雲南省所控制。他們和中國的關係就像安南和中國的關係一樣——儘管安南和中國天子還有過其他的歷史上和文化上的聯繫。在當時有文萊，蘇祿及東方群島國家，有滿刺加及橫跨馬六甲海峽的阿魯（Acheh），有遠至安南以西的占婆、柬埔寨、暹羅、也有爪哇、中南蘇門答臘。過去的一些帝國的所在地在當時都處於弱小和分裂的狀態。

中國使節出訪年代表（1402～1424）

占　婆	柬埔寨	暹　羅	蘇門答臘	爪　哇	文　萊
1403	1403	1402	＊1403	*1402	1405
*1405A	1405	1403A	＊1405	*1403	1408
1405B	1414	1403B	＊1407	+（1404）	1411
1407A		＊1407	＊1409	*1405	
*1407B		1408	1412	*1407	
*1409		＊1409	＊1413	1408	
1410		1413	[1415]	*1409	
1413A		1416	＊1417	1410	
*1413B		1419	[1420]	1412	
1415		1420	＊1421	*1413	
*1417			（1423）	*1417	
1418				*1421	

| 1421 | | | | （1423） | |
| （1423） | | | | | |

〔注〕＊鄭和艦隊和其他艦隊訪問之後又繼續向印度洋航行。
　　　＋去訪問爪哇「東方之王」的使團。
　　　（1423）做為回訪而派出的專使。
　　　〔1415〕〔1420〕候顯使團前往榜葛剌國（Bengala）途中暫時停泊於滿剌和蘇
　　　門答臘。

　　但考察一下明朝的國際關係，就可以看到所謂「一視同仁」是極其虛偽的。因為從當時的國際關係來看，除了緬甸、老撾、安南之外，其他的國家是存在著隔離和分裂的局面的，這可以看作是地區性的隔離。在東南亞地區內部聯繫著從東至西的群島的一些政治聯盟已有著一段很長的歷史，爪哇和暹羅、柬埔寨、占婆的領土之間也有這種聯繫。難道永樂皇帝沒有意識到這一點嗎？難道他是企圖操縱這些傳統的聯繫，從而使中國成為這一地區的永久主宰者，而建立一個新的秩序嗎？

　　切實考察一下中國和東南亞地區各個國家的關係，就會得出問題的答案，這個考察分兩部分來進行，首先我們研究一下中國使團去每一個國家的情況，然後再來考察一下各個國家派來訪問中國使團的情況。讓我們先從中國的使團開始。

　　沒有必要進一步描述遠航西洋的使團的情況了，反正這些使團都曾在占婆、爪哇、滿剌加和蘇門答臘停留過。它們每次也許都在巴鄰旁港（Palembang）停留過，儘管我們從史料上看到的僅知道另外有兩個單獨的使團曾經訪過巴鄰旁，一次是在 1405 年，另一次是在 1424 年由鄭和親自帶隊去的。訪占婆並沒有什麼特殊的用意（儘管占婆曾於 1414 年和 1415 年被警告不許幫助安南作戰。也不許騷擾柬埔寨。）使團訪滿剌加和蘇門答臘時於海上探險也沒有什麼特別的意義。強大的艦隊在一定程度上肯定起到過安定國家的政權的作用。特別是在馬六甲海峽兩岸。1413 年至 1415 年的海上探險也是影響蘇門答臘內戰的一個因素，並對於保證一個和中國友好的統治者的王位而起過作用。

　　意義重大的是 1407 年、1409 年前往暹羅的船隊和每個遠航艦隊在爪哇的停泊。這裡是暹羅人染指的地方，1407 年去往那裡的艦隊向暹羅人顯示了中國的海上力量，並打擊了暹羅的野心。占婆曾經抱怨在彭亨（Pahang）的暹羅使者的胡作非為，其他一切國家，如蘇門答臘和滿剌加，也都紛紛向暹羅

提出譴責、譴責暹羅派軍隊沒收了永樂皇帝送到各國的玉璽。鑒於「一視同仁」的原則，永樂皇帝給暹羅國王寫了一封態度頗為強硬的信以示警告，信文如下：

「占城、蘇門答臘，滿剌加，與爾均受朝廷比肩而立，爾安得獨恃強拘其朝使，奪其誥印，天有顯道，福善禍淫，安南黎賊父子覆轍在前，可以鑒矣。其即還占城使者，及蘇門答臘、滿剌加所受印誥，自今要分守禮，睦鄰保境，庶幾永享太平。」〔註6〕

警告起了作用，使暹羅國王道了歉。儘管如此，鄭和還是於1409年再次訪問了暹羅，1413年又去了沿河的國家急蘭丹（Kelantan）和彭亨，此外，後來的艦隊在經過蘇門答臘和滿剌加時，曾提醒這兩個國家，要考慮到中國是它們的保護國。

同樣，去爪哇的訪問也收到了政治效果。直至1406年，爪哇一直在打內戰。永樂皇帝派出的第一批使團，在作戰雙方東王和西王之間，是有明顯傾向的。1404年就有一個單獨的使團被派到東王那裡。這個使團的170個成員中的一部分人（也許是1405至1406年鄭和的首批艦隊上的使節）被爪哇的國王殺掉，後來於1407年由鄭和帶回了一份西王的認罪書，永樂皇帝又向西王寫信問罪──據推測是由1407年的鄭和艦隊送去的，內容如下：

「爾居南海，能修職貢，使者往來，以禮迎送，朕嘗嘉之。爾比與東王構兵，而累及朝廷所遣使百七十餘人皆殺，此何辜也，且爾與東王，均受朝封廷爵，乃逞貪忿，擅滅之而據其地，違天逆命，有大於此乎？方將興師致討，而遣亞烈加恩等闕詣請罪。朕以爾能悔過，姑止兵不進。但念有七十人者死於無辜，豈可已也。即輸黃金六萬兩，償死者之命，且贖爾罪，庶幾可保爾土地人民。不然問罪之師，終不可已，安南之事可鑒矣。」〔註7〕

這次又同對待暹羅一樣，鄭和艦隊的再次登陸，明顯地是要訴諸武力了。在前次給暹羅和這次給爪哇西王寫的兩封信中都引用了安南的例子，所歷數的罪狀也與安南雷同。儘管在其中沒有包括道義、意識形態和安全上的問題，但其侵犯其他藩屬國和冒犯了永樂皇帝本人的罪狀都與安南的相同。

鄭和艦隊的派出是有許多目的：建立對外貿易關係，顯示帝國的威力，增加地理知識，瞭解西方民族，以及尋找永樂皇帝侄子等等。還有一點是很

〔註6〕見《永樂實錄》五十三卷第六頁。
〔註7〕見《永樂實錄》五十二卷第七頁。

清楚的，即艦隊作為一支遠征力量用以保護弱小，阻止侵略，甚至可作為擴張力量來征服安南。這是否意味著永樂皇帝要像對安南那樣將宗主權施加於暹羅、爪哇以及東南亞的其他一些國家呢？永樂皇帝對安南首次發兵並戰而勝之的目的即在於此，這是無容置疑的。

幾年以後，情況起了變化：當中國軍隊在對安南的戰爭中取得了對它的控制之後，當北部邊境依舊無法安定下來，以及鄭和艦隊維持了東南亞諸國的現狀的時候，永樂皇帝就丟棄了他向海外擴張的野心，而集中力量來對付帝國的現實威脅了。從中國使團出海的時間表來看，可以看出對於東南亞的重視開始減輕的轉變，是從 1413 年至 1415 年鄭和艦隊第四次出海之後。儘管此後還派出了兩次遠洋船隊，但除了去暹羅之外，再也沒有使團被派往更遠的國家去了。1418 年去占婆的使團僅僅是為護送占婆的使者回國，此外再沒有使節被派往柬埔寨、文萊等國了，至於 1416 年去暹羅的使團，只是由於其國王的逝世而做的禮節性弔唁。1420 年的使團是為護送暹羅使者回國去的。只有 1419 年去往暹羅的使團才是負有重要使命的。

下面是一封向暹羅國王提出不要干涉滿剌加事務的警告信，這是一份有關一視同仁政策的資料。這封信是 1407 年寫的，[註 8] 收到此信的是由 1416 年繼承了暹羅王位的新國王。信文如下：

「朕祗膺天命，君主華夷，體天地好生之心以為治，一視同仁，無間彼此。王能敬天事大，修職奉貢，朕心所嘉，蓋非一日。比者滿剌加王國亦思罕答兒沙嗣立，能繼乃父子之志，躬率妻子，詣闕朝貢，其事大之誠與王無異。然聞王無故欲加之兵。夫兵者，兇器，兩兵相對鬥，勢必俱傷，故好兵非仁者之心。況滿剌加國王既已內屬，則為朝廷之臣，彼如有過，當申理於朝廷。不務出此，而輒加兵，是不有朝廷矣。此必非王之意，或者王左右，假王之名，弄兵以逞私忿。王宜深思，勿為所惑。輯睦鄰國，無相侵越，並受其福，豈有窮哉。王其留意焉」。[註 9]

這封信的口氣比 1407 年寫給暹羅的已故國王及寫給爪哇國王的警告信要柔和得多。看起來，永樂皇帝似乎認識到沒有人準備入侵滿剌加，滿剌加國王只不過受到了某種外來的壓力而已。在給暹羅發信的兩個月之前，鄭和

[註 8] 據《永樂實錄》記載，寫信日期應為 1419 年，原文許為印刷錯誤。——譯者注。

[註 9] 見《永樂實錄》一百一十四卷第八頁。

已經第五次海上探險歸來，隨他一同來到中國的有滿剌加王室。滿剌加國王的喊冤叫屈，無非是為了引起永樂皇帝向暹羅提出警告，並使其明白滿剌加依舊是中國的被保護國。不過，永樂皇帝的信並沒有表示出他願意承擔滿剌加的防務，倒是反映出他們的心思都集中在了北方的防務上，這肯定與他1413年至1416年駐蹕北京，並於1414年親征蒙古有關。

總之，在永樂皇帝統治的前半期，特別是在1403年至1413年間，中國的外交使團曾在海上進行了積極活動。在這十年間，永樂皇帝曾精力充沛地把中國的勢力範圍擴大到東南亞諸國，他充分估計了暹羅和爪哇的潛力。因此他認為有必要施之以威來穩定現狀。1413年以後直至1424年永樂皇帝去世，中國在東南亞的活動便日漸失掉了明確的目標，永樂皇帝自己也表現得十分冷漠，也許他認為他所表現的力量和威力已能足以維持他在東南亞的「德政」。只要能夠保持住東南亞諸國的仲裁人和保護者的地位，他倒並不奢求更多地干涉這裡的實際事務。因此把晚期的探險（1417至1419年，1421至1424年）稱之為「運寶船」的航海運動，是更為恰當的。至於東南亞的政治事務，已不受到關注了。

那麼，東南亞各國在同一段時間裏派使團到中國來訪的情況，又是怎樣的呢？這些材料可以簡略地歸納如下表：

東南亞諸國使節採訪中國年代表（1402～1424年）

占　婆	柬埔寨	暹　羅	滿剌加	蘇門答臘	爪哇（西）	文　萊
1403	1404	1403	*1405	*1405	1403	1405
1404	1405	1404A	*1407	*1407	1404	1407
1405	1408	1404B	1409	1409	*1405	**1408**
1406	1417	1405A	**1411**	1410	1406A	1410
1407	1418	1405B	1412	*1411	（1406）B	1412
1408	1419	1406A	1413	1412	（1406）C	1414
1409		1406B	**1414**	*1415	*1407	1417
1410		1407	*1415	（1416）	1408	1421
1412		1408	（1416）	1418	1410	
1413		1409A	1418	*1419	1411	
1415		1409B	**1419**	1420	1413	

1416		1411A	1420	1421	1415	
1418A		1411B	*1421	1422	*1416	
1418B		1413	1423	1423	1418	
1419		1416	*1423		1420	
1422		1418A	**1424**		1422A	
1423		1418B			1422B	
1424		1420				
		1421A				
		1421B				
		1422				
		1424				

〔注〕＊使團與遠航西洋的艦隊一同來中國的年代，主要是與鄭和艦隊。

（　）記載中曾出現兩次，可能是兩次為永樂皇帝召見。

黑體：王室代表團親自來訪的年代

　　我們立刻可以得出兩個結論：除了柬埔寨之外，所有的國家幾乎是按照一定的規律派使團來中國的，而似乎除了文萊之外，沒有一個國家拖延這件事，事實上這些使團在 1416 年之後還經常到北京來。第二個結論是，除了滿剌加和蘇門答臘的使團總是一道來訪，更時常隨返航的中國艦隊一起來訪以外，其他國家的使團往往是獨自來訪並各有自己的目的。

　　下面我就分別談一談上表中的國家與中國的關係。

占婆

　　在永樂年間，占婆一直是由一個國王統治著，這個占婆國王曾於 1406、1408、1415、1418 年四次分別派了他的孫子做為使者訪問中國，每一次都舉行了盛宴並賜以重禮。其中有兩人以後還不止一次被派出：一人於 1409、1410、1412 年重被派出，另一人也於 1419、1420 年被派出。1403～1406 年間，占婆使者奏報安南侵略了占婆，這都被永樂皇帝列入了 1406 年向安南所發出的宣戰文告裏的「安南二十大罪狀」之中。1406 年中國向占婆使者宣告了中國與安南開戰的消息，並要求占婆出兵幫助中國。然而 1414 年以後，中國和占婆的關係緊張起來了。中國沒有歸還從安南奪回的占婆的土地，反而將其劃歸為中國的行省和專區，這導致占婆在後來幾年曾向中國進攻和反抗。儘管占婆依舊年年向中國進貢，但卻秘密支持安南游擊隊為擺脫中國的統治而進行鬥爭。1414 年，占婆還受到中國警告，不許對柬埔寨的使者有所傷害。

　　由此可見，占婆的使團被派到中國來，是為了政治上和外交上的原因，這當然毫無疑問。從十世紀起，占婆就與中國有了共同邊境，當然對占婆來說，中國這樣一個幅員遼闊的鄰居對制止安南的入侵是有用處的，但做為一個鄰居，中國又過於強大。地方政府的貪婪令其無法忍受。在這個背景下，中國於 1406 年賜予的金邊銀印，和 1408 年賜予的金印，以及一百兩黃金、五十兩銀子和綾羅綢緞這些只有國王親自來朝拜才得賜予的禮物（如滿剌加和文萊），使得占婆感到受寵若驚，但仍不能消弭其疑慮。而幸運的是安南人成功地牽制了中國入侵的軍隊，而中國的朝貢制又極易通融，這便使得占婆尚可勉強維持，而不至失去更多的自由。當中國朝內有人建議攻打占婆時，永樂皇帝聰明地拒絕了。

柬埔寨

　　永樂皇帝幾乎是在剛剛登位時就發現了柬埔寨，但他很快又認識到它與他的計劃沒有什麼關係。在國際活動的舞臺上，這個時期都沒有柬埔寨參加的份兒。1405 年老國王很快故去了，一個中國使團前去安排了一個新的國王。此後，除了柬埔寨向永樂皇帝奏報 1414 年占婆曾干涉它的使者出使中國一事以後，再也沒發生過什麼別的事件。柬埔寨對於永樂皇帝統治下的和平現狀很感到滿意，它曾向中國要求結成一個最低限度的聯盟，這對於柬埔寨來說至少是有幫助的。但中國的保護是無條件的，並沒要求柬埔寨履行什麼義務來回報。

暹羅

　　暹羅和中國曾有一段連續的長時間的交往。暹羅人早在來到湄南河谷（Menam valley）之前，就由於經常接觸而熟知中國人了。他們很瞭解中國的朝貢制度。他們在地理上和中國有一定的距離，因此不必害怕中國人會去侵犯他們，但這並不妨礙他們同中國進行得利的貿易往來。他們試圖擴張其版圖，但又懾於中國人的警告而不敢擴張得太遠。儘管暹羅人曾於 1407 年、1409 年兩次受到永樂皇帝的警告，但從他們的所做所為來看，似乎他們知道只要接受皇上的告誡，中國對他們來說就無危險。暹羅的使團被多次派往中國，他們毫無畏懼之感，而且哪一個國家也沒有象暹羅派來那樣多的使團──二十二年派來二十二次。但在各個方面，這些使者並未贏得中國的好感──賜給他們國王的禮物和派往暹羅的使者都很平常。據記載，中國為他們舉

行宴會的次數也不是很多。（曾舉行過十二次宴會，只有兩次才是專為暹羅使者舉行的）。

暹羅的老國王於 1416 年故去，新國王在中國的一特殊使團的安排下而上臺。在他們派往中國的使者中沒有一個是王室的成員。有一個人兩次被派出（一次在 1405 年，一次在 1411 年），這個人是有中國的血統的。還有三個人每人被派來兩次並做為主使。但他們似乎也並未領有特殊使命。總之，在這一段時間裏，中國和暹羅的關係是不近不遠的，如果暹羅不去向滿剌加挑釁的話，也不會有什麼事情發生。暹羅當時沒有威脅性的敵人，也無需向中國請求保護，對暹羅來說遵守朝貢制還是有好處的，因為儘管受到一定的束縛，但可以得到與中國南部海岸進行貿易往來的機會。因此暹羅曾有七年，每年派兩個使團來中國，是不足為怪的。雖然中國對於他們的使團並無特殊興趣，但受皇帝宣見的機會總是有的。

滿剌加和蘇門答臘

已經可以肯定，是中國開創了與滿剌加的關係，這個關係在永樂年間發展很快，對雙方都是必要的、有利的。蘇門答臘早在洪武年間就與中國有了接觸，不過他們並無所求於永樂皇帝。像滿剌加這樣的國家，作為去印度洋途中的一個停泊站，當然樂於接待中國船隻。每當中國船接其使節回國時，滿剌加人總可以搭乘前來中國。此外，滿剌加和蘇門答臘的使團也時常隨榜葛剌船隊到中國來。可能只有一次是乘他們自己的船來的。

滿剌加和蘇門答臘有一個重要區別。中國給予了滿剌加一個特殊的地位，而蘇門答臘則不需要。這種特殊地位更由於滿剌加的三位國王四次親訪而加強了。拜里迷蘇剌（parameswara）於 1411 年來訪了亦思罕答兒沙（Iskandar Shah）於 1414、1419 年來訪；西里麻哈剌加（Sri Maharaja）於 1424 年來訪。這幾次國王的親自來訪是十分重要的。如果注意一下另一個東南亞國家文萊朝覲的情況，就能知道永樂皇帝是如何重視王室的入朝覲見了。文萊王的入覲深得永樂皇帝的歡心，其程度竟甚於滿剌加三位國王的入覲。就滿剌加的情況來看，是有理由受到永樂皇帝的特殊恩遇的，因為這對鄭和遠航的成功有極重大的價值。不過儘管如此，其受寵的程度也仍未衝破永樂皇帝「一視同仁」的原則。你看，當滿剌加要求永樂皇帝替它從爪哇人手中奪回巴鄰旁時，永樂皇帝卻於 1418 年向爪哇保證絕不做此事。

　　滿剌加不僅有四次國王的親自朝覲，在 1412 年、1413 年和 1418 年還先後派出了由王室成員率領的使團來到中國：1412 年是拜里迷蘇剌王的一個侄子，1413 年是他們另一個侄子；1418 年來的是拜里迷蘇剌王的兒子，亦思罕達爾沙王的哥哥。同樣，蘇門答臘也準備派王室的成員來中國訪問。宰奴里阿必丁王（Zainal Abidjn）派他的兒子於 1415 年隨鄭和船隊到中國來引渡了一個蘇門答臘的反叛和篡國者準備處死。1418、1420 年，他又派了他的弟弟馬赫莫德‧沙（Mahmud Shah）來中國。值得注意的是，暹羅、爪哇、柬埔寨並沒有派過王室成員來中國訪問。

爪哇

　　在永樂皇帝統治中國的最初四年裏，爪哇是處於分裂狀態的，爪哇的西王正準備去攻打東王。永樂皇帝向西爪哇派了三個使團，向東爪哇派了一個使團，截止到 1406 年，已經接見了西爪哇的四個使團和東爪哇的三個使團。以後不久，西王就在內戰中獲得了勝利。於是很快出現了一個問題，西王殺掉了永樂皇帝派到東王那裡去的一百七十個使者，永樂皇帝要求賠償。西王只能給中國一萬兩黃金，永樂皇帝決定只接受一部分，赦免了其六分之五的償金，當時鄭和的船隊已過爪哇海岸，以後在永樂王朝結束之前又去了五次。由於這些聲勢浩大的艦隊對於爪哇的庇護，爪哇國王此後按時地派使團來中國。在二十二年中一共至少有十五次。這些使團有一個使團的首領是個中國人，名叫陳惟達，還有兩個來中國的使團分別是由三個使者率領。每一次永樂皇帝給爪哇國王和使者們的禮物都是微不足道的，甚至低於正常標準。在第一階段，1403 至 1406 年之後，為先後十一個前來的使團只舉行了兩次宴會，這一時期的爪哇顯然是十分弱小的，永樂皇帝也沒有什麼特殊的理由給以特別的禮遇。

文萊

　　在東南亞諸國中，第一個來中國明朝訪問的國王就是文萊國王馬拿拉‧咖拿奈（Manara Kananai）。他攜其全家於 1408 年來到中國並在南京受到永樂皇帝的召見。這在永樂王朝是一次盛大的活動，永樂皇帝以禮相迎並舉行了豐盛的宴會。不幸的是這位文萊國王在這次會見後的第四十天就死去了，永樂皇帝任已故國王的兒子沙旺（Shawang）為文萊國王，並給其父親舉行了隆重的葬禮。出喪的儀式和墓穴都是極為不凡的，這些都有詳細的記載。四年

之後，沙旺和他的母親及全家又一次來到中國。永樂皇帝再次舉行了盛宴，贈送了厚禮。有趣的是，文萊王室的這兩次入覲，中國為之破費萬貫，但從海上和政治上的重要性來說，文萊卻都比不上滿刺加。這件事說明，永樂皇帝確信自己的權威囊括四海，更以他的慷慨大度而自鳴得意。頗能引起人們興趣的是，這些小國入覲的使團往往包括了王室一家，文萊的使團正是這樣：已知的五位使團成員中有三位是沙旺的親屬——一位是其叔父，兩位是其從祖。

來往於東南亞諸國與中國之間的使團，既是永樂皇帝的一個完整的政治計劃，又是他個人的興趣。從這個觀點出發，我們現在可以得出幾個結論了。

我曾說過，切實地考慮一下永樂皇帝所統治的時代，我們可以知道如下幾點：哪些事是永樂皇帝想辦的；哪些事是他不得已而辦的；哪些事表現了永樂皇帝的個人特點；哪些僅僅是中國傳統政策的結果。永樂皇帝是一個非凡的中國皇帝，他是經過公開的武裝衝突，推翻了他侄子的統治而篡位上臺的。他上臺以前曾是一名鎮守邊陲的能幹將領，而他做皇帝的幾十年，始則從事於東南亞諸國的外交事務，終則獻身於北部邊境的防務。在他統治的早年，那些對發展中國與東南亞關係深有影響的重大決策，都是他親自做出的。正是永樂皇帝，於 1402 至 1403 年中安排了與東南亞地區遠至印度地區的交往，他還派人對安南篡位情況進行了調查，並由此捲入了一場長達二十二年之久的戰爭，（他對繼承王位的合法性實在敏感得很！）為了戰勝倭寇海盜，他加強了海上艦隊的力量，保證了軍需物資的運輸，尤其是派出遠航西洋的大船隊進行了一次偉大的海上探險，由於瞭解東南亞諸國的情況，他把滿刺加收為自己的被保護國，並給文萊和滿刺加國王以優厚的待遇。此外，他還通過維護進貢制度和限制私人出海，來堅持其父親的對外貿易政策，對於各國不分大小，不分新老，他都奉行他的一視同仁原則和不閉關的新思想。他樂於會見各國使團——數量越多越感到欣慰。他對那些新交往的異國情調濃重的小國深感興趣，也喜歡他們送的禮物。永樂皇帝深為本朝威震四海的強大而自豪，同時又有足夠的機敏來保持這個局面並善於為此而用兵。

對於這些決策，永樂皇帝都能做到隨機應變，根據形勢加以調整。只是安南問題可以說是使他陷入了戰爭，但他仍留有餘地，準備了退路。不過他早年的決策畢竟是為其以後的統治打下了基礎，他在東南亞諸國及「西洋」的相對成功的交往，增強了他的信心，使他能夠一生奉行他的政策。1413 年

以後，情況發生了變化，北部邊疆的防務把他的注意力引向北方，這時的政策的轉變是可以通過他們遷都而看出來的。這絕不僅僅是一次象徵性的遷移，這是永樂皇帝的注意力及統治重心的轉變，這既不完全是一個後期的決策，也不是永樂皇帝的靈機一動。這次遷都的根源在於當時的歷史環境，在於五個世紀以來契丹人（Khifan）、車日人（Jnrchen）、同古特人（Tangut）和蒙古人一直在漫長的北部邊境上搔擾。在永樂皇帝統治期間，他第一次上朝從有關中亞地區鐵木兒（Timur）的情報中就注意到這個地帶的問題。他起初打算與北部和西北部的國家建立友好關係，特別想與新的蒙古部落聯盟建立外交關係，但是他的努力失敗了。為打通與蒙古的外交途徑他曾做了多方面的試探：他在 1402 年三次、1403 年 3 月 4 日和 1403 年 8 月 2 日，都曾設法與蒙古大汗打交道，但都失敗了。1404 年的又一次努力也毫無結果。1409 年，永樂皇帝親自來到北京處理北方事務，當新的蒙古大汗又一次抵制了中國的進行友好交往的倡議，並殺掉了中國的使者之後，永樂皇帝決定放棄原先的外交主張，派大將丘福出兵懲罰蒙古人。丘福敗北，永樂皇帝決心親征。1409 年 10 月 14 日是個重要的日子，這一天永樂皇帝做出了一個戰略決策，從此，永樂皇帝在這一地區的政策便在其他地區成了鮮明的對照。在其他地方，特別是在東南亞，朝貢制推行得一帆風順。中國很安全，皇上的權威也很牢靠。而在北方，則血釁時起，局勢動盪，面臨著巨大的危脅，無怪至 1413 年，永樂皇帝還再次到北方領兵作戰，他已確信國家的命運取決於北方，而對東南亞的各個地區則僅施「羈縻」可也，或偶而派一些船隊出訪。真正的活動中心在中蒙邊境，在那裡，任何外交手段、羈縻政策、賄賂和勸誘，全都無用，只有全力以赴地為保衛邊境領土的安全而戰。這樣看來，與東南亞諸國的交往顯得令人愉快和有益，然而卻沒能持久。永樂皇帝是第一位對東南亞地區如此關注的皇帝。根據永樂皇帝在位期間的一系列無容爭辯的事實，可以公正地說，永樂皇帝也是最後一位這樣的皇帝了。

東南亞的華人少數民族〔註1〕

蔡仁龍譯　康濤校

　　東南亞華人少數民族問題是一個大而複雜的問題。這篇論文的第一部分，我只想概括地談一下這些華人少數民族是什麼樣的人和他們的主要特點是什麼。論文的後半部分，我將探討他們與當地多數民族之間關係的一些重要方面，以及在東南亞的新國家中，他們歸屬於那些多數民族的有關問題。

　　不首先瞭解這些華人少數民族是些什麼人，他們有多少人，他們以什麼方式組成一個社會或許多社會，他們在做什麼，以及他們感覺自己將來有些什麼選擇等問題，就來談論某一個國家的華人少數民族問題，那是困難的。比如說除非我們能清楚地瞭解華人少數民族集團本身，否則這些少數民族對多數民族持有什麼態度的關鍵問題就無法肯定。就有關東南亞華人方面來說，他們看來很明顯是一個獨特的、緊密內聚的社會，因此許多著作曾把所有的華人都看作是相同的，而且我們可以輕易地談論華人的態度，好像他們到處都是一樣的。事實上，這是一個過於簡單的看法。雖然把這些華人看成是一個統一的集團來加以談論比較方便，而我也不是說他們沒有許多共同的問題，但首先還是把不同國家的華人面臨著不同的問題、不同的決定、和不同的抉擇作為前提來看待較為恰當。

　　各個東南亞國家中有多少華人這個看來簡單的問題事實上就存在相當大的困難。在東南亞一些國家中，確定一個華人確實不是那麼容易。例如，在菲律賓和泰國這樣的國家，人口調查的數字就完全使人引起誤解，主要因為

〔註1〕此文刊發在《南洋資料譯叢》1981年4月（第一期，輯刊）第69～80頁。這篇論文是在1974年5月8日到10日在菲律賓馬尼拉由東南亞高等教育協會贊助下舉行的「東南亞少數民族和多數民族關係現狀」會議上宣讀的。

這些國家的華人在幾個世紀中比其他任何地方都更成功地被同化了。人們不能簡單地依靠官方的統計數字。因此有必要用一些其他的標準來確定誰仍被認為是華人少數民族而誰不是。這些標準是，比如說，祖籍問題、生活方式或文化背景問題以及自我歸屬問題。這些標準中的每一個都可以運用，但是沒有一個那麼明確，也沒有一個能單獨地真正滿足要求。實際上，像曼和馬尼拉這樣的城市，在識別誰是華人而誰不是華人都有困難的情況下，這種標準並沒有什麼用。在泰國，有許多人除了父母一方或雙方是中國人以外，幾乎每一個方面都是泰國人。我相信菲律賓的情況也是如此。在東南亞，人們肯定無法僅僅見到某個人就總是能說出他是華人。

還有許多其他類似的困難，因此我們在判斷誰是華人、誰不是華人時，始終應該保持慎重。然而，儘管存在這些困難，為了探討的目的而提出一些大約的數字還是可能的。在泰國，若干研究報告認為有二百萬到三百萬人是有中國血統或者可以認為是華人少數民族的成員。這可能和人口調查數字中所說的總數在一百萬人之內相差比較大。在菲律賓，官方提供的數字是大約十五萬到二十萬中國僑民，而如果這個界限擴大到包括那些祖先主要是中國人的人，和那些仍以宣稱與中國人有關係而自豪的人的話，這個數字可能會高得多。在其他國家，如印度尼西亞、馬來西亞和新加坡，官方的數字較為精確。不過，就印度尼西亞來說，也沒有真正可靠的數字。大多數著作講到華人人口大約有二百五十萬到三百萬人。也許只有馬來西亞和新加坡才有可以相信是精確的華人統計數字，當然新加坡的華人不是少數民族，至於馬來西亞，華人占全國人口百分之三十五的官方統計數字，使它成為一個大的少數民族，以致那裡的華人問題不能和東南亞其他地區的華人問題相提並論。

因此，大體上說，在泰國有占人口百分之八的人被認為華人少數民族，在印度尼西亞和菲律賓有占不到人口百分之三的華人少數民族。在東南亞大陸的其他國家，華人的數字也是極不可靠的。例如在緬甸，華人人數大概遠遠低於百分之三，而在柬埔寨，華人人口大約在百分之七上下，兩個越南加在一起華人占百分之五以下。當然，眾所周知，南越的華人比北越的華人多。

在列舉了不同國家中華人的比例有相當大的不同之後，接著可以說，在華人少數民族確實是相當少，即只占百分之三以下的地方，和在華人少數民族占百分之三到百分之十的地方，就會存在影響華人居民的不同的問題和看法。當然，華人人數占百分之三十以上的地方，如馬來西亞，其他國家根本

　　無法和它進行比較。雖然我相信瞭解這些數字對於任何人在必須對整個地區的華人少數民族作出某些判斷時是一個有用的指針，不過，華人社會本身內部的某些其他差別，可能比這種在各個國家華人少數民族大小的差別顯得更加重要。

　　我們可以說，我們是部分通過祖籍、部分通過生活方式、部分通過自我歸屬來確定各個國家中華人少數民族人口的大約數目的。接著我們就面臨著設法說明為什麼這些華人社會有的被劃分為各個不同的集團，為什麼各個國家的華人不能真正地作為單一的社會來看待的問題。從最初的中國人移民就存在的最明顯的差別之一，表現於出生地的不同，或通常使用的「方言」的不同。根據這個標準，各個國家中常常存在許多相互分離的華人社會。在過去二十年中，以方言為分界的不同社會的觀念已經逐漸打破，但是，仍然存在許多把一個集團和其他集團分隔開來的障礙，特別是在商業上和某些形式的文化活動上，忽視這種語言障礙的重要性十分錯誤。一個十分明顯的例子是，在泰國佔優勢地位的是原籍廣東東部的潮州幫，在菲律賓則是從福建省東南沿海二、三個主要縣來的福建幫。另外一個例子是印度尼西亞，福建人在爪哇佔多數，與此形成對照的是其他地區（特別是西加里曼丹）客家人佔優勢。在柬埔寨和越南，最大的華人社會集團是廣東人，但是在整個東南亞大陸國家中，客家集團有相當大的數量。毫無疑問，在大多數東南亞國家中，這些不同語言集團之間的差別如果不是不可逾越的，至少仍然是重要的因素。因此，當我們有時說到某一國家的華人少數民族時，我們應該先停下來弄清楚我們主要正在考慮的是哪些語言集團的華人，以及弄清楚這些不同語言集團的差別正被淹沒的程度是否足以使他們被當作為單一的華人社會。

　　除了方言和地區不同以外，自從本世紀初以來，在這些不同的華人社團內，另一個日益重要的區分標準是教育基礎的區分。人們在和一位華人進行了簡短的談話以後，幾乎都能夠告訴你他是受過華文教育，還是在殖民地政府學校、教會學校、或在當地學校受過的教育。這些教育背景的區分常常可以用來作為一種指南，使我們瞭解預料從某個華人或某個華人集團得到可能不同的反應。我不打算在這裡對這問題作進一步的闡述，但是這種特別的區分在我這篇文章的第二部分將佔有比較重要的地位。

　　還有另一個區分可從政治上的同情方面看出來。許多評論家指出，最明顯的區分是在共產黨的同情者和民族主義的同情者之間的區分，即表現在對

待中國共產黨的態度和對待原先在中國、現在在臺灣的國民黨的態度上。不過，這種區分是頗有點兒人為的，要確定不同的個人屬於哪一個集團是很困難的。有些華人對他們的政治派別和同情表達得非常清楚，而另外一些人則永遠也無法迫使他們表明自己的態度。結果，雖然這種區分為大多數人所感到興趣，但它是一個永遠不可能很精確或者富有意義的區分。

儘管如此，由於中國在東南亞華人和在當地人民的頭腦中佔有很突出的地位，因此，政治同情的問題就一而再地被提出來。不過總的來看，事實表明華人少數民族的政治派別和同情常常並不是他們自發產生的，而是和各個東南亞政府承認哪一個中國政府的問題密切聯繫在一起的。例如菲律賓的華人少數民族在過去二十年中和臺灣的政府極為密切的聯繫。人們也可以認為這是因為臺灣和菲律賓在他們的近代歷史史上起與美國有同樣的密切關係，但是這並不意味著菲律賓的所有華人都是擁護臺灣的政府，並明確地反對北京的政府的。另外一個例子是泰國那裡的華人也沒有更多的選擇。他們要不是成為成為泰國政府承認的臺灣〔註 2〕的公民，就是成為泰國大多數華人積極爭取加入的泰國公民。

另一方面，在那些承認中華人民共和國的國家中，華人被要求作出選擇，是作為中國籍的國民，還是成為印度尼西亞、老撾、緬甸（直到不久前還有柬埔寨）的公民。此外還有在那些既不承認臺灣也不承認中華人民共和國的國家中，對那些中國血統的華人說，沒有任何一種中國國籍可供選擇。當然，印度尼西亞的情況是非常特別的一個例外。由於在印度尼西亞革命早期階段的政治聯盟的原因，印度尼西亞華人大約有三分之一是外僑，也就是中華人民共和國的公民，另外至少有三分之一是印度尼西亞籍公民，而其餘的甚至直到今天仍是無國籍公民。複雜的和常常模棱兩可的國籍法又把印度尼西亞的情況弄得更加困難了。總的來看，華人的合法身份問題看來對東南亞國家的政府或者對中國和臺灣的政府，會比對華人少數集團的成員本身更為重要。所以，在一些國家中，一個家庭中的成員有不同的國籍是可能的，比如說，其中一些人屬印度尼西亞籍，一些人屬中國籍，而其他的是無國籍的。在這種情況下，家庭的關係很可能超過合法身份的關係，在商業上和社會、文化活動上，這樣的家庭仍然作為家庭進行活動，這也是正常的。

我曾經在別的文章中較為充分地論述過，僅僅根據上面闡述的劃分標準

〔註 2〕這是指中泰建交以前的情況——譯者。

來瞭解東南亞華人少數民族集團是有侷限性的。在某些情況下，每一種差別可能都是重要的，但是沒有任何一個個別的區分標準足夠重要到以致可以把一個華人集團和另一個華人集團的所有方面都劃分清楚。因此，關於東南亞華人少數民族，必須承認的最重要的事實是，他們的多樣性、他們缺乏一致性、以及他們往往根據環境和時機作為完全各行其是的集團而行動的傾向。

　　儘管如此，我曾經試圖在一定程度的抽象觀念上從華人對待中國的態度，他們對所寄居的當地社會的態度，從東南亞不同地區華人作為成員的各個華人社會的角度，來尋求和鑒別華人大致劃分的集團。在那種抽象水平上，我發現把東南亞幾乎所有地區的華人少數民族看作大體上構成為三個集團，對於全面分析的目的是有幫助的。在許多以前寫的文章中，我曾比較充分地論述過這個問題。在這裡，我只想簡要的概括一下，為什麼我認為就這次會議正在探討的少數民族——多數民族問題來看，這些概括劃分的集團是富有意義的主要原因。

　　讓我首先概述一下我曾在別處論述過的三個集團的區別。我曾簡單地把它們表述為甲、乙、丙三個集團。關於甲類集團，我把明顯傾向於中國的大多數華人歸屬於這一類，不管他們是因為具有中國國籍，還是由於他們所從事的活動的性質而傾向中國。他們可能是臺灣的中華民國〔註3〕的公民，或者是中華人民共和國的公民。而且他們還可能包括一些沙文主義的華人，雖然這些人為了商業的目的或者為了方便，實際上可能擁有他們目前居住的國家的國籍。第二是乙類集團，包括下列一類人，他們一般地承認忠於他們的東道國是有必要的、也許也是有好處的，但是他們對於完全獻身於那些國家的理想和抱負持保留的態度。主要由於經濟上的原因。這一類華人普遍地寧可保持他們作為某一個華人社團的成員的身份，作為這個或那個華人集團的成員的身份。我重複一下，他們可能在任何時間內同時參加幾種不同的華人集團。不過，這種保持一個社團成員或一個集團成員身份的原因，通常與其說是感情上的不如說是實際的需要，因為很明顯，在東南亞的任何地區，這些宗族關係和集團關係在商業上是極為重要的。至於第三個集團，丙類集團，它是由幾個「現代化的」或者「本地化的」華人派生集團組成的。它們各自分別地決定在政治上歸屬於東道國。這個集團可能會在思想上、也許在許多情況下也在他們的行動上，準備為他們歸屬的國家而生，為它而死。丙類集團

〔註3〕本文所提到的臺灣是我國的一個省，不是一個國家——譯者。

的大多數成員都可能在當地的本地人學校或者殖民地的現代化學校受過教育。但是，如果因此認為所有或者只有那些受過當地教育的人適合於列入丙類集團，那就錯了。有很多是例外的。

　　事實上，在我的一些文章裏，我論證近百年來東南亞絕大多數的華人始終屬於乙類集團，也就是屬於主要地把他們自己歸屬於當地華人社會的集團，不管在東南亞的任何地方都是如此。我認為直接歸屬於中國並對中國的政治和其他事務有深切關係的甲類集團，從來就是不大的，而且自第二次世界大戰結束以來正日益縮小。他們基本上是過激分子，因此他們特別引人注目，十分出名，並常常使他們自己看來比他們的實際人數大得多。它和丙類集團一樣，甚至在傳統的封建統治時期，或是殖民統治時期，都一直是一個小的集團。隨著民族主義的發展，人們可以看到，幾乎在所有國家中丙類集團在數量上有所增加，但是這種增加還不是很明顯。另一方面，由於他們歸屬於新的國家，他們引起了很大的注意，帶來了關於該地區華人今後同化速度的大為樂觀的估計，並給人一種比他們的實際數量要大得多的印象。總之，儘管過去一百年在東南亞地區發生的政治和社會條件的所有各種變化，這個地區的各種華人集團中占大多數的還是乙類集團的華人。他們感到非常滿意的是，他們首先能歸屬於他們自己的社會，歸屬於他們自己的少數民族集團，而不是歸屬於總的華人社會，或二次世界大戰以來成立的新的東南亞國家。正是這種獨特的傾向，使得各個華認社會無論各自在它們的所在地可能是如何小，都具有相當大的力量和拒絕改變現狀的態度，並使這些社會能在極為困難的條件下生存下來。同時，也正是華人社會的這種獨特傾向，使得殖民統治階級和當地的統治階級都同樣很困難把他們納入大的殖民帝國社會或民族社會，很困難促使他們放棄那種華人身份，這種身份一直保護他們避免歸屬於他們沒有多大信心的更大的社會。

　　當然，我只是探討那些仍然可以認出是華人的華人集團。另外還有無數的人可以認為屬於第四個集團，這個集團由那些實際上已完全被同化到當地居民中去的人構成，而只是有時被指出他們的祖籍原先是中國人。對我們討論的論題來說，我認為這第四個集團可以考慮為當地人的一部分，在對該地區當代華人少數民族的任何研究中不必要把它考慮在內。雖然在泰國和菲律賓有為數眾多的人屬於這一類，而在印度尼西亞、緬甸、柬埔寨和越南也可能發現很多這類人，但是實際上他們沒有形成一個集團。

　　最後要談到的一個問題是關於東南亞華人少數民族的主要特點。這涉及到一個十分明顯的論點，即有很多的華人都是各類商人的問題。這種看法不是不正確，但需要作某些修正。這方面完全取決於華人少數民族集團的大小，不管是在某個農村地區、在某個城市、還是就整個國家來看都是如此。在華人少數民族只占人口不到百分之三的地區，完全可以肯定大多數華人是在經商或者從事專門職業，並形成他們自己的一個完全獨立存在的小中間階層，在他們各自居住的地區、城市或國家裏可能起著或者可能不起重要的作用。在華人少數民族占當地人口百分之三入到百分之十的地區，中間階層可能並不會大很多，而是華人人口中有相當大的一部分人可能做城市的或者甚至是農村的工人。由於與當地人口相比人數還是比較少，中國血統的工人階級並沒有在國家的政策中起重大的作用。馬來西亞是一個例外，在那裡幾乎所有的城市和城鎮以及一些農村地區，華人少數民族非常多。這裡存在著任何社會的那種比較正常的社會劃分，就包括一個人數眾多的、主要是城市的無產階級。在這裡，那個城市無產階級和現在一個比例相對比較小的商人和專門職業階層之間政治上的分裂就具有重要的意義。相當明顯的階級分裂很容易導致某種程度的政治激進化。

　　在結束這篇文章的第一部分以前，再說幾句話。有許多評論談到關於東南亞華人少數民族居民中對政府不滿的受教育華人。他們曾經被認為是東南亞華人少數民族中據說發生過政治激進化的主要原因。這種看法十分容易使人誤解。這主要地是從華人構成大多數的新加坡的發展情況、也在較小程度上從華人少數民族占很大比例的馬來西亞的發展情況引申出來的。那些華人少數民族在百分之十以下的地區，尤其是他們只占百分之三以下的地區，受過教育的華人中並沒有這種值得注意的激進化。在這種情況下，我上面所述的三個集團可以有益地加以應用。甲類集團可能是激進的，如果僅是由於他們在政治與歸屬於某個外國（無論是臺灣還是中國）的極端主義的話。但是這是一個小的集團，在華人少數民族少的國家，這個集團就更小了。至於丙類集團，裏面有一定數量的激進成份，但是這種激進化通常是由於他們認識到該地區發展中國家的巨大社會問題。這種激進化多半是理想主義的，是直接和他們要求改善他們所效忠的國家的社會條件聯繫在一起的。他們成為激進分子並不是因為他們是華人。他們成為激誰分子是因為他們所選擇的國家的問題看來需要有激進的解決辦法。但是，我再重複一遍，正如我早已強調

的，這是一個小的集團。

大部分華人還是屬於乙類集團，即使是在華人少數民族人數很少的環境中也是如此。乙類集團中的華人是並不激進的。無論他們主要受的是中國的、殖民地的、或者是當地民族學校的教育，也無論是否文盲，他們都主要效忠於他們自己的社會，從而使他們不會成為激進分子。由於他們受到自己的社會的保護，由於他們的挫折基本上容易變成為社會的事情，還由於他們沒有遭受像丙類集團成員可能遭受的那種嚴重的職業上的失敗，因為他們經常能夠求助於家族的生意或者宗族和其他傳統組織所支持的生意，因此他們經常是所有華人中最不激進的。不管華人少數民族人數怎麼少，無論是占當地人口百分之十以下還是占百分之三以下的地區，這類集團華人所佔華人總數的比例都是大的。

華人少數民族和當地多數民族之間的關係，在某種程度上取決於華人少數民族的多少。少數民族和多數民族之間的相互影響是和相互間的接觸、接觸的機會以及接觸的需要有聯繫的。當華人少數民族人數高達全國人口的百分之三十五時，華人必然高度集中在城市和城鎮，這種高度集中本身就是他們集團之間、特別是種族社會之間緊張關係的根源。這當然是馬來西亞的情況。在那些華人少數民族占人口百分之三到百分之十之間的地區，可能有一個大的集中地，像曼、金邊和西貢──堤岸等城市。但是即使在那裡，華人少數民族的人數也並沒有大到足以使這種單一的集中威脅到當地的政治制度。這種單一的集中是比較容易控制的。在這些單一的集中地以外，華人大部分以小商人和以某種比較低級的職業分散在各地，但是在大多數地方，這些人看來是為當地社會提供必要的服務而不會成為當地人民生活的威脅。

至於那些華人少數民族占當地人口不到百分之三的國家，任何大的集中的可能性都是很小的。雖然在大城市如雅加達、馬尼拉和仰光有很多華人，但它們之中沒有一個地方華人多到足以對城市本身的政治形成任何種類的威脅。總之，在華人少數民族人口不到百分之三的地區，他們是小量地廣泛散居在全國他們能夠到達的每一個城鎮。令人啼笑皆非的是，這種情況並不一定使他們不引人注目，反而可能產生相反的結果。這些華人如果與他們居住的小城鎮的當地居民比較起來，仍然可能處於不相稱的富裕地位。產生這種狀況的原因是，這種分散是一種在最好的商業行業、在最好的和最值得尊敬的職業方面相當專門的人才的分散，結果造成華人控制那個國家所擁有的最

好的東西的總情景。於是這就成了緊張關係的根源。

　　不過，讓我們不要誇大人數的客觀因素。華人和各式各樣的當地人之間在很多方面方面都有明顯的不同。明顯的語言不同、生活方式不同、習慣不同、節日和其他十分明顯的社會活動的不同等等就不用多說了。比這些更深刻的不同是表現在思想方法、價值觀念和對待工作和利益的態度，甚至對待教育、物質進步和社會變動的態度等方面。同樣重要的是種族不同這個因素，帶有隨著根深蒂固的種族偏見而來的對知識、衛生、甚至道德純潔性等不同的好惡和偏見。整個差異的範圍是如此之大，以致有時難以找出那些時常使華人和當地人結合在一起的共同因素。在這個問題上，在許多觀察家看來，最激起人們興趣的因素是，與那種比同化難辦得多的分隔華人少數民族和信仰伊斯蘭教的當地人民的障礙完全相反，華人少數民族顯然願意較快地同化於信仰佛教或者信仰各種天主教的社會。這是許多研究的主要課題，也是沒有人能加以否認的事實。

　　雖然如此，如果我們從幾百年的歷史來觀察華人少數民族和當地多數民族之間的相互影響，那麼，我認為他們之間文化上和種族上的不同本身還是次要的。更為重要的是那些導致經濟競爭的活動，尤其是當這些活動使得經濟競爭帶上有利於華人而不利於當地人民的價值觀念和態度顯得很突出的時候。在過去幾個世紀中，正是存在著這些因素，使華人和當地人民之間的那些相互影響變得特別困難。如果對每一個現代國家中的每個華人社會進行比較周密的考察，就可以發現，除了那些已形成很大的華人社會的地區之外，總的說來通婚還是比較容易的。同樣，除了在那些華人高度集中的城市以外，不同集團之間建立和政治與結盟聯繫在一起的合夥經營的關係一直是可能的。沒有什麼文化上或是種族上的重大差異阻礙華人和當地人民之間廣泛的相互影響。在過去幾個世紀中，只有一個部門的活動這種相互影響進展很少，這就是商業及其有關職業，包括控制某些商業行業的手工業者方面。在這方面，看來十分明顯，在過去幾個世紀中，華人少數民族一貫勝過當地人民。只是在歐洲商人開始統治該地區的短時期內，才能夠說華人不得不退居第二位，而西方商人僅僅主要是由於政治和軍事的力量才能夠控制該地區。

　　我並不認為在加深華人和當地人民之間的差別方面，種族、宗教和政治是不重要的。我相信它們都是重要的。但是我也認為，只要華人在經濟方面仍然佔據支配地位，它就是把華人和當地人民分隔開來的主要的因素。一方

面，華人的這些優勢使他們對當地的統治人物有特殊的用處。同時反過來這又使他們確實不希望獲得任何形式的權力，從而使他們對當地政治組織造成危險。另一方面，由於華人在經濟競爭中擁有超過當地人民的經濟優勢那明顯的有利條件，很少華人會為，任何放棄那種能長期保持經濟支配的社會準則和體制會有任何好處。總之，造成華人來到東南亞尋求財富和安全以及某種程度的社會地位的真正原因，實際上就使他們大多數人不可能進入或被允許進入到當地人民自己所控制的領域中去。時間的推移基本上沒有改變華人和當地人民之間關係的基本格局。雖然文化和種族的不同繼續擴大經濟上的差別，但華人和當地人民之間的經濟差距仍然是今天雙方關係遭到挫折和潛在衝突的主要根源。直到今天，使華人少數民族捲入集團衝突的主要起因，以及消除某些此類起因的各種嘗試的失敗，都主要是由於華人少數民族控制的商業活動範圍很大造成的。在那些關係很緊張的地方，如印度尼西亞、菲律賓和馬來西亞的一些城市，種族不同的因素只是當經濟差異使得華人更加引人注目的時候才起作用，因為經濟差異使華人共同發財致富，使他們的生活水平明顯地高於當地人民家庭的平均水平。

這就導致了許多謀求削弱這種華人控制地位的種種措施。首先而且可能是最普遍的是限制對華人企業開放的活動範圍。在這種辦法取得有效控制的地區，華人企業在允許他們經營的活動範圍往往更加專門化，甚至更加處於支配的地位。在這種辦法實施較差或是商業活動範圍太狹小的地方，華人在逃避限制方面則顯得更加機靈，而且更願意利用賄賂和非法的手段來保護和增加他們的財富，以及最終保證他們在日益不友好的氣氛中的安全和生存。另外一個辦法是由政府建立國營機構，進入那些華人被看作擁有太強有力控制的領域。當這些領域中最有經驗的華人商業社會的各階層人士被吸收到這類國營部門，如果實際上不是當作合夥者，也是當作經理人員或者助手的時候，這個辦法可能十分有效。與這兩種辦法同時實行的是對當地企業界的支持，包括通過直接的幫助，甚至是給當地企業直接提供資金和指導，或者通過加強訓練新一代的現代企業家和商業經理人員。直接的幫助是危險的，有過許多失敗。訓練計劃見效較慢，但是最終很可能產生預期的結果。

不過，構成這些辦法的基礎的一個假設我認為是錯誤的。這個假設是說大多數華人本質上就是經商做買賣的人，別的什麼也不想做。第一代的移民可能是這樣，很多貧困的華人要獲得社會地位的上升，除了經營小規模的生

意外沒有任何其他辦法。但是對於大多數第二代以上的華人移民來說，那些已經獲得了某種類似中產階級地位的華人，情況就完全不是這樣。他們更可能有志於從事行政的、專業的、教育的和文化的工作，從而獲得他們大多數人所要求得到的社會地位。如果在引導當地人去取得商業上的成功的同時，也鼓勵這些華人轉移到非商業領域的話，這也將在融合種族社會和改善華人少數民族和當地多數民族之間的關係上起重要的作用。這樣做，比起把全部華人逼得在商業上走投無路，並強化他們作為「經濟動物」的形象，還是較有好處的。

這方面就是我認為各級教育，特別是大學教育能夠做到，而直接對華人商業施加壓力所不能做到的地方。華人社會保持集團性的主要原因，是因為他們認為華人社會只有通過商業才能生存，而他們的商業只有通過他們的集團性才能生存。這種因果循環論是能夠打破的。如果提供足夠的機會引導年青一代的華人更加自由地轉移到非商業的領域，它就能夠被打破。這就是越來越多的年青華人所希望做的，假如他們有機會的話。只有極少數華人希望單純發財致富。當然，年青一代的華人希望擺脫純粹牟取利潤的暴虐行為。但是，當他們沒有選擇餘地的時候，他們就會大量的轉過去幹這一行。同時也會出現，獲得利潤越是困難，似乎某些華人卻偏偏會幹得更好。而在東南亞所有國家中，有充分的證據表明，當華人被鼓勵轉移到非商業活動時，他們是會轉移的，只要他們這樣做有希望獲得一定程度的社會地位的上升。年青一代的華人過去二十年來所缺少的，正是上升到受尊敬的社會地位，不必發財致富而能有安全保證。

我承認這樣說比做容易得多。要當地人民大膽去從事經濟的職業，顯然必定仍舊是艱難的事。許多華人也將繼續保持商業活動，並繼續做好生意。但是，隨著鼓勵華人把他們的商業活動讓當地人民分享，隨著華人看到不需要完全依靠自己的少數民族社會的保護也能得到安全，華人就會逐步認識到，分享不僅僅是值得做，而且也是可行的。於是，當年青一代的華人寧願選擇非企業經營的職業，而新一代的當地人民尋求轉移到商業界中去時，他們在經濟和非經濟領域中的合作就有可能達到新的水平。

我認為，大學能很好地起這種作用。它們能夠提供引導當地人民進入商業或為大經濟機構服務的職業中去的機會，同時，它們又能在非經濟領域為年青一代華人提供尋找滿意的職業的機會。這可能包括政治領域，但是它也

將包括這些新的國家中的廣泛的文化活動方面。在這方面，總的來說華人是不受歡迎的，如果不是被完全拒之於門外的話。在一些國家中，不幸的是所有非商業性職業的待遇太差，在經濟上無利可圖，以致華人為了尋找物質安全，變得不大願意離開他們傳統職業的安全保證。當所有一切都靠不住時，他們又會退回到依靠原來的那些集團關係和親屬關係，這種關係保護他們，同時也保證他們在經濟上繼續維持優勢的地位。

總之，任務是艱巨的。我上面所概括的只是一個探討問題的開始，並在我們理解這個問題的努力過程中提出不同的目標。大學所能夠指引的道路，是要人們拋棄尋找替罪羊的舊習慣，即把所有的災難歸咎於顯然自己取得成功的少數民族集團。大學所能作出的貢獻，是從事精力充沛的和嚴格的工作去越來越清楚地說明這個問題，去培養這幾代人更願意更加細心地考察各種主張，去鼓勵新的幾代人成為富有革新精神的人，成為勇敢的人，成為願意用新的方式去解決老問題而進行實驗的人。毫無疑問，東南亞的華人少數民族問題是一個棘手難辦的問題。現在可是人們不該一而再地退回到舊治療法的老路上去的時候啦。大學所作出的貢獻是使各國受教育的人都一起通過共同努力去尋求他們共同繼承下來的問題的基本解決辦法。對於新的幾代人，應該使他們看到問題不僅僅是技術上的，當然也不是簡單的讚揚或譴責的問題，而是高度複雜的社會和文化問題，只有大量的人共同運用巧妙的辦法才能加以解決。

當然，東南亞國家是否有時間依靠通過教育的長期的解決辦法，還很不清楚。我首先得承認，太多的急迫問題等待著回答，而大學本身卻不能夠提供解答。不過在我看來，大學是為長期的解決辦法做準備的最理想的地方。它們不應當經常為今天就解決問題而煩惱。人們應該鼓勵和支持它們繼續努力，為所有的人尋求明天更好的生活。少數民族和多數民族的關係問題，以及這些問題時常造成的衝突，顯然是使所有的人過那種更好生活的前景的障礙。

正如大家所知道的，我對大學仍抱有很大的希望。我對它抱有希望並不是因為我認為大學能抽象地獲得那麼多的東西。我對它抱有希望，是因為在我看來，它們是少數富有進步潛力的公共機構之一，新的國家可以利用它們來為將來的發展掃清道路。對於少數民族與多數民族問題，大學在短期間內至少能夠做到下列幾點：第一，它能教育人民認識文化的性質、種族不同的

性質、偏見和仇恨作為阻礙進步的作用的性質。第二，它能夠改變人們對事物的反應，部分是通過由一個集團把技術轉給另一個集團，部分是通過從一種集團的生活方式和文化側重點轉移到另一種集團的生活方式和文化側重點，部分是通過提出新的社會準則以供試驗和實驗，當證明它們是合理的和有益的時候，可供最後採用。第三，大學能夠提供一種氣氛，使不同種族的人民共同生活、共同學習、減少那些分隔人民的因素、以及為那些鼓勵人民去發現他們的共同性的努力創造良好的條件。第四，大學今天可能仍然是能夠促進新性質和差異的少數公共機構之一，這些差異造成的品質，包括思想品質，性格和人格的品質、個性的品質，將消除那些使集團衝突加劇的傳統的差異。

　　我從東南亞華人少數民族這個主題談到了大學所能做到的，可能是田園詩般的圖景；看來，我已經扯得太遠了。我這樣談，不是因為華人少數民族是那麼重要，或者是因為我認為大學是能起那麼多作用的唯一的公共機構。我這樣談，僅僅是因為我的論文的主題導致我去探討許多問題的實質。這些問題如果說不是使世界上所有發展中國家、至少也是使東南亞國家的每一個人感到苦惱。這是一些非常深刻的問題。這些問題並不是由東南亞的華人少數民族造成的，也不是用虐待華人少數民族或者養肥這些華人少數民族所能解決的。這些問題是那樣廣泛地滲入到東南亞國家的所有社會中，以致任何人都必然地要考慮到讓這些問題繼續得不到解決所造成的某些長遠的影響。我之所以向大家談及大學的主題，主要是因為在這次會議上我們正在討論大學的問題。而且我們的集會就在我們這個地區的一所新大學裏舉行，我們對所有試圖保持我們的大學成長茁壯、富有朝氣和爭取進步的努力深為感動。所以，這就促使我不是簡單地談華人少數民族問題，而是進一步指出解決這個華人少數民族問題涉及到解決有關我們地區的整個一系列問題，同時指出應當使我們的大學有更好的機會來繼續尋求我們所需要的解決辦法。事實上，如果大學能真正地帶頭探討這個地區面對的某些最基本的問題，提出如何才能解決這些問題的辦法，那麼，我確信華人少數民族問題將會表明它真正應該是什麼問題，它是一個社會和文化調節的次要問題。

《東南亞歷史研究》導論 〔註1〕

張瑾初譯　姚楠校

　　當我首次聽到即將召開一次東南亞歷史編寫工作學術研討會時，我就立刻想起這一課題的首創著作 D·G·H·霍爾編寫的《東南亞歷史學家》（倫敦、1961 年版），以及這部書在六十年代所引起的爭論。特別是，我知道我們從《東南亞歷史學報》發表的一些文章，以及該地區在 1960 到 1961 年（新加坡和馬尼拉）、1964 年（香港）和 1968 年（吉隆坡）向亞洲史國際會議所提交論文中，已經瞭解到一些進展情況，有助於我為《社會科學國際百科全書》（1968 年）撰寫關於編寫東南亞史工作的文章。但是直到這次學術研討會結束，而且在我已將全部論文讀完後，我才完全瞭解我們已取得了多大的進展。

　　這裡二十篇文章的作者探討了近代東南亞九國中六個國家的幾百年的歷史著作、並且根據最高的西方學術傳統來從事他們的工作。任何一個作者都沒有被要求來對某個一般性題目加以論證、大多數作者選擇了他們正在進行研究的某一部分的一些內容，這些內容他們認為是恰切而且會引起興趣的，但是他們探究的方向卻既是新穎的，又是有的放矢的。

　　作者們開始時是對《東南亞歷史的應用》所提出的一系列問題作出反應的。但是最後變成了現在的題目：《東南亞對過去的認識》。我不知道為什麼要作這樣的改變。但是當我應邀宣布這次學術研討會議開幕、并要我提出一

　　〔註1〕此文刊發在《南洋資料譯叢》1989 年 7 月（第二期，輯刊）第 53～58 頁。原文載安東尼·里德和戴維·馬爾編：《對東南亞往昔的認識》）Anthony Reid and David Uarr (cds), Perceptions of the Past in Southeast Asia），澳大利亞亞洲研究學會叢書，海涅曼公司，新加坡，1979 年。

些關於這次會議應該怎樣進行的建議時，我突然想到把重點從「應用」轉到「認識」是重要的。這使我想到馬克思的「對費爾巴哈論點」之一，我們可以把它加以修改後供歷史學家們去理解：

歷史學家只是以各種方式來認識過去：目的是要應用它

簡言之，只有認識還不夠，重要的是怎樣應用過去。從「應用」轉變到「認識」，很可能是歷史學家對根源和先例的尋求，但是這也可能倒退到學術上的抽象的一步。確實，應用和認識不總是分得開的；通過應用過去，我們才開始發現我們所認識的是什麼，或者按照我們認為應該怎樣認識來重新認識。因此我在開幕詞中要求：「我們要找出認識以什麼方式決定我們的應用時」，也要「找出過去的應用方式限制了認識範圍的時候」。我也提出了我們應該考慮有關東南亞研究的三點主要認識：

（一）對過去的認識似乎是長期來社會和政治制約的產物，是不知不覺間把傳統傳遞下去的結果，形成了一種類乎「民間回憶」的東西。在這裡，往事為人們所應用，並且有用處，有助於種族的團結，可能也有助於社會的和諧，但是重點在於將已經獲得的東西忠實地予以傳遞。這種認識通常來自穩定的時代，並且在發生危機時對各族社會有益。

（二）對過去的認識在一個特定時期可以追溯到一個特定的根源。這些根源是多種多樣的，可以是一個國王，或者一個王朝世系，可以是一個作家或一批作家，可以是社會內部的危機，可以是改信外國宗教；也可以是外來的征服。這裡的重點，在於從對過去已有的認識轉變到必需的或合宜的認識。這就要區分隨著意識的播弄而來的認識和重新整理過去而來的認識。在主要由於周圍世界已經發生根本變化而改變了認識的地方，這些已被改變了的認識仍可能為了社會和政治的目的而進一步有意識地被應用。這樣，認識就起了變化，而這些變化也就被認為是有用的。至於那些因播弄過去而產生的認識變化、問題是這些新的認識是否真正能持久，是否不會回覆到舊的認識，或者是否經過一段時間會被舊的認識所沖淡。進一步要問的是，以播弄的方式來應用過去是否能徹底改變客觀情況，是否這種播弄只有在客觀情況本身發生根本性變化時才能成功。

（三）對過去的認識是依賴於閱讀能力，依賴於在家庭和寺院外散發的大量著作，以及依賴於奉命保存這種認識的具有規模的機構來獲得的。在這

裡可能又一次要強調忠實的傳遞，但是這些著作本身以及產生和應用這些著作的機構中也可能有一些能動的可變性在起作用。因此一方面，這種對過去認識可能為後來的著作和善於寫作的各種各樣的人的應用所逐步修改。另一方面，這些認識也可能產生出重複出現的性質，它在各種政治和經濟的變化中一再恢復活力，因而最後提供一種歷史連續性的不可割斷的鎖鏈。大批著作可以應用再應用，使某些過去的認識得以長存。在這種情況下，這批著作究竟應著重於趣味和文采，還是應著重於教導有價值的道德教義，或提倡一種相對的或「不固定的真理」，或自稱為科學和追求真理，事實上都沒有多大關係。不論這些著作的內容是什麼，保存這種著作就能保證某些認識過去的方式實際上成為不可摧毀。

這些考慮強調了歷史的連續性。但明顯的是，通過謀求對過去的認識有所瞭解（以及其中意味著的應用），我們也開始看到東南亞某些重要的變化過程。近今所進行的涉及對東南亞昔日受殖民操縱的反應。不論成功與否，合理與否，這些對殖民歷史的反應，在最近起了全面的影響，使這種反應成了歷史事件本身的主要因素。但是，主要由於這些反對殖民的反應是顯而易見的，並且引起了關於這種反應是否合適的熱烈論爭，人們往往不能掌握其真正意義。人們要麼強烈而感情激動地捍衛這些反應，要麼把它們斥為歪曲事實，因而是毫無價值的。但是，在研究這些反應怎樣在不同時候興起，它們又是怎樣地多種多樣，而考察它們在引起或阻撓東南亞變化方面所起的作用又是怎樣有創造性和富有意義等，尚未作出足夠的努力。

這裡的大部分文章，通過比較各個不同時期，比較人民在若干世紀以來所經歷的各種危機和比較各種植根於長期傳遞下來的傳統和公認的價值觀對變化的反應，使我們明白了歷史往事的各種不同的作用。如果把較近期對西方所引起的變化的反應與現存書本中所體現的對早期變化壓力的反應加以對比，不論這些書本是「故事小說」、「野史傳說」、「宮廷歷史」、「史記」、「國史」，那就可能較少專注於近期經歷的獨特性，而有較多興趣去瞭解何種連續性更有利於變化，而哪些變化又是毫不值得去作全面研究了。

這一學術研討會已經超過了作用和模式的問題，也遠遠超過了認識的問題。一次又一次，論文的作者們被問到根本性的理論，為什麼人們要回憶過去，為什麼歷史學家要寫歷史？誰要講歷史？誰要聽歷史或讀歷史？過去是否真有重要性，還是它不過是有選擇地被用來支持現在的觀念或辦不到的未

來理想？

奧利弗‧沃爾特斯認為提出的論文和進行的討論還不夠深入。東南亞地區的重要特徵──各種支配人們生活的宗教──還沒有完全解決。由於這次學術研討會集中注童於較近期的一些書本和辯論的樣板，它很可能失去了機會根據早期文獻或碑銘的實例，以瞭解「那種或許可能表明對於過去有所認識，或者即使是對於過去感到興趣的專注心情」。我們沒有足夠地追溯到我們試圖發現的那種認識的背景裏去。另一方面，「認識」或許是太難捉摸的一個概念。這次會議的討論根本未能擺脫應用，而在應用中認識是明顯的。沃爾特斯堅持，「民間文學」的討論會是十分重要的。在那個標題下的各種「歷史」形式最難領會，而且他詢問我們是否已足夠地思考過上層和非上層傳統之間的關係，我們是否有足夠的知識去估價這兩者之間的差異，以及這種差異的重要意義。

會議隨後的討論進一步探索了研究中的空白和保留，並且特別有力地引起了下述幾點：

（一）歷史往事在東南亞文化中的重要性，特別是與產生歷史編纂學的西方社會相比較。

（二）把過去的狀況從一代傳遞給另一代的問題，無論是在母親膝下，在朗誦或表演中，在為一個君主所寫的編年史中，或在學校教科書中。

（三）口述歷史和書寫歷史之間的關係，不但被看作是從前者到後者的發展過程，而且是文字記載（常被視為是神聖的）和口述及民間傳說之間的相互影響。

（四）「文化征服」被否定了，但是外國文學模式的問題可能被認為是本土過去的連續性與一個新的、符合某種國際正統觀念（伊斯蘭教、儒教、政治上的民族主義，等等）。

（五）要求一個英雄具有的性格和作用。

作者們這裡在闡明東南亞的過去方面取得了多大成功，尚有待於他人來判斷。可是，他們所作出的努力，的確使我們要問我們究竟進展到了什麼程度。出現的最明顯特徵是在對過去本身無關的東南亞傳統之中。人們受到鼓勵的是沃利弗‧沃爾特斯所謂的「向前看」，或者至少像詹姆斯‧福克斯所說，把過去「從它對現在的關係來認識」。而且在較近時期，出現了一個對過去的回憶，也就是自覺地謀求重新認識的努力，這種重新認識如果說不是為了影

響未來的話，也是為了影響現在。

　　當然，這並不是什麼新發現。在十九世紀中，傳統的西方學者、在期望從東南亞著作中找到事實而由於找不到事實而未能如願以償時，他們馬上就把這些著作斥為非歷史的。他們的判斷是基於一個簡單的幾乎是不言而喻的觀點，那就是輕信歷史主要是一種資料，用以判斷過去曾經發生過什麼事，從而分析和解釋為什麼會發生這些事的緣故，而且認為任何不能這樣做的文化和人民就是沒有歷史感，因此與能夠這樣做的文化和人民相比，是低人一等的。這種觀點在很多方面都占著支配地位，就是在極少幾個被說服以客觀歷史為理想的學者中，這種觀點也並非少見。而且不久以前，唯一的問題也就是把科學方法應用於若干難於處理的材料這個問題。人們設想，當時的學者知道什麼是值得瞭解的，他們所要瞭解的又是什麼。他們需要做的只是保證能找到更多幾個探索者。其中包括那些年輕的東南亞人自己在內，使他們都能受到良好的訓練，他們的著作能符合最高的學術標準。一旦做到這點，東南亞的歷史就能進入其他歷史的行列，最後成為能被正確認識的東西。

　　對東南亞過去的努力探索，產生了幾個意料不到的結果。首先，這種探索迫使對於向當地著作所提出的問題作一次徹底的再思考，並且使許多為本書撰稿的那些歷史學家重新考慮他們的材料的性質。學術研究的傳統工具沒有受到懷疑，語言學家和文學家的才能對研究「文件」仍然是至關重要的。但很明顯的是，歷史學家對於人類學家、語言學家和考古學家必須更加重視，他們這些人對於尚無文字的社會的研究工作表明，對於過去的認識，可能從這些社會所遺留下來的手工製品，從它們的遺跡，它們的故事傳說，它們的禮儀和它們的複雜社會結構中，得到瞭解。歷史學家不得不修正他們對於那些從前被斥為「無稽之談」的作品的觀點，並且承認在東南亞歷史的研究中，這些作品有其合法的地位。如果他們不能理解這些作品怎樣揭示過去的繼承和傳遞，就會使他們現在和將來的工作陷入困境。最後，通過擴大他們的研究方法，他們就會用安東尼・里德的話來說，「更加明白在每一種文化中歷史與神話的相互依賴」，並且對於傳統的西方編史工作本身的侷限性也會產生新的懷疑。

　　為了免得被人認為我所說的話是攻擊科學方法，請容許我補充：所爭論的並不是方法，而只是以客觀歷史的名義，認為用那種方法作為闡明歷史的唯一方法的那種僵硬的學究化工作的危險。本書所收各篇論著，使我們想起

過去一個世紀中某些東南亞學者的魄力和創造性。他們努力維護他們的傳統，或把這些傳統予以修改和加強，以適應現代世界。這些論著者也警告我們不能允許那些把過去認為非常有意義的人們的想像力和事業，被外界強加給他們的清規戒律所扼殺，而這些清規戒律迄今還沒在再生過程中向人們提供任何東西。問題在於，「在今天的東南亞，與西方社會相比，歷史是不是一個更為重大的問題？」如果歷史的定義並不是東方博物館中的陳列品，而是擴大到包括對於過去的認識和瞭解與解釋這些認識所需要的複雜方法，那麼對上述問題的回答是肯定的。

　　但是這些認識是什麼，我們又究竟知道了多少？這些「向前看」的認識與研究東南亞的過去有什麼關係？假如過去本身並不引人入勝，人們又怎樣的去研究它呢？

　　這裡一些文章告訴我們，我們仍在探索之中，我們還須懂得更多的東西，我們只是正在開始掃除那些使我們對東南亞過去提出錯誤問題的錯誤觀念。這些文章也提示，我們像傳教那樣力圖把對於過去的不同認識強加給東南亞人，可能是誤入歧途的。向前看就是使人們從一種毫不相干和非常枯燥的大事紀年束縛中解脫出來，那些大事是曾經發生過的，但應把它們忘掉。假使過去就是這麼回事，那何必把它當作真正發生過的事件那樣來研究呢？為什麼不像我們朦朧認識的那樣，把它當作神話來研究呢？為什麼不把它當作可能發生過的形象，而是因為這些形象既有力量又有喚發作用，因為這些形象重新肯定了道德準則和文化差異，肯定了社會團結和代代相傳的精神象徵和各種儀式，而被挑選出來為現在和將來服務呢？

　　這當然意味著對過去認識的研究，是試圖瞭解過去若干時期裏當時的價值觀，而不是研究那些時期裏的事件。瞭解這種過去的價值觀決不能代替知道過去發生什麼事，而是構成一個有價值的背景，為了解釋今天所發生的事，解釋為什麼當代的東南亞人對目前的事態發展作出這樣的反應、以及解釋他們將來可能以什麼方式來解釋現在發生的事件。在書中，幾乎每一篇文章都以同等的篇幅闡述他們所研究的時期和今天的社會，那確實是引人注目的。而歷史學家們通常都認為今天的社會不是他們研究的課題。因此，毫不足奇，這種闡明對過去的認識所作的努力，也更使我們知道了把過去與我們聯繫起來的許多方法。在試圖強調我們看來似乎是高度主觀的歷史觀時，我們開始更好地認識到自己的主觀性的更為微妙的性質。它甚至可以有助於從我們現

在和將來的需要出發，提高我們對過去的認識，並且，如果我們願這樣做的話，它可以使我們從幻想的客觀歷史的束縛中解脫出來，而客觀歷史長期以來就是大多數西方歷史學家奉若神明之物。

上面所說當然不是撰稿人原來的設想。他們大多數人是想發現東南亞的過去。但是東南亞人對那個過去根本不感興趣，那麼人們又如何去繼續這樣做呢？在某些時期，例如當中國侵略越南，葡萄牙人侵略馬六甲，荷蘭人侵略巴達維亞，而西班牙人侵略馬尼拉和英國人侵略霹靂時，非東南亞人留下了他們對過去所發生的那些事的說法，東南亞人又是怎樣否定他人的說法的呢？他們憑著什麼來維護他們要忘掉過去所發生的那些事的意願，並反擊他人的認識所進行的干預呢？東南亞的現代歷史學家並不滿於讓外國人的描繪通行無阻，而本書大部分的撰稿者確實希望能發現本地人的回憶來糾正入侵者的驕傲自大的傳說。但是在現有的西方歷史編纂工作的結構內，能成功地這樣做的跡象極少。而只要那個結構依然作為唯一能為文明的合乎科學的人接受的結構存在，那麼未來的東南亞人可能把自己看作是繼續在給他人的電碼充當譯電員。

另一條道路是什麼呢？東南亞人對於過去的認識是否足夠有條有理地提出一種新的結構？沃利弗·沃爾特斯在堪培拉舉行的學術研究會上說，在一個人人都相信宗教的世界裏，大家認為這個世界是短暫的，那裡的人期待著死亡和來生，他懷疑過去是否可能有完全不同的意義，在東南亞的任何一種偉大的宗教裏，例如佛教和伊斯蘭教，是否存在著一個對過去、現在和將來的有條有理和獨立的世界觀能幫助他的信徒們把世俗的西方結構置之不顧嗎？對於早期東南亞歷史，今天的歷史學家們肯定能看到和理解東南亞統治者和其文人學者們及當地講故事的人是怎樣經歷過嚴重的危機，並且他們是怎樣從他們的經驗中按照自己的願望吸取教訓的。但是在表面上，在這個小小的世界上，東南亞完全受到世俗化的影響，受到因果關係和責任的不可動搖的法則的影響，並且受到近代歷史的解釋和評斷的影響，看來這種自由不大可能再存在下去。並且看來，東南亞遲早不得不屈從異國歷史編纂工作結構的全部威力，而且這個地區確實有許多國家正在按照這個模式開始出現他們自己的歷史學家。

我們進一步怎麼辦？作為一個來自東南亞而且已經承認外國結構的正確性的人，我深深感到本書的撰稿者在我心中所引起的不安，以及他們怎樣削

弱了我對那種結構的信心。他們揭示了較早時候對於過去的認識的一些豐富多彩、微妙細緻和藝術處理，並使我對於它們的必然要消失引為憾事。當然，我們的全部努力並不至此告終。即使科學的歷史那種有力的結構最後一定會獲勝，讓我們希望它的勝利不是以損害給東南亞以具有特色的發言權的一切多樣性和獨創性為代價。我必須堅持，本書中的文章已經證明了在那個鐵的框架上是有東南亞的血和肉的。

因此我覺得本書為歷史學家們指出了兩條可以遵循的重要途徑，不論這些歷史學家是不是東南亞人。第一條路將引導我們進一步去研究較早時候對於過去的認識、尋求所有的文化遺物，以便更精確地斷定這些認識對於社會各階層、對於每一種族社會，以及於少數自稱是在為他們的社會講話的少數傑出人物意味著什麼。特別是，這種研究應該設法揭示這種認識後來是否有變化，是否因與鄰國和外來文化接觸而發生變化，以及這種變化是否有仍可辨認得出的型式。從這些努力中，我們希望對宗教儀式的回憶，對人物和世俗大事的態度能得到更詳盡的描述，並能將它們置於某種有系統的觀察之中，使東南亞的每個人群都能認出這是屬於他們自己的。

第二條路引導我們更重視研究東南亞的現在和將來。今後在這一地區的歷史將被正式侷限於那種全世界歷史學家都寫的歷史那種水平上，這已經很清楚了。這意味著在那個水平上，更多的歷史寫作將按照西方社會科學的編史工作路線和敘述的形式，或按照馬克思主義思想和它的變種的編史方法來寫。這裡有些論文已經注意到什麼地方已發生這種情況，但是仍能顯示出，東南亞的傳統認識是怎樣改變了這種編寫新歷史的企圖的。儘管正在現代化的上層分子力圖通過書本、學校和命令來塑造一種新的統一意見，但是這種研究歷史的新方法和新概念怎麼滲透了作為較早時候認識過去的基礎的思想模式，還無跡象可見。簡言之，在其他層次上，對東南亞過去的看法繼續不受西方歷史編纂學結構的拘束、還將有很長的時間，即使不是無限期的話。因此我們可以預期，在整個東南亞地區，對東南亞的各種對立認識之間的相互影響將持續許多年，而這情況本身將在本地區現在和將來的歷史進程中組成一個重要部分。這種相互影響的結果還未能逆料。我們從本書文章中已經懂得關於早期的相互影響，關於形式和價值觀念的持久性（那種形式和價值觀念不受特定事件的拘束，因而是沒有時間性的）。這一切都警告我們：不能輕易相信進步是一條直線的時間刻度。

　　我覺得變化的出現，其方式一向比可用進步和西方式的歷史編纂學來解釋的複雜得多，而且還有許多甚至更複雜的變化正在出現和將要出現。那個過程，以及與之具來的緊張狀態和堅苦鬥爭，是近代東南亞史的更為明顯的特徵之一。站在固定不變的立場，堅持預先限定的結構內的外國類型，那就容易把一切都搞錯。

　　這卷文集主要通過它對這一過程的較早層次、較早的變化形式，以及它們對我們今天瞭解這一過程的關係作了謹慎和微妙的闡明，給我們指出了應該走的道路。我們有觀察和記錄正在變化中的對過去、現在和將來的認識。如果由於不瞭解這種對過去的認識，我們失掉了把今天的重大變化解釋給後代人聽的機會，那是太可惜了。

中國歷史著作中的東南亞華僑[註1]

蔡壽康、陳大冰譯　韓振華校

　　本世紀初以來，有關東南亞華人的學術性專著和文章數量迅速增多，因此探討這類著作的某些寫作傾向，並將其所造成的影響放在某種歷史的角度上加以考察，看來是有意義的。例如，早期的著作有些是中國人在中國寫的，有些是東南亞地區的各國殖民官員寫的，以後便有東南亞華人自己撰寫的著作，或用中文，或用某種當地語言或殖民國家的語言撰寫，及至近期，則有掌握社會科學理論的專家學者的著作，包括當地華裔或非華裔學者的著作。因此，對整個一系列的歷史著作進行全面研究是大有可為的，並且已經提到日程上來了。本文是一個初步的概述，著重於中文的著作，尤其是有助於標誌華僑社會歷史和歷史著作本身某些重要轉折點的中文著作。

　　我之所以著重於中文的著作，乃是因為這些著作是針對可以確定身份的讀者而撰寫的；雖然它們反映不同時期的不同利益，包括各種不同的政治立場，但它們在力求影響中國讀者和東南亞受中文教育的讀者的意圖上，確實表現出某種一致性。第二次世界大戰前，這類著作大部分出版於中國。1949年以來則多出版於臺灣和香港，以及東南亞地區，主要是新加坡、雅加達和馬尼拉。在中國，1955年以後的十年中曾出版不少歷史研究著作，但其後中斷大約十五年，直到1979年以來的最近兩年中才重新恢復這方面的興趣，主要是在廈門的廈門大學南洋研究所和在廣州的中山大學東南亞歷史研究所。[註2]正如人們可以預期到的，既然有許多出版中心，這些著作的讀者就遠非

〔註 1〕此文刊發在《南洋資料譯叢》1982年7月（第二期，輯刊）第1～14頁。原
　　　　文載《東南亞研究雜誌》新加坡大學出版，1981年3月。
〔註 2〕1980年9月，澳大利亞國立大學一批東南亞學者訪問了這兩所研究機構，並

毫無差別和一成不變。恰恰相反，讀者對象常有變動，因而促使著作隨之改變，以吸引讀者較大的興趣。現在讓我概要地敘述第二次世界大戰以前這種歷史著作的背景，然後考察戰後涉及華僑歷史的某些傾向和主要問題。

一

在東南亞華人社會的發展過程中，有好幾個里程碑。顯然，歐人東來，到達東南亞地區和中國沿海，標誌著某些新的開端：它不僅為日益增多的華人商賈提供了新的機會，使其扮演不同的角色，而且也是對華人活動的一種挑戰。這些變化在某種程度上反映在涉及華人的各種著作中。雖然自宋朝（960～1276）末年以來中國商賈和航海者在東南亞的活動顯然已變得日益重要，但在十七世紀以前，涉及東南亞的零散中文著作卻很少講到這些活動。及至明朝，隨著有關十五世紀鄭和下西洋的記載，關於東南亞和印度洋各港口的資料在質量上有了提高。在這類記載中可以看到比較多有關華人社會的材料，其中十七世紀初張燮的《東西洋考》最為詳盡。同樣，陳倫炯的《海國聞見錄》（十八世紀）是對當時歷史的一個重要貢獻。但是，部分由於當時華人社會還不多，其規模也還小，部分由於明朝的政策實行海禁，這些早期著作沒有一部可以看作是對東南亞華人的研究，而僅僅是對中國所感興趣的國家的研究。〔註 3〕這種情況在清朝大部分時間直到進入了十九世紀很長時間仍然是如此，儘管這時西方的著作已清楚記載十八世紀和十九世紀又有多少中國人移居海外。的確，到十九世紀中葉，某些西方殖民政府官員對這個地區內各個華人社會的瞭解，似乎比清朝官員瞭解得多。例如 J‧D‧沃恩所著的《海峽殖民地華人之風俗習慣》（1879 年），就比任何中國古籍記述了更多有關海

得到他們的最新出版物。此外還有些小的機構在暨南大學（也在廣州）以及在昆明的雲南歷史研究所和其他類似的研究機構。北京大學的一批東南亞語言學者與南亞研究所（北京大學與中國社會科學院在北京合辦的一所研究所）進行合作，該研究所計劃把研究活動擴展到東南亞。對東南亞研究重新恢復興趣開始於 1978 年在廈門舉行的一次討論會：爾後在 1980 年在昆明舉行了另一次討論會，1982 年將在廣州舉行第三次討論會。

〔註 3〕 這類古籍中最著名的記載始於趙汝适的《諸蕃志》（13 世紀初葉），1911 年聖彼得堡出版 F.夏德和 W.W 柔克義的譯本，有關鄭和的著作中最好的一部是馬歡所著《瀛涯勝覽》（15 世紀初葉），1970 年劍橋出版 J.V.G 米爾斯的譯本。張燮的《東西洋考》最易看到的版本是 1936 年在上海出版的版本（叢書集成版），陳倫炯的著作最易看到的是 1958 年臺北的版本，但這類古籍卻沒有為僑居海外的華人撰寫專門的章節。

外華人社會的情況。

　　十九世紀中葉，各有關當局對華人社會的規模、對他們的財富和潛在影響、以及對於圍繞著不久便成為「華人問題」的不正常現象，已開始出現新的認識。這種認識自然導致中國人的態度發生質變，從而也產生有關國外華人的不同種類的歷史著作。最後認識到必須對陳腐過時的法令有所改革，也值得一提。1893 年，傳統的海外交通禁令解除了。這項禁令本來早已作過修改，被置之不理，已經是有名無實了，到這時，清朝政府終於承認這種禁令毫無道理。但是，此項決定本身並不真正像它看來那樣重要，因為解除禁令只是一種形式而已。對華人社會來說，更重要的時期或許是自檳榔嶼的建立至新加坡的建立這段期間（1788～1819 年）。這兩個地方是最先對華人主動表示歡迎的殖民地，並且是華人很快就取得社會和經濟優勢的地方。也有人會爭辯說，英國人打開中國大門之後，特別是 1842 年香港開埠之後的時期更為重要。我不反對這種想法，雖然我傾向於把香港的興起所帶來的移民新浪潮看成是十八世紀末葉就已開始的事態發展的高峰。

　　但是，就有關華人的著作而論，十八世紀後期發生的變化並不顯著，因為這種變化雖然導致比較多地談論海外華人的數量，卻沒有導致這些著作本身的性質發生變化。歷史著作要發生性質的變化，還有待於移民的累積人數增多，以引起中國對這些海外華人的態度，以及最終引起海外華人對他們自身的態度都發生引人注目的轉變。這種轉變我認為一直到十九世紀末葉，從 1895 年到 1912 年期間才出現。這個轉變也許可以在某些早期外交家出使國外的簡單記述中看出來，其中特別明顯的是郭嵩燾和黃遵憲的記述。〔註4〕這些記載開始深表同情地描繪一幅華人在受敵視的逆境中掙扎以求生存的圖景，並開始熱情洋溢地敘述那些成功學到現代工藝技術和企業經營技能的華人。一方面，清朝政府對廣泛的苦力貿易的受害者置若罔聞，對華人在北美和澳大拉西亞等新大陸所受的歧視無能為力，人們日益引為恥辱；另一方面，政府開始認識到海外華人的財富和技術可資用於使中國現代化這項巨大任務。中國第一任駐海峽殖民地領事左秉隆的努力，以及東南亞第一份中文報

　　〔註4〕郭嵩燾的《郭侍郎奏疏》第 12 卷第 91 頁下；並見《光緒朝東華錄》，北京重
　　　　　版，1958 年，第 298～299 頁。黃遵憲 1893 年給薛福成的著名信件，可見於
　　　　　《薛福成全集》，臺北，1963 年重版，第三卷，海外文篇 1、18 下～19 下；
　　　　　並見《光緒朝東華錄》》，第 3241～3242 頁。

紙《叻報》的出現，關於華人的歷史記載才得以出版，這些記載對過去幾個世紀華人的成就日益引以自豪。〔註 5〕雖然所有這些著作都是為了影響清朝官方，為了促使中國政府改變對海外華人的政策，但它們本身在文體、形式、甚至內容方面，均無明顯不同於早期的著作，如十八世紀後期王大海的《海島逸志》，十九世紀初謝清高的《海錄》，或者 1891～1897 年間出版的《小方壺齋輿地叢鈔》中收集的各種短篇著作和長篇著作摘要。甚至這些短篇和長篇的作者們也寧願把自己看成主要是對魏源的權威著作《海國圖志》（1852 年成書）所包含的資料作些新的材料補充，並用同樣莊重的文體來撰寫。〔註 6〕

關於海外華人歷史著作的轉變是直到 1895 年以後，就是在中國對日戰爭失敗之後才出現的，這次戰敗迅速使中國作為一個文明社會的生死存亡問題變成一個嚴酷的現實問題。我斷言這種轉變出現於 1895 年以後，是因為 1895 年本身對中國更為重要，其所衍生的結果過於廣泛，並非對海外華人才具有重大的意義。其次，轉變顯然是 1912 年以前便已出現，因為到這一年為止中國已經採取了許多引人注目的步驟以使海外華人的地位合法化，和規定海外華人的合法身份，最顯著的是 1909 的中國國籍法。不僅如此，到 1912 年已有成千上萬海外華人直接捲入了贊成或者反對各種支持中國改良或者革命的政治組織的活動之中；海外華人甚至在 1910 年便已經有人成為參加廣州黃花崗起義失敗的第一批烈士。

在 1895 年至 1912 年間，東南亞華人的主要發展顯然是他們願意親身捲入中國政治的程度越來越大。這主要不是由於東南亞地區內部的社會和經濟壓力造成的，而是由於少數被迫向國外尋求支持其事業的中國人進行直接的政治鼓動而引起的。當然，我指的是孫中山、康有為及其支持者，他們以革

〔註 5〕關於左秉隆，見陳育崧著：「左子興領事對新加坡華僑的貢獻」，《南洋學報》15/1，1959 年 6 月，第 12～21 頁。關於《叻報》，見陳萬福著《新加坡早期的華僑報紙，1881～1912》，新加坡，1967 年，第 28 頁及其後諸頁；陳育崧著《南洋第一報人》，新加坡，1958 年，第 1～12 頁。另見宋旺相著，《新加坡華僑百年史》，新加坡，1967 年重版，第 209～210 頁。又見左秉隆的朋友李鍾珏的著作，他在 1887 年抵新加坡訪問左秉隆，後來出版他的《新加坡風土記》（1895 年），1947 年在新加坡重印，許雲樵注釋。

〔註 6〕關於王大海，見《王大海：海外中國人》W.H.梅赫斯特譯，上海，1859 年。謝清高的書有馮承鈞注釋的現代版本於 1938 年在上海出版。《小方壺齋》文集三部於 1891 至 1897 年間在上海出版。魏源的巨著在 19 世紀 40 年代增補；一百卷本於 1852 年問世。

命或者改良的名義在東南亞到處奔走。他們喚起了人們對中國未來的強烈關心，而 1900 年義和團起義以後西方希望有一個比較新的、穩定的中國，以及後來采取的立憲改革和政體改革措施，使得這種強烈關心進一步增強了。

我們原可預期有關海外華人的歷史著作在這個十年中會有改變。但是，應當用什麼標準來衡量有別於歷史轉折的歷史著作改變的程度呢？我認為衡量的標準應當是以中國和國外華人社會對華人的態度都發生劇烈變化為依據。而這個變化最為突出的一個例子，就是越來越多使用「華僑」（華人僑居國外者）這個概念作為帶有強烈感情色彩的政治詞彙。特別是這個詞同「殖民」（開拓殖民地）這個詞連結在一起，完全改變了中國人撰寫有關海外華人的著作的傑度。

我在其他文章裏已經談論過華僑這個詞的起源，以及這個詞為何成為統稱全部海外中國人的主要詞彙，我不想在這裡重複這些論述。我的主要論點是「僑」字開始使用於稱國外的中國人，只是從 1858 年中法天津條約開始的一系列條約中這個詞被用來翻譯外國官員在中國的「暫時寄居」以後才出現的、並且它是用來強調那種正式的、獲准的和受保護的海外定居。直到十九世紀末年，「僑」字才被用來組成「華僑」這個名詞，用以指定居國外的華人個人或者華人社會。〔註 7〕需要進一步考慮的是，當時的作者和後來的歷史學家是否認為「華僑」類似於歐洲人曾經鼓勵並用以擴張其海外帝國的殖民者。

有兩個方面的新發展似乎發生在這同一時期內。一方面，越來越多人知道，海外出生的中國人（例如在海峽殖民地出生的），喜歡以英國保護的籍民

〔註 7〕「華僑釋源」一文（為紀念 C.R.Boxer 論文集撰寫，該書尚待出版），發表於李德正（音）編《當代國際問題》，第七期，雅加達，1977 年，重印於王賡武《種族集團與民族：有關東南亞與華人論文集》，澳大利亞東南亞學會專著，新加坡，1981 年。

「華僑」作為一個名詞，可能是在十九世紀八十年代開始出現的。馬建忠和吳廣霈在 1881 年訪問海峽殖民地期間或其後各自撰寫的記載中寫到「華商僑寓者」和「華人僑寓者」，都接近於使用這個詞；見馬建忠的《南行記》，第 6 頁下，和吳廣霈的《南行日記》》，第 5 頁下（校者按：吳廣霈《南行日記》作「僑寓華民」出處應為第 6 頁下），《小方壺齋地叢鈔再補編》》，第十帙，上海，1897 年，有人認為黃道憲在 1893 年第一個使用「華僑」這個詞；《南洋年鑑》，1951 年，癸，第 23 頁，引述於高維廉著「黃公度先生就任新加坡總領事考」，《南洋學報》11／2（1955 年），第 1～16 頁；並引述於吳天仁（音）《黃公度先生傳考》，香港，1972 年，第 116～117 頁。但 1893 年的原信中所用的是「華民」而不是「華僑」，見《薛成福全集》和《光緒朝東華錄》。

的身份到中國旅行，因為他們享受到英國領事館保護的好處。與此形成對照的是，大規模販運華人契約勞工到東南亞、南北美洲及其他地方，他們在那裡幾乎沒有受到中國政府的保護。還有一點也是重要的，即中國官員日漸重視長期居住在東南亞的大批仍然可以識別的中國人，他們當中有些人由於感到受西方殖民政府的歧視，因此會歡迎中國官員承認和保護他們。所有這些都使得中國政府認真重視國際法、移民條例和殖民地法令等有關方面的規定，以便制定一項積極支持其國外公民的新政策。

　　另一方面，中國人進一步瞭解到西方在亞洲、非洲和美洲進行擴張的政策，便對殖民和殖民地的概念頗為欣賞。〔註8〕起初，中文曾經用「屬國」這個詞來表示附屬地或殖民地，這個詞強調的是帝國控制權、宗主權、或者甚至統治權等因素。直到十九世紀末，重點才轉為強調移民者和殖民者，這是由於他們認識到西方政府對開拓殖民地大力支持，而中國幾個世紀以來對那些陷入困境或者愚昧無知而離開中國的中國人不予支持，兩者是截然不同的。只要中國的官方語言仍然用輕蔑的詞語談到西方文化，就不可能把「華僑」與「殖民」聯繫在一起。一直到了中國被日本打敗，以及中國的改良主義者轉而求教於日本人關於西方的著作之後，西方帝國主義和殖民擴張才真正逐漸開始受到公開的讚賞。有趣的是（並且我認為絕非巧合）「華僑」一詞帶有政治的性質，和最早公開出版講到東南亞的中國「殖民者」的歷史，兩者是在一年之內相繼出現的。首先是一首詩歌叫《革命歌》提到「華僑」，有可能是章炳麟所作，這首歌附在 1983 年上海出版的鄒容所著《革命軍》一書的後面。〔註9〕接著是在 1904 年梁啟超的文章，題為「中國殖民八大偉人傳」，發表於日本橫濱《新民叢報》。這八大偉人就是那些曾經做過室利佛逝（巴林馮）、婆羅州（昆甸）和巽他的國王或統治者的人，以及雪蘭莪的先驅拓殖者葉亞來。〔註10〕

〔註8〕　在中國，除了聯繫到社會達爾文主義、地理政治學和 1895 年以後非洲和太平
　　　　洋地區的帝國主義等意義之外，對殖民的概念沒有進行過認真的探討。最早
　　　　的著名文章是 1902 年梁啟超的〈論民族競爭之大事〉（音）一文，見臺北重
　　　　版的《新民叢報匯篇續刊》（《近代史料叢書匯.篇》第一集），第 243～301 頁，
　　　　尤其是第 288 頁。兩年之後，梁啟超就講到華僑在東南亞的殖民者。
〔註9〕　「革命軍」一文及其附錄，見鄒容（英譯本）《革命軍：1903 年──位中國民
　　　　族主義者的宣傳小冊子》》，約翰‧臘斯特譯，海牙，1968 年。
〔註10〕全文見梁啟超著《飲冰室全集》，上海；1936 年；第 3 卷第 8 冊，第 1～5 頁。

在上述兩種著作中，作者都是講東南亞的華人。《革命歌》的作者顯然對華僑大富翁如荷屬東印度的黃仲涵那些人的情況頗有瞭解，因此告誡他們不要只求毫無意義的豪華生活，而要用他們的財富來支持愛國的反清事業。但是，梁啟超更深入挖掘了中國的歷史記載，取得十五世紀初葉以來在南洋獲得成就的華人的零散資料（並參見他所著的《鄭和傳》，同年晚些時候在同一刊物上發表）。他把這種「華僑」與後來西方的「殖民」聯繫起來，由於他自己在東南亞、澳大利亞和北美之行，這種想法更為增強，因為他在那些地方親眼看到歐洲人對他們偉大的殖民者和冒險家十分尊崇，而中國人對他們自己的這類人物卻根本忽視，兩者之間迴然不同。而且到這時候，他和其他一些改良主義者和革命者都已經深刻領會了日本出版稱頌西方殖民活動的書籍。梁啟超開始覺得，華僑的成就也應予讚揚，中國人向國外移民和拓殖的權利應予保護，幾個世紀以來已經在東南亞各港口和王國建立起來的華僑社會應予承認是中國人的殖民地。

現在我回到歷史著作這個主題。梁啟超的文章不能說是歷史著作。相反地，他深受西方對諸如哥倫布、克萊夫、李文斯頓這類人物的歷史研究之所震動，另一方面則中國缺乏對自己的這類人物的歷史研究。

> 試問四萬萬國民中，能言八君子之事業者幾人。豈惟事業，即姓氏亦莫或聞知也。吾偶讀明史外國傳，見三佛齊、婆羅、爪哇之四王，吾驚喜狂歡，不知所云。始歎吾國有此偉大之人物，乃葬埋諸沉沉蠹簡之中，而其間二人者，乃至並不得以姓氏表見於後世也。吾滋憤，吾滋懼，吾滋慚，乃急益以所聞最近百年間四君子之事，著是篇焉。〔註11〕

梁啟超是當時最博覽群書和最有影響的作者，他這一篇文章是其後十年間其他有關此類許多文章中的首屈一指的著作，可堪稱為研究華僑歷史之先驅。在其他文章中，關於胡少南（音）在《東方雜誌》（1910年）發表的「華僑殖民領袖傳」，或者關於雅夏（音）在《地學雜誌》（1913年）發表的類似著作，我想就無庸贅述了。〔註12〕這兩篇文章都是梁啟超的文章的擴充改寫，其中

〔註11〕《飲冰室全集》，3／8：4。（本引文見《飲冰室文集》第2集37，卷41。——譯者注）。

〔註12〕《東方雜誌》第7卷第12期，1910年12月15日，第93～104頁；《地學雜誌》第4卷，第10、11、12期，第1上～4上；1上～7下；1上～7下頁。

糾正了梁文的嚴重錯處，但也有自己的錯誤之處。值得加以重視的是第一部自稱為華僑史的著作，即義皇正胤〔易本希（音）的筆名〕所著《南洋華僑史略》，1910 年發表於東京《民報》。〔註 13〕

這位作者和他的朋友柳嵩恒（音）（他寫了一篇頗有感情色彩的序言和一篇同樣情緒激昂的文章敘述 1741 年荷蘭人在巴達維亞對華人的大屠殺）都曾經到過爪哇；兩人都是反清的革命者。而且易本希（音）本人還曾於 1906～1908 年在三寶壟一所華人學校教過書。這位作者承認，他的這部史書大部分涉及荷蘭和英國的馬來群島屬地，他不僅依據中文書面材料，而且也依據各種口述材料加以整理。這本書共有九章，另有前言和結束語。它公開把華僑與西方殖民者相提並論，只為清朝政府反對海外華人政策致使華人在東南亞的殖民歸於失敗而感到遺憾。現在嚴格來說也不能把易本希（音）看作是一位歷史學家，但他寫的歷史是重要的，因為這是此類歷史書籍中的第一部，並且是梁啟超把「華僑」與「殖民」成功地聯繫起來的一個明顯的發展。儘管這部著作充滿著基本的錯誤，大部分為後來的中文著作所糾正，但它卻為其後三十年或四十年的華僑歷史著作奠定了模式。這一點我指的是它從最早的漢朝與東南亞的通商和朝貢關係寫起，認為大部分的來往表明華僑已在這個地區定居，頌揚鄭和下西洋的遠征和鄭成功（國姓爺）的成就，並且一般說來，讚揚明朝積極的「殖民」政策，而譴責清朝對華僑的消極態度。〔註 14〕易本希（音）反映了從十九世紀末年以來便已發展起來的新的民族主義。顯示證據以表明中國人從古時候起便早已擁有海外殖民地，指出他們現在需要有一個更強有力的政府來肯定這些成就，並準備對保護這些殖民地有所作為，這種寫法在當時顯然是非常蠱惑人心的。

我認為使用「華僑」這個詞來表示殖民者的做法，標誌著有關東南亞華人的歷史著作的第一個轉折點。有些華僑自己也熱情地接受了這個新的名稱。但總的來說，最熱心的往往是那些剛從中國到來不久的人，特別是那些受華人學校教育的人，這些華人學校已逐漸在這個地區佔有重要的地位。尤其是隨著 1912 年中華民國的建立，學校的新課本十分迅速地傳播新的觀念。到了

〔註 13〕 《民報》（《民報雜誌》）第 25 和 25 期；1～25 和第 1～40 頁。

〔註 14〕 後來的著作修改後一個論點，承認海禁不是清朝才採取的政策，而是早在明朝便已實行。例如，李長傅的《中國殖民史》，上海，1938 年，第 100～103 頁。

華人的中學校在東南亞出現時，所有的歷史課本均接受用「華僑」這個詞來表示在東南亞地區基礎雄厚的傳統華人「殖民地」社會。在二十年代，在國民黨於 1927 年打敗軍閥之前後，出現了大量有關華僑和南洋的書籍，從而引起西方殖民國家，也引起整個東南亞當地政治領導人的驚恐。這類書籍太多，無法在此詳細敘述，有必要另作專門的研究。1928 年在上海暨南大學成立南洋研究所併出版刊物《南洋研究》，就是這種促使中國政府更積極地捲入東南亞事務的強大的運動的最高潮。〔註15〕1927～1929 年出現由張相時、李長傅、溫雄飛等學者撰寫的好幾部歷史著作，標誌著這種特殊的華僑「殖民」歷史的成熟發展。〔註16〕這一學派中兩部最權威的歷史著作是劉繼宣和束世澂 1934 年出版的《中華民族拓殖南洋史》和李長傅 1937 年出版的《中國殖民史》。〔註17〕這兩部書關於華僑是移民還是殖民的解釋是含糊不清的，並爭辯說中國的殖民是與西方的殖民截然不同的。但他們都清楚表明，殖民是合法的、合理的，是民族的驕傲，因此華僑應得到政府和社會的支持。

二

在開始檢討有關當前編寫華僑史的若干問題以前，先讓我簡單地說一下 1945 年以來有關編寫華僑史的一些動向。使我特別感到興趣的是：學者們治史態度有了很大的轉變，即從上述華僑「殖民」史的治史方法轉變為一種我們可以稱它為認識到華僑史的錯綜複雜性的綜合研究法。對此，我們可以直接提到明顯的兩點。第一，大部分歷史學家已經對過去三十五年中東亞和東南亞所發生的巨大變化作出反應，這種反應也已經影響了他們所寫的各類歷史著作。其次，1949 年後在北京和臺北出現兩個中國政府，而香港和新加坡則繼續存在著一些獨立的中文書刊出版中心，因此，各種不同的觀點都能得到某些人的支持，而每一種觀點又會被用來向不同集團的中國人討好。在這裡，人們至少也應該將三種不同集團的中國人區分出來：民族主義者（不管

〔註15〕《南洋研究》繼續出刊到 1944 年，共出 11 卷，另外還有其他有影響的刊物，如《僑務月報》（1933～1937 年）和《華僑半月刊》（1932～1936 年），但這些是比較屬於政治性的而不是學術性的刊物。

〔註16〕張相時，《華僑中心之南洋》，海口，1927 年；李長傅的第一部改寫本《南洋華僑史》，上海，1929 年，溫雄飛的《南洋華僑通史》，上海，1929 年。

〔註17〕劉和束的著作出版於南京，而李長傅的書出版於上海。這兩部書分別於 1971 年和 1966 年在臺北重版。

他們是否親臺）；共產主義者（不管他們是否身居中國境內）和身為東南亞某個新國家的公民但用中文寫作的華裔作家。

　　記住了這一點，我們就立即會因人們對意指「Colony」的「殖民」一詞所持的態度的轉變而感到驚訝。在戰後第一個五年期間，主要由於中國人（東南亞人也一樣）出版了大量反殖民的文獻，「殖民」一詞已經聲譽掃地，並且實際上已完全被擯棄不用了。當然，到 1950 年，親北京的華人和成為當地民族的華人就拒絕了「殖民」這一個詞彙。臺灣和香港的中國民族主義者比較不嚴謹（或者說比較不敏感），他們直到五十年代中期還允許許多新出版的書籍繼續使用「殖民」這一個詞彙。1954 年在臺北出版的李九華（音）著《馬來亞華僑》一書就是其中的一例──該書還在談述「馬來亞華僑殖民史」。〔註18〕毫不奇怪，正是這類書籍，馬來亞聯邦政府認為必需加以禁止。此後，臺灣出版的新書，措詞就比較謹慎了，人們滿足於用「華僑」這一術語去泛指海外華人後裔而不管其國籍如何。臺灣政府當局堅持中國國籍法的「血統原則」，不論情況如何，它完全有理由將每一個有中國血統的人都稱為華僑。1934 年出版的劉、束合著的《中華民族拓殖南洋史》和 1937 年出版的李長傅著《中國殖民史》二書仍然為人讀用，並且還分別在 1966 年和1971 年再版。就這件事來看，很可能許多中國人依然接受華僑和華人海外殖民地兩者之間有密切的關係，以及這種關係所包含的一切內容。

　　然而，五十年代中期以來，「殖民」這一術語本身已為他們所避用。現在令人感興趣的是，「華僑」這一詞彙在臺灣是如何使用的。在五十年代，臺北海外圖書出版公司所出版的叢書，有半數的著作同東南亞有關，其中大部分是論述華僑史的各個方面。〔註19〕同樣，在臺灣出版的那套由祝秀俠主編的半官方的國別華僑研究叢書，主要也是論述東南亞的華僑。這套國別華僑研究叢書直到六十年代還在繼續出書，其主要的一卷《總志》的修訂版在 1964年發行。〔註20〕在所有這些叢書中，作者們特別強調華僑史上的中華民族的

〔註18〕　臺北，1954 年，第二章。書中也有一章論種族關係（第七章），可能主要由於這一章使該書在馬來亞被禁止發售。

〔註19〕　此處，令人尤其感到興趣的兩套小冊子是《華僑海外開發史》和《海外名人傳》。

〔註20〕　華僑志編輯委員會：《華僑志‧總志》》，臺北，1954 年，修訂版，1964 年。東南亞各國華僑史九卷：越南（1958 年），泰國（1959 年），馬來亞（1959年），新加坡（I960 年），柬埔寨（1960 年），印度尼西亞（1961 年），老撾（1962 年），北婆羅洲（1963 年）和緬甸（1967 年）。

豐功偉績，並想方設法把華僑納入當前反共活動之中。但是，在七十年代發表的一些著作中，新論調已經悄悄地冒出來了。在張文宇（音）（大衛.W.張）1972 年收於其《華人社會與東南亞諸國之政治發展》文集〔註21〕頗有新見，立論精闢的論文中，我們可以找到換新論調的典例。這些論文表現出某種對東南亞國家領導人的感情和當地華人的感情的新的敏感性。文中對「華僑」一詞，落筆謹慎，就連涉及華僑歷史的一些段落，作者也盡可能酌情用東南亞國家國內現在喜聞樂用的「華人」、「華裔」這一類詞眼。這種新的表達方法並不意味著：臺灣政府將拒用「華僑」這一類詞眼，或者，歷史學者們將仿傚政府、拒用「華僑」一詞。不過，這種新表達方法確實表明人們已經意識到：「華僑」一詞過於緊密地聯繫到與中國政治有關的各種事態，聯繫到按照血統劃分的中國人國籍問題，聯繫到效忠報國的問題，甚至聯繫到「生為唐人，死為漢鬼」的迷信思想。

　　在臺灣出版發行的有關華僑歷史和華僑社會的書刊多至汗牛充棟，與此相反，在中國出版發行的有關這方面的書刊並不很多。實際上，在 1955 年周恩來的萬隆之行以前，華僑史的出版非常少；以後在 1956～1959 年與 1962～1966 年這兩段時期，零零散散地出版了幾本；而在 1965 年至 1979 年這十五年間就幾乎一無所有了。我們最近收集到廈門大學和中山大學在 1979／1980 年出版的一些文集中，都收有幾篇在五十年代和 1964 年以前首次發表的舊論文。〔註22〕就連那本根據對回國華工調查訪問寫成的原始資料彙編，也是在 1963 年脫稿後就束之高閣，擱到 1979 年才發表的。〔註23〕就那些在 1955 年後十個年頭裏所發表的各篇學術論文來說，似乎也只有兩個內容：介紹當地的歷史，或者說明東南亞地區華人是殖民壓迫的受害者。這些論文所

〔註21〕臺北，1972 年；特別是《東南亞華人現狀》一文，第 111 頁至第 230 頁。具體說，在對有關「華僑」界說諸問題的探討方面，請參閱第 144 頁至第 148 頁。

〔註22〕我們從廈門大學收集到的論著《南洋研究所集刊》，1980 年，共二卷（第一卷：政治和經濟；第二卷：歷史和華僑）；《東南亞史論叢》，1980 年；《考古民族論文選》，1980 年。輯收的三十五篇論文中，只有五篇在五十年代刊載過。我們從中山大學收集到論著：《東南亞史論叢》，1979 年，共二卷（第一卷，東南亞歷史；第二卷：中國關係史，包括東南亞的華僑）。輯收的二十二篇論文，全部已發表過，其中七篇在五十年代已刊載過。

〔註23〕劉玉遵等《豬仔華工訪問錄》，廣州，1979 年。此文也收於注釋 22 所列的《南洋研究所集刊》，第二卷《歷史和華僑》。

一致強調的命題是：華人各勞動階級和當地人民同是歷史的受害者，因而在反殖民的鬥爭中共同合作。不過，這種合作的歷史卻少得可憐。看來，學者們已經清楚地看到這一點，因而沒把這種論點過分發揮下去。

　　總之，由於種種原因，中國學者與臺灣和東南亞本地的學者不同，政治上的考慮限制了對東南亞和定居在該地區的華族的學術研究工作。所有出版其著作的學者仿傚馬克思主義分析，只談述工農（不管其出身屬何種民族）團結，這些工農在特定的歷史時刻會和各地的民族資產階級共同反對殖民主義。因此，這類歷史學家強調階級鬥爭，並且將當地華人描繪成普遍地同情由土著領導人所領導的革命。無庸否認，除英屬馬來亞（現為新加坡和西馬）外，（海外）中國人的人數並不占很大的比重。英屬馬來亞以外的其他任何地方，根本談不上有相當大量的華人無產階級；華人農民階級更是微不足道。在華人人數占較大比重、有些華人還當地共產主義運動中起支配作用的馬來亞，歷史也確實沒有證明馬來人喜愛共產主義。此事真是令人啼笑皆非。

　　無論如何，中國的歷史學家們確實並非沒有機會去避開華僑史老模式和那種時常與之相伴隨的大漢族主義，他們還是可以採用新的方法去分析華人在東南亞歷史上所起的作用的，實際上，他們也確實這樣做了。他們的做法是翻譯東南亞國家的當地作家的歷史著作（令人注目的是翻譯薩努亞·巴尼有關印度尼西亞的歷史著作）。在中山大學的《東南亞歷史論叢》第一集中，關於近代東南亞史的十篇論文（菲律賓四篇、緬甸二篇、泰國二篇、馬來西亞一篇印度尼西亞二篇），全部談論當地國家的進步運動，並且明確地承認：如果說「華僑」曾經參與這些進步運動的話，他們對其主要進展也完全不是起關鍵作用的。〔註24〕還有，在第二集所輯收 1959 年以來有關華僑的四篇論文中，有兩點令人感到興趣。第一，強調華工所受的殖民剝削和不再重彈理直氣壯的「民族主義」論調，這兩個現象標示出作者們都已經從先前的華僑史老框框跳出來了。可是，不管在論述東南亞史時或者在論述一部分的中國歷史時，四篇論文都將二者混為一談。其次，令人感到興趣的是，在第二集有關近代史的十四篇論文中，四篇討論華僑的論文在 1959 年發表，十篇討論東南亞史的論文都是 1962~1964 年發表的。這表明，人們已經有意識地想將

〔註24〕特別是何肇發所著關於菲律賓的三篇論文（1962 年和 1964 年首次發表）和劉玉遵所著關於二十年代和三十年代印尼、緬甸和泰國群眾起義的三篇論文（此三篇論文也是在 1962 年和 1964 年發表的）。

歷史學家們的注意力轉到東南亞地區的歷史，而將華僑歷史擱在一邊。〔註25〕

　　人們越來越對作為中國歷史的活動人物的歸國華僑感到興趣。從這一點，我們也可以看到上述那種動向。我在上面已經提到了對回國華工的調查訪問和業已收集的有價值的資料（廈門大學和中山大學發表兩校研究所合作調查的報告）。更加令人感到興趣的是有關華僑在國內工業投資的調查報告。1958／1959年間在廣東、福建和上海等二十三個縣市作了實地調查，收集到了四卷材料。但是，用林金枝名字發表的第一個調研報告現在才剛剛刊登在廈門大學的《集刊》的第二卷。〔註26〕如果把林的論文和汪慕恒所寫的那篇論文（該論文試圖論證十九世紀末，二十世紀初印度尼西亞人的工業和華僑的工業都是印度尼西亞經濟的組成部分，因而也是印度尼西亞歷史的組成部分。〔註27〕）放在一起，那麼，看來現在中國歷史學者們已經與1959年不同，他們開始劃分出哪些是屬於中國的「華僑」史部分和哪些是屬於東南亞的「華僑」史部分。他們的這種做法和其他大多數歷史學者們的做法截然不同。後一類歷史學者們有的往往把中國歷史擴大到甚至連華僑在東南亞的活動也包括進去（臺灣和香港的許多歷史學者還在這樣做）；而在較晚時期，有的歷史學者則傾向於把大部分華僑史歸化為東南亞歷史的一部分（東南亞當地大多數華裔歷史學者正設法這樣做）。

　　現在讓我回頭談一談定居於當地的歷史學家們用華文寫作的華僑史。1940年在新加坡成立的南洋學會是一個新的起點。南洋學會會員是由來自中國的學者和來自整個東南亞地區、到中國學習過的當地學者組成的。這些學者們過去在上海暨南大學南洋研究所思想薰陶下都寫過很多東西。但有兩個人在旅居新加坡時，在獻身學術研究上作出卓越貢獻。陳育崧是南洋出生的、對南洋地區的變化情況和發展情況非常敏感的學者，他鼓勵下一代的學者更

〔註25〕郭威白所著、關於馬來亞各州和馬來亞華人的經濟作用的論文，江醒東所著，關於荷蘭對華人的殖民剝削的論文，李永錫所著、關於西班牙政策的論文，以及蔡鴻生所音、關於販賣苦力的論文。這些論文都發表在1959年。

〔註26〕林金枝《東南亞華僑投資國內企業的幾個問題》，首次發表在《近代史研究》1980年第1期和第2期第199～230頁和第217～238頁。特別要參閱第199頁第2腳注和第3腳注（1980年第1期）。

〔註27〕汪慕恒《十九世紀末、二十世紀初印度尼西亞民族工業和華僑工業的產生和發展》，第108～116頁。請讀者將本篇論文和新近發表的一篇論文（陳造福《十九世紀以前中國和印度尼西亞關係考略》，載《歷史研究》1980年第3期，第17～33頁）中的更傳統的方法進行比較。

多地注意南洋地區的華僑資料，他編彙了一整套最好的歷史資料彙編。許雲樵雖然來自中國，但他適應了南洋當地的情況，按照自己獨特方式去尋求溝通傳統的華僑史和南洋當地歷史間的橋樑。〔註 28〕在成立南洋學會以後，又出現了南洋大學發展的新氣象。南洋大學的發展鼓舞了新一代的學者們（主要是新加坡、馬來亞和印度尼西亞的學者們）去研究東南亞當地歷史並將華僑問題放在當地歷史中去處理。

　　在這裡，我並不想細談當地學者的研究情況。這一方面的研究進展頗不一致，現在，各國的研究成就，差距很大。無庸置疑，唯有新加坡造就了用華文著述的本國歷史學者。但我們不知道這些新加坡學者是否將得到鼓勵去研究本地區各國的華人社會的地位，創造出有份量的學術成果。在這裡，我想要強調的一點是：這些比較年青的歷史學者要比中國的和臺灣的歷史學者更容易接受當地的和西方的對東南亞地區學術研究的影響，從而，他們就更可能根據當地的觀點（當然不一定根據「華僑」的觀點）來重新評價華僑的歷史作用。現在，他們也正在設法改變「華僑」這個詞。他們已經試用「華人」、「華族」、「華裔」，以及在說到新加坡和馬來西亞的華人時已經用了「新華」和「馬華」（其他的前綴，隨國別而異）這一類取代的詞眼。不過，究竟哪一個詞最為合適，目前學者們沒取得一致的看法。〔註 29〕在這兒讓我再一次就

〔註 28〕關於《南洋學報》的歷史記述和該雜誌的文章索引，請參閱許素吾（音）著《南洋學會和南洋研究》，新加坡 1977 年。在提到這些貢獻時，我挑選出陳育松和許雲樵兩位學者加以介紹。我還希望不久將看到人們對他們的貢獻作出全面評介。不過，在雅加達、馬尼拉、吉隆坡租曼，還有其他獻身學術的學者，這些學者在堅持從事華文寫作的學術研究工作中，曾經有過一段比新加坡學者還要辛酸艱難的日子。

〔註 29〕一位獻身學術的（雖然並不是正統的）學者方修已經為重新評價馬來亞和新加坡戰前出版的華文文學而編彙了一部基礎著作《馬華新文學史稿》，新加坡，1962～1965 年，共三卷。現有英語節譯本，小安吉斯.W.麥克唐納譯：《1920～1942 年馬華新文學史綱要》，東京，1977 年。方修使用「馬華」一詞是有爭論的。時常有人覺得對於他所研究的課題和他所研究的時代，使用「華僑」一詞還是比較貼切的。

「華人」一詞看來是中性的詞彙。現在此詞最常見，雖然大約在 1970 年以來，在新加坡，使用「華族」一詞看來已經相當普遍。「華族」一詞可意指「ethnic Chinese（神族的華人）」。其中「族」字的用法和中國用以喻指「少數民族」的「族」字相同。我對「華族」一詞的這種用法感到不安，因為我對日語「華族」意指「nobility（貴族）」或「aristocracy（貴族階級）」感到不舒服。「華族」一詞的這種用法在某些行文含義中也許會引人誤解。

現在正在進行、將來還必將進行的歷史論著方面，重新檢討「華僑」這一術語，作為本文的總結。

最近在中國發表的關於歸國華僑在中國的投資的一篇論文中，作者林金枝說：「華僑旅居國外已有二千年的歷史」。〔註30〕這句話使我聯想到我對陳荊和那部題為《十六世紀之菲律賓華僑》的學識淵博的著作的反應。該著作於 1963 年出版問世。當時，對於作者所談的早在明朝時代的「華僑」情況，我懷疑這種談法是不是妥當，因為明朝一點也不關心海外華人；並且它還認為這些海外華人主要是一些罪犯、海盜、走私者，甚至是潛在的反叛者。〔註31〕根本不存在確認、支持或保護這些海外華人的問題。因此，這些海外華人當時是不是「華僑」？這一疑問使我更細心地去考查「華僑」這一術語的起源，以及這一術語在十九世紀末、二十世紀初被廣泛使用以來的各種使用方法。我們看到過許多個可以用來取代的代用詞。最常見的代用詞是「移民」，但「移民」這一名詞並不適用於那些早已定居海外的華人，其中許多是幾代定居海外的華人。「中國人」與「華人」這兩個名詞也算常見，但這兩個名詞對所有的中國人都適用，並不表明他們就是定居於中國國外的中國人。「華族」（ethnic Chinese）現在還是一個新詞；中國和臺灣的人士還不熟悉（儘管「族」這一字眼老早就既用於漢族的中國人，也用於中國的少數民族）。更專用的、標示旅居國的詞眼（例如專指旅居印度尼西亞、馬來西亞和菲律賓的「印華」、「馬華」和「菲華」），在人們想要泛指海外華人的時候，也幫不了忙。何況「印華」、「馬華」和「菲華」這類名詞，對於過去還沒有出現這類國家名稱的歷史時期來說，該算是時代錯誤的術語吧。至於「華裔」一詞，它對越來越多的「華人後裔」來說，可能是適用的，但卻不能實際適用於中國出生的海外華人和已經選擇中國國籍的海外華人。

事實上，要是「華僑」一詞按照它的精確含義「華人僑寓者」來使用，表明某一華人暫住海外這一概念，那麼，它就可能是極其實用的一個詞彙。人們已經普遍地用「華僑」一詞來指本世紀四十年代後期以來離開中國和臺灣而移居海外（特別是移居北美和日本）的中國人。人們也可用「華僑」一詞來指過去幾十年中從香港移居北美、西歐和澳大利亞的大部分華人。不過，對

〔註30〕林金枝（參閱注釋26）《近代史研究》》1980 年第 1 期，第 200 頁。
〔註31〕陳荊和的書由新亞洲研究所於 1963 年在香港出版。該書已譯成英語。英語本題為《十六世紀菲律賓的華人社會》，東京，1968 年。

於那些已經選定國籍、歸屬於外國的華族，人們就不可以再叫他們為「華僑」；實際上，那些擁有許多選定該國國籍的華人的國家（特別是東南亞國家），已經正確地堅決拒絕使用「華僑」這一名詞來叫該國的華裔公民。看來不要很久，中國和臺灣也會不得不贊同這種做法，特別是中國已於 1980 年 9 月頒布了新的國籍法。〔註 32〕

　　然而，對那些研究東南亞華人的歷史學家們來說，「華僑」這一史學上的正名問題現在仍然還沒有解決。即使將來真正的「華僑」已經僅僅是各個東南亞國家中的人數最少的少數民族，即使今後歷史學家們也會同意各個國家取得獨立以後不再繼續用「華僑」這一詞彙，但歷史學家們想要撰述 1945 年以前的各個歷史時期時，情況又怎樣呢？在這方面，現在還有許多模棱兩可的東西。然而，近代以前和國籍概念還沒傳入以前的每一個華裔或者每一個認定自己在文化角度上是一個中國人的人，都可稱之為「華僑」。難道我們就不能這樣說嗎？要是歷史學家們對十九世紀以前各個時期的「華僑」（儘管當時人們還沒有創立出「華僑」這一詞彙），都一一加以回溯追認，難道情況就不會變成簡單些？為何十六世紀的菲律賓就不能有「華僑」？為何就不能有長達二千年的「華僑」史？

　　最後，在我看來，人們必需正視這些問題：「華僑」一詞的語源；從它剛剛被採用的時候開始，「華僑」一詞所含有的政治色彩、法律色彩和感情色彩，「華僑」一詞所保證的那種政府對海外華人的保護；「華僑」一詞所具有同殖民地概念和西方殖民化政策相聯繫的問題。要是「華僑」的這些邏輯內涵沒錯，那麼，怎能說十九世紀末期以前的海外華人無論如何是「華人」呢。如果暗示說在中國對這些海外華人和華人社會有正確評價以前老早就有了這種正確評價，看來這是對歷史事實的一種歪曲。「華僑」是一個用來描述某種獨特歷史現象的簡便詞彙，這一點我想不應該使我們產生一種不正確的、時代錯誤的印象，把中國對華僑的關心說在它成為事實之前。

　　現在，我倒想提出：過去有一段時期我們能夠正確地談述東南亞史上的「華僑」。這個時期就是從十九世紀末至本世紀四十年代後期，當時中國政府給華僑以權利，也向華僑要求盡其義務；而絕大多數的海外華裔似乎也在或多或少的程度上對此作出反應。我知道在東南亞地區以外，這個觀點可能很難被接受，我也認為，中國和臺灣歷史學家們保留著他們自己的看法，總是

〔註 32〕一個非官方的英譯本，刊載於《北京週報》》第 40 期，1980 年 10 月 6 日。

感到難於用新的觀點來對待華僑史的問題。對他們來說,「華僑」一詞使用起來太方便了,至於這個詞在東南亞地區所引起的種種疑慮,他們並不覺得很重要。因此,在六十年代和七十年代這一整段時間內,出生在中國的歷史學家們在談述各個歷史時期時,仍然任意使用「華僑」一詞。但是,在那些出生在東南亞地區的歷史學家們(不管他們是用漢語、西方語言或者當地民族語言寫作)之中,越來越多的人已經迴避了「華僑」一詞,甚至連「華僑」一詞的真正內涵概念也迴避了。當然,他們談東南亞各地的華人情況;他們也談到各個歷史時期中,這些華人是些怎樣的人。不過,他們並不堅持說過去一向就有過「華僑」。一般說來,現在他們對「華僑」一詞的正確用法比較注意、比較敏感了——至少在談到東南亞歷史時,他們的態度就是如此。要是他們真的同意選取一條相當一致的「華僑」的定義,使得他們能夠談述長約五十個年頭的「華僑」時期,這條定義會有助於人們對東南亞華人和華裔的各歷史時期有豐富的、多元化的理解。等到人們果真同意了,那時再去看一看中國和臺灣的歷史學者們會不會考慮去檢查他們對撰述「華僑」史所抱的態度,該是令人興趣的事吧。

關於華僑史的一些問題〔註1〕

温廣益整理

今天講講華僑史的問題。

先講講我的學術經驗和學術背景。

我是搞歷史的,在馬來亞大學歷史系畢業後,到國外搞了幾年的研究。我先是搞近代史,後來改為古代史。先搞些以前孫中山革命黨和康有為保皇黨在東南亞的活動,尤其是在新馬的活動。以後對中國與東南亞的貿易(關係)感到興趣,所以就轉搞古代史去了,搞隋唐以前〔註2〕中國與東南亞的貿易關係,即南海貿易。之後興趣越來越廣,轉搞中國歷史,對唐末五代的政治史發生興趣,這和中國與東南亞的關係也有點關係,因為一般外國學者認為中國歷史在中古時期有個大關鍵的時刻,好像在唐末五代宋初時期可能中國歷史本身有個大變動,這與東南亞的關係也有點聯繫,就是說唐末中國大亂,南方建立了好幾個獨立國家,獨立王國,如閩國就在你們福建省,廣東、廣西有南漢,也就在那個時期越南獨立,所以這個時期中國與東南亞的關係相當重要。因此也不完全脫離我本來研究的題目,我向來想研究的是中國與東南亞好些方面的關係問題。所以後來我的興趣還是恢復到研究中國與東南亞的關係,尤其是明朝的對外政策、東南亞當時的政治史,這方面我是寫過幾篇東西的,尤其是著重在明朝對東南亞的政策,這

<hr />

〔註1〕此文刊發在《南洋問題研究》1981年3月(第一期)第92~104頁。這是王賡武教授於1980年9月19日在訪問南洋研究所時所作的學術報告的錄音整理的。該報告的主要內容是對「華僑」這個概念作了歷史的分析,對華僑史的編寫範圍提出了看法。

〔註2〕原話如此,可能為「隋唐以來」之誤。——整理者。

跟華僑史的研究也是有關係的。

我研究明朝中國與東南亞的關係，最主要是看為什麼明太祖要改變宋元的海外貿易政策。這是很大的改變，至少從朝庭、官方的政策來看，是個大大的改變。明太祖本身對海外貿易似乎不感興趣，而且不大贊成中國人到海外去做生意，這與他自己的農民背景、自己的造反背景，與他自己對元朝的看法大概也有點關係，不過這方面要是分析起來就是一大篇文章，現在就不談這個問題。當時改變政策有幾條我覺得是很重要的，第一，他建立了一個新的政策，就是對南方不用武功這個相當重要的傳統。以前元朝是在南方打了好幾次大戰，在緬甸，在占城，在越南，後來還打到爪哇去，所以元朝是相當講究武功的一個朝代。明太祖雖然在北方不怕用武功，但在南方就採取一個不功的政策。另外一點是不征之國，列入不征之國的除了日本、朝鮮之外，其餘都是東南亞和西洋國家。再一點值得注意的，就是明朝一個朝代主要勁敵是在北方，所以向來的態度是防著北方的勁敵，南方是不征，不要在南方動兵，去鬧什麼事情。其實明太祖的政策有他的道理，不過他的兒子不同意他父親的政策，到永樂皇帝的時候又再改變他父親的政策，就派了鄭和率領海軍到西洋，當時經過東南亞。其實這也並不是真正改變政策，結果永樂以後還是改回到明太祖的政策，就是宣德以後還是保持明太祖的所謂閉關政策、海禁政策，對東南亞國家主張不鼓勵朝貢關係、對外貿易關係，一切都採取相當冷淡的態度。所以我們看整個明朝就是永樂時代是特殊的，明太祖跟宣德以後的政策就有點統一。再一點，就是明朝與東南亞的關係有什麼和以前不同的地方，除了海禁政策以外，還有所謂西南邊疆的土司制度問題。這個問題非常困難，我其實還只是初步研究，很多地方我還不瞭解，還在學習。不過，我覺得也不能完全脫離海外貿易政策，換句話說，整個明朝對南方的政策應該是有系統的，要同時分析，同時瞭解，分開來有些地方可能就會誤會，看不清楚。這是我的意見，如果是這樣看的話，東南亞這個地方在明朝並不是像我們現在所認為的是同一個區域。明朝分幾條路線到南方去，海路主要是從閩南和廣東下去，這是主要的海外貿易路線，但是陸路又有它的路線，也是對外關係和對外貿易方面的重要路線，共有三條：廣東的廣州、珠江流域是第一條；從南寧一帶過鎮南關到越南、到交趾、交州那一帶是第二條；第三條是從雲南那裡出去。雲南那邊就非常複雜，我們現在看到的雲南省，可是在明朝的時候雲南省好多地方邊界並不是那麼清楚。雲南的土司制

度、整個明朝的土司制度很多地方還沒有搞清楚，至少我自己沒有搞清楚。但是這方面的土司政策，尤其在緬甸、老撾、越南北部、雲南、老街那部分的土司政策，應該跟整個海外貿易和越南關係一起研究，互相比較，使我們對整個明朝對南方的政策、對各方面複雜的問題能夠有比較好的系統的瞭解。這是我的一個意見。其實我們平常一般講的海禁政策並沒有什麼特殊，明太祖的時候以及宣德以後陸路也有禁，所以海禁、陸禁是一個政策，不僅南方有海禁、陸禁，北方也有海禁、陸禁，可以說明朝對整個邊疆問題的解決方法就是海禁、陸禁同時進行的政策。再下去我現在就不講了，因為我今天主要講華僑史的問題。

　　我要講的是為什麼我對華僑的問題忽然感到興趣，就是我看到許多明朝材料，除了檔案材料，大概一般材料我都看到了。我看當時整個明朝他們怎樣叫這些到南方去做生意或移殖到那裡的中國人，就是用什麼名稱。我感到奇怪的是他們並沒有用「華僑」這個詞，「華僑」這個詞看不到，整個明朝三百年的材料裏沒有用「華僑」這個詞。我本來沒有想到這個問題，看了以後覺得很奇怪，到底用什麼名稱呢？大概僑居的意思本來是有的，不過不用這個僑字，當時用的是什麼呢？我看到各種名詞，用的是「旅居」、「寓居」，還有「聚居」，表示僑居的意思，但是不用僑字，所以我也感到興趣，為什麼不用僑字呢？為什麼避免用這個僑字呢？這些還是比較客氣的話，不客氣的時候用「逃民」、「竄居」，有些根本是犯法逃出去的人，但是也有不管你以前有沒有犯法，你跑出去就是犯法，因為有海禁政策，偷著出去的就是犯法，所以用的字眼就不太客氣。比較普遍用的是「流寓」，用「流」字也比較不客氣，因為不是正式有什麼公事出去的。另外比較客氣的是用「閩粵人」、「中國人」，但是僑字找不到，至少我還沒有找到，如果你們看到明朝材料那裡有用僑字，希望告訴我一聲。

　　因為這樣我就進一步看清朝的東西。當然清朝的東西我看得不夠，明朝的東西我看得比較全一點，清朝的東西太多了，所以我也沒有把握，我講的只是初步的意見，我也希望你們看到了告訴我，我就很感激。我所看到清朝的材料也沒有看到僑字，至少在十九世紀以前的材料沒有看到用僑字的。我到後來再查一下僑字原來怎樣用法，哪些地方適合用僑字，哪些地方不適合用僑字，就回到春秋時代這些古的文字再調查。僑字是很古的字，大概春秋戰國時代就有用，原來的意思就是暫時去旅居的意思。但這個字以後就很少

用，用得不太多。以後到東晉的時候是用得多，是特殊的用法，如「僑州」、「僑縣」，就是五胡亂華的時候東晉的這些貴族從北方被趕到南方，搬到金陵南京去住的時候，在江蘇、安徽、浙江這一帶建立了許多僑置的州縣，僑置就是暫時的意思，用的名稱就是他們北方用的名稱，從河南、山東搬到這一帶去的，保留北方的州縣名稱，意思是說，我們暫時住在那兒，以後會打回去的。當然以後也沒有機會打回北方去，以後在南方長久住下去也就不用僑字了，名稱也都改了，因為北方也有這個名稱，雙重名稱不方便，後來僑置這個字眼不見了，漸漸也就改掉了。這是官方用僑字最清楚的一段，用來表達暫時從北方搬到南方的意思。我們知道，這個用法歷史記載是清楚的。除了這個以外，僑字很久沒有人用。不過詩詞裏頭有看到，做官的文人被派到外頭去當官的時候，有時在他們的詩詞裏講到僑居什麼地方，意思也是暫時住的，是因為公事派出去的，以後當然要回家鄉，有時想念家鄉說僑居在什麼地方。所以僑字還是比較文雅的一種詞。照我看，從東晉到明朝，僑字大概就是這樣用的，初期就是官方的移殖，從北方移到南方，另外就是文雅的用法，文人寫詩詞有時大做文章用僑字，普通人就好像沒有用，這個字就差不多不見了。這是一個印象，沒有詳細研究，因為範圍太廣了。可見我看僑字似乎有兩個用法，一個就是表示文雅，一個是表示官方同意或官方建立的機構，如東晉的州縣才用僑字，平常講話就不用，就用「旅居」、「寓居」、「聚居」，後來就是用不客氣的話。一直到清朝，還是如此，至少在我所看到的材料裏好像還沒有別的用法。不過有一例，我在《小方壺齋史地叢鈔》裏看到幾篇寫閩南人到臺灣去，頭一次看到「僑居」這個詞；另外在雍正皇帝的檔案裏也用過僑居，也是和閩南人到臺灣有點關係。所以閩南人到臺灣去是叫僑居臺灣。大概這是在鄭成功政權被打敗後，與閩南人大批去臺灣有關，而且也有限制人家到臺灣去，當時一般由男的去，女的不大肯讓她去，所以男的去是暫時住而已，以後還是希望他們回到福建來的。所以僑居帶有暫時的意思。這樣我便有一個印象，為什麼他用僑居呢？可能帶有政府同意的意思，這不是「流」了，這是政府認為應當的，所以叫僑居，也可以說是鼓勵一般年青的、男的到臺灣去開發，所以叫僑居。可能有這個意思，這是我的猜測，因為材料實在太少了。這是在「小方壺齋」「臺灣外史」和雍正檔案裏一、二次看到的。還有林爽文變亂時，也提到當地僑居的人民怎樣造反，有用到僑居。所以一直到十八世紀，用法還是限於中國人、閩南人到臺灣去，換句話說，

中國人移到中國另外一個地方去，所以給我的感覺就是僑字的用法還是限於中國人到中國另外一個地方居住才叫做僑，到外國去就不叫僑。一直到十八世紀末還沒有看到中國人到國外去用僑字。我覺得這個可能相當重要，換句話說，在中國傳統社會裏瞭解僑字的意思，就是在中國領土裏，暫時移居到別的地方去，將來要回到家鄉去，這個叫做僑，政府同意，政府鼓勵，或者政府有保護，或者派去出差的，這個都在內，但是在中國領土內用僑字。這是我的印象，因為當時臺灣也在中國領土之內。臺灣在滿清未打敗鄭成功政權以前並沒有用僑字，打敗以後才用僑字，還是中國的領土，所以才有這種用法。

　　那麼十九世紀什麼時候開始用僑字，我是下了一點工夫的，但材料太多了，所以我也沒有把握。我看到的一部分材料，好像僑字也沒有用。一直到十九世紀末年才見到。我所見到的頭一次官方文件用「僑居」，是在中法條約也就是天津條約（1858）上〔註3〕，但這是對外用的，是個特殊的用法，就是討論外國使節、職員在北京居留的權利，這句話叫「僑居」，就是法國的使節可以在北京住，就叫做僑居北京。因為條約是雙方面的，所以中國使節到巴黎去也是僑居，但這變成是官方的事情，兩邊的官員互相派去出差的，叫做「僑居」。所以給我的印象，僑字的用法就是官方允許，官方同意，而且還是做著官方的事情，才叫「僑居」。第一次鴉片戰爭到第二次鴉片戰爭的材料，我也選了一些拿來看，中英條約沒有用，還看了當時印出來的檔案，如《東華錄》、《實錄》，也沒有看到，一般講到到外國居留的華人，除了用旅居、寓居、聚居以外，閩粵人、中國人、華人、華民是用的。這個時期，「民」字用得比較多了，「人民」、「民人」、「中國民人」、「中國商民」、「中國人民」用得多了。為什麼會用這個「民」字呢？照我看與西方外交關係有點聯繫，「民」字外語裏頭翻譯成 Subject，就是公民的意思，換句話說就要保護他們，像英國的官員、水手到中國來，犯了什麼法，他們要加以保護。所以這個民字就帶有點清朝政府認為他們是我們的民的意思，好像有點承認有保護他們的責任。但其實也不是真的承認，我們知道海禁政策一直到 1893 年還保留著。原則上或法律上清朝政府並不承認中國人有權利到國外去，但實際上他們沒有辦法控制中國人出去。其實在十九世紀中國人出國的多得不得了，整個華南

〔註3〕 查條約原文為：「中國大皇帝欲派欽差大臣前往大法國京師僑居，無不各按品級延接，全獲恩施，照泰西各國所派者無異」。──整理者。

也好，到處都出去了，不管是到東南亞，到澳大利亞，到美國，到日本，可多了，香港開發後又出去了很多，汕頭出去也很多，廣州、上海也有，閩南出去就更多了。所以法律上的海禁其實已經一點意思也沒有了。但是既然有海禁他就不能正式保護中國的公民，不過語詞上已經有用民字了，似乎認識到清朝政府應當有這個責任，中國人在外國出了什麼事情，至少外國政府也要中國政府承認這是你們的人，犯了什麼法你們要負責任，有這麼一點關係。而且在許多中外交涉關係的時候，英帝國主義的代表還與滿清官員好幾次討論這個問題，有些中國人在外面入了外國籍，如英國的海峽殖民地，允許在新加坡和檳榔嶼生長的人入他們的英國籍，入了籍後他們到中國沿海貿易時，犯了法不許中國人干涉，他們說這是我們的人，應該由我們負責，你們沒有權把他們帶到法院去。為了這件事情，在廈門、廣州、汕頭等地都鬧了許多事，就是因為這些入了外國籍的中國人利用他們的外國籍。當時清朝政府的態度，認為入了別人的國籍就是漢奸，這個話是不客氣的，講得很厲害。一方面你們出去中國政府沒有給予保護，因為你們無權出去，當時還是海禁，另一方面他們入了別人的籍，回來再幹了什麼事情，你們就是漢奸。所以我看這一段時期沒有用僑居，僑字一直沒有用。所以我最早看到用僑居是 1858 年中法條約裏用在官方彼此交換職員的時候，以後也是這個用法，到 1885 年的第二次中法條約也是那麼用的，這次稍為比較有趣的，就是頭一次提到在外國的「中國僑居人民」〔註4〕。為什麼會講到這一點呢？就是因為 1885 年的中法戰爭是為了越南、北越而打的，北越那時候已經有很多中國人、華人，遷移到北越去的，像劉永福他們手下一幫人跟越南人一起打法國軍隊，而且中國軍隊派去以後，黑旗軍也跟中國軍隊一起打法國軍隊。所以中法戰爭打完以後簽訂的中法條約就有這麼一句話，現在中國打敗了，法國把整個北越就是所謂東京拿去了，條約上說，當地的中國人、僑居在那裡的中國人要予以保護，要有保障，換句話說，就是法國殖民地政府不要虐待這些中國人。這是我找到僑居在國外的中國人的一句話，也不過是用僑居，但華僑兩字還沒有見到。之後，中國與日本的馬關條約裏，也用了「僑寓」這麼一句話，表示日本人僑寓中國，當官的外交官也算在裏面，再加一句，日本人在中國做

〔註4〕 查條約原文為：「凡中國僑居人民及散勇等在越南安分守業者，無論農夫、工匠、商賈，若無可責備之處，其身家產業均得安穩，與法國所保護之人無異。」──整理者。

生意的也叫「僑寓」〔註5〕。因為是官方文件，因此中國人到日本做生意的也叫僑寓日本，所以這句話就稍為廣一點，除了官方職員之外，商人也能算是僑寓。以後從 1890 年以後，到 1895 年以後就越來越普通了，很多文件裏頭都看到僑居、僑寓。但華僑這二個字還沒有見到。

　　現在我猜想最早用「華僑」二個字的可能是黃遵憲，在十九世紀八十年代的時候寫給他弟弟的家信裏用「華僑」二個字。他當時可能是在舊金山當領事，寫信回到他家鄉，這個信有保留下來，現在都印出來，我們看到了，但其實他只用了一次「華僑」。其他（信件）都沒有用，他這樣用是否完全是為了文雅一點的關係呢？因為僑字帶有一點文雅的意思，這我就不曉得。還有一點令人懷疑的是，我也跟一些對黃遵憲著作比較熟悉的學者討論過這個問題，也可能在原件上不是用華僑，可能是後代整理出來的時候把它寫成華僑，因為我們看到的是後來整理出來的信件，但也不一定。因為他們保留的許多信件裏都沒有用華僑二個字，就只有在這裡用華僑二字，因此有人懷疑，不敢說黃遵憲他自己一定用華僑二個字，即使他自己用過，也不是公開用，只是在家信上用而已。官方文件裏也沒有用這二個字。可能是黃遵憲在國外看到許多華人、華商，還有華工，因為這時候工人出去的很多，而且條約上談到工人的待遇問題，就提到華工問題，所以黃遵憲在國外看到華工、華商多的地方，可能把華商、華工合起來，把他們都算作華僑。這是可能的，但不敢肯定的說。1896 年以後，梁啟超啦，清朝政府改制以後的商部的官方文件常常提到華僑，梁啟超其實也很少講到華僑，不過那時候開始用。到底誰先用呢？我到現在還不能斷定，照我現在所看到的材料，華僑這二個字一直到十九世紀最後幾年才開始用，而且真正普遍化是在 1900 年以後。為什麼會普遍化呢？我想有兩個可能性，一是商部發了許多文件，鼓勵國外的中國人捐錢給中國辦企業，鼓勵中國商人回到中國來，把他們學到的技術，他們的錢帶回中國來辦企業。商部的文件同時還談到要怎樣保護這些華僑，不能隨意讓他們被殖民地政府、如受英、荷政府各方面的欺負。於是 1909 年中國成立第一部國籍法。你們曉得最近這幾天北京人大開會立了一個新的國籍法，但以前的前身就是 1909 年立的國籍法。這個國籍法跟現在的國籍法是大不相同的，1909 年的國籍法是承認雙重國籍的，而且裏頭的原則也跟現在完全不同。

〔註5〕　查條約原文為：「現今中國已開通商口岸之外，應准添設下開各處立為通商口岸，以便日本臣民往來僑寓，從事商業工藝製作」。──整理者。

這個國籍法立好以後，法律上規定政府的所有外交官員要保護中國的公民，這是第一次。所以以後華僑的用法與政府的保護、給他的保障有特別的關係，這是第一點。第二，我猜想也有很大關係的是鄒容寫了《革命軍》，這篇文章的第一版後面有兩首歌，叫「革命歌」，也有幾篇章炳麟答覆康有為的話，都登在頭一版的《革命軍》上面，那時章炳麟大概還在監牢裏，大概他的朋友們替鄒容出版的。這兩首革命歌很有趣，有一首根本就是談華僑的問題，這是1903年的事情。革命歌里根本就坦白地說，你們這些華僑不要以為在外國賺了那麼多錢，住得那麼舒服，那麼就只知享受，就不顧慮到你們的祖國，大罵他們一頓。舉個例子，爪哇有個很有名的大財主叫黃仲涵，大概就是講黃仲涵家裏的事情，他賺了大錢，又當了荷蘭的官，大約是瑪腰，又是雷珍蘭的官，裏頭都罵了，說他們不要貪心，要想到祖國，要愛國，你們的錢在外面花光或最後給子孫花光或給外國人拿去了，不如把這些錢捐下來擁護革命軍，（擁護）革命，反清，我們漢族重新把握住我們的國家。這句話是講得很凶的了。這裡革命與華僑頭一次合起來，就是華僑要革命，要愛國，要愛祖國。在「革命歌」裏華僑二個字政治性非常濃厚。

我還覺得希奇的是孫中山先生自己早期也沒有用「華僑」二個字。梁啟超用得比他還早。孫中山一直是用「華民」、「華商」。其實有一個時期，在十九世紀末年的一般文件，對國外的華人十分客氣，用「商董」、「紳董」、「紳商」、「中國人士」。但孫中山先生還是用華工、華民、華人，他沒有用華僑。在《孫中山全集》裏我最早看到的是1906年才開始用華僑。那時候他用華僑民族性也很強，跟「革命歌」裏的用法有點相同，因為他要華僑革命，把華與滿分得很清楚，所謂華人就是漢人，即漢民族的意思，要華僑反清、反滿。所以華僑、華人就是反滿的意思，我們不是滿洲人，要把滿洲人驅趕出去，政治性很濃，民族性也很濃的用法。

現在繼續講一點關於華僑史。我的印象是華僑二個字從開始用的時候就有點官方用的性質、政治的性質，還帶有革命的性質，以前用這個字，後來用這個字，一普遍化以後，像「革命歌」（用過之後），就非常普遍化，因為孫中山就非常看中鄒容的《革命軍》，他可能把《革命軍》印了一百萬冊，到處推銷，擁護孫中山的一般青年工作人員到國外，跟華僑有接觸的就去推銷，賣了錢就供革命者，推銷到美洲。我們所曉得的版本可能有十三版，一共約有一百萬冊，運出去推銷。東南亞到處都可以看到，一些革命黨辦的報紙都

有提到，有的還登廣告，推銷鄒容的《革命軍》。《革命軍》裏頭有「革命歌」，所以這個推銷使得用「華僑」這二個字的人就越來越多，就非常普遍化。這跟華僑史有什麼關係呢？當然華僑史我們現在還在搞，剛才早上陳（碧笙）先生講到籠統研究華僑史的書現在還沒有。在國外其實也沒有。有一個英國人叫 Victor Purcell，有的譯成巴素，寫了一本 The Chinese in Southeast Asia，《東南亞的華人》，還有一本 The Chinese in Malaya，《馬來亞的華人》。他講 Chinese，不講華僑，這是不同的，當然有中國人，但華人是很多的，華僑這個用法他們英國人的書裏不講。韓（振華）副教授談的 The Overseas Chinese 的定義怎樣，這又是另一個困難的問題，另外值得研究的問題。不過，至少華僑二個字是 1900 年以後，換句話說是二十世紀以後的用法，以前沒有這個用法。如果我這個看法不錯的話，可能就會影響到我們怎樣寫華僑史，因為既然「華僑」這個名稱是那麼專，而且它帶的民族性、革命性、政治性是那麼強，就值得我們重新考慮「華僑」這個字在什麼地方適合用什麼地方不適合用。所以我們現在給「華僑」下定義要從歷史方面來看（問題）。

什麼時候才適合用華僑呢？我有個朋友陳荊和先生在香港中文大學寫了一本書叫《十六世紀的菲律賓華僑》，當然這本書是很好的，學問是很充足的，學術也是很好的，但我現在腦子裏有點懷疑，這個題目是否適當，是否可用《十六世紀的菲律賓華人》，應該不應該叫華僑？以前我不懷疑，對這本書也十分佩服，現在對這本書還是十分佩服，但現在我有點猶疑了。一般來說，我覺得十九世紀以前即 1900 年以前旅居、移居或聚居東南亞的華人，不適合叫華僑。請大家討論一下，希望給我一點意見。那麼，再下去就更困難，就是第二次世界大戰以前，我們大家都習慣上叫華僑，我也習慣叫華僑，我自己在南洋生長的時候，我也自認為是華僑，我到現在還感覺到我應該自己叫華僑，但是有點懷疑，可能不適合用，從現在的國籍法來說我不應該叫華僑，只能叫華裔，或者外籍華人，我現在已經敏感一點。其實五十年代以來東南亞的一般華人，尤其是入了外籍的華人，對這個問題已經很敏感，因為華僑這個僑字是指暫時住的意思，既然是永久居留，子子孫孫都在那裡，怎麼還能叫華僑呢！已經不適合自稱華僑。五十年代以來，在東南亞的一般華人，尤其是入了外國籍的華人已經感到不適當，不過官方也沒有詳細討論過這個問題。現在我要問的是，如果我剛才講的不太離奇的話，那麼寫華僑史從 1900 年以後可以用，用到什麼時候，用到哪些人比較適當，也還值得我們加以考

慮。這個問題很困難，我是還沒有進行足夠的分析和研究，我只能提出意見，不過，1900 年以後我比較有信心，可以說是華僑，不過華僑用到什麼程度，到什麼年代，還要請問大家的意見。照我看，一直到中華人民共和國建立還可以用華僑，東南亞的華人一大半還可以叫華僑，到萬隆會議以後，周總理在萬隆發言的時候，政策已開始改變，他已經不承認雙重國籍，開始分別中國公民和外籍公民。在這以後是否可用華僑，至少要很小心，哪些人是華僑，那些人不是華僑，大概在萬隆會議之後就要很小心使用。而最近這幾年就更要小心，因為現在看來真正的華僑很少了，在東南亞，大部分，可能已經有百分之八十到九十入了當地國籍。中國公民在印尼可能還比較多一些，在別的地方就很少了。越南問題當然是很特殊的，這是最近這兩年發生的，很多地方我還不瞭解，所以還要請你們幫忙。越南問題有很多特殊因素，可能與其他東南亞國家不同，法帝國主義統治越南的時候，中越關係是密切的，很多問題根本沒有詳細去討論，國籍問題也沒有具體討論，所以越南的中國人的國籍問題到現在還不太清楚。當時吳庭豔強迫南越的華人入南越國籍，中華人民共和國向來沒有承認，所以哪些人入了越南籍，哪些人沒有入越南籍，到現在還不清楚。所以，關於華僑史的問題，我可以很肯定地說，1900 年以後，至少到萬隆會議的時候，可以說是華僑史（的範圍）。

講起華僑史，早期中國關於東南亞的書，裏頭講到華人的事情很少，如宋朝趙汝适的《諸蕃志》，以後明朝張燮的《東西洋考》，清朝陳倫炯的《海國聞見錄》，一直到魏源的《海國圖志》，或者李鍾珏的《新加坡風土記》，還有謝清高的《海錄》、汪大海的《海島逸志》，這些書似乎都沒有多少關於華僑史或華人史的材料。真正談到華人歷史的，第一個要算梁啟超，他最早的一篇文章，是 1905 年在《新民叢報》發表的「中國殖民八大偉人傳」。這個事情又有趣了，剛才說華僑在那時候已開始使用，但這裡他根本不用華僑，而用殖民。自從他用過以後，慢慢地、漸漸地也有人引用，談到中國人殖民南洋，1910 年北京出版的《地學雜誌》發表一篇相當好的文章，叫「南洋之中國殖民地」，另外在《東方雜誌》也有這麼講的，換句話說，華僑的用法跟殖民地的用法好像又混合起來了。我覺得這個相當有問題，為什麼梁啟超用殖民兩個字，後來為什麼大家也很普遍談到中國殖民在南洋的華僑？大概是因為當時看到西方國家殖民各地的很多，而且梁啟超很佩服，連孫中山也很佩服，當時很多人佩服，西方國家殖民到澳大利亞去，殖民到美洲去，殖民到

加拿大去，到美國去，就是他們英國、法國、德國的殖民地。所以這個名詞在
十九世紀中葉的時候已經開始譯出來了，英文就是 colonize，就叫殖民地，以
後根本就是把殖民地譯成殖民主義啦，colonialism，就不用殖民，但後來的用
法就不太好聽，根本是不主張有這種政策，但在二十世紀初年的時候，中國
人並沒有人談，梁啟超以及地學雜誌、東方雜誌裏頭相當佩服，意思就是說，
我們也有啊，你們有，我們也有，我們也有殖民地，我們的殖民地就在南洋。
我覺得這裡頭有毛病，有問題，我們要小心考慮這個問題，我覺得很值得考
慮這個問題，因為這個用法有時候會帶來許多（含混不清的）意義，可能不
適合我們的用法，至少我們現在對殖民地和殖民這二個字很多地方是不滿意
的。為什麼要把華僑和殖民用在一起呢？我們要把它分清，要劃清界限才行。
因此，你們看到以後一般人寫的文章，就是在廈門大學成立以後，在各方面
的報紙上、雜誌上寫的文章常常談到這個問題，華僑殖民到南洋這句話常常
用。到暨南大學成立南洋研究所的時候，也發表了幾篇文章，華僑開拓史啦，
南洋華僑史啦，常常用殖民這二個字。寫得最好的就是李長傅的《中國殖民
史》，他不是講 1900 年以後的事情，他從頭講起，當然他講的是有他的理由，
不過我們現在用殖民二個字，因為我們的用法不同，我覺得就要小心一點。
李長傅的書是 1937 年出版的，當時把華僑和殖民這二個字常常用在一塊的書
很多。雜誌材料、報章材料用的都很多。1928 年胡炳熊寫的《南洋華僑殖民
偉人傳》，溫雄飛的《南洋華僑通史》也常常提到華僑怎麼殖民，所以殖民地
這句話常常用。

　　所以我剛才談到華僑史要寫到什麼時候為止，我的意思覺得萬隆（會議）
以後就不太適合。我們還要考慮到另外一點，華僑與殖民這兩個字同時用的
地方，要很小心劃開界限。因此，華僑這兩個字的用法，跟它所帶的許多含
義，我們也要特別小心，換句話說，用華僑用得最猛的時候，跟用殖民地、殖
民同一個時期，因此，我們更感覺到我們現在對華僑這兩個字應該更加小心，
寫的時候更要分得清楚一點。所以我們是否可以說，我們要研究整段的華僑
史，還是應該說我們要研究華人在東南亞、華人與東南亞的關係，或者是中
國與東南亞的關係，那是不成問題的，但是華僑史是否可以從頭講起，還是
華僑史應該就那麼一段，即 1900 年到萬隆會議前後那麼一段，可以講是華僑
史，另外的可能不適合用華僑這兩個字，這很值得我們多方面再考慮。我這
是很粗淺的意見，而且是非常初步的研究，很多材料還沒有看到，實在很希

望大家看到關於僑居、華僑這二個字的材料，能告訴我一聲，非常感激。（完）

以下是王教授在雙方座談中就某些有關華僑、華人的問題發表的意見。

一、關於移民與僑民的區別和華工算不算僑民的問題

移民這個問題也是很有趣的。移民當然是一個相當普遍的現象，每個國家都有移民，而且移了以後本國是否還保護他，或給予什麼保障，並不一定。移民本來是一個普通名詞，所以陳達用 Migrant，Emigrant，這裡並沒有帶政府的性質或政府保障的性質，移民過去可能根本就不再回來，跟僑民不同，僑民是暫時的，移民可能是永久的，所以有點區別。

華工的區別在什麼地方呢？既然是契約的，它是有定期的，預先講好去多久回來，所以不一定是僑民，因為它是定期去，定期回來，兩邊都預先講好的，當然也有的根本不回來，那是因為國家不能保護他，簽約的人不能保護華工，這是國家的過失。所以華工是否為僑民，是有點困難，是很難解決的。我現在所講的是華僑這個名詞 1900 年以前沒有人用過，用華僑兩個字有它特殊的意義，我就是提出這個意思，沒有別的意思。當然，僑居這兩個字是比較平常，僑居這句話可以用，僑居和旅居、聚居，寓居意思都一樣，向來都有用的，但是把它叫成華僑二個字，我認為這在一般文件裏看不見，是個特殊的帶有政治、官方，還帶有點革命性的用法，還帶有殖民地的含義，所以要是用僑居兩個字我覺得還可以，但僑居與華僑並不一樣，僑居不過是個動詞，僑居去，副動詞，但華僑是一個人，或者一個集團，或者是一整個的民族居留下去的地方，規模是不同的，所以華僑這個名詞和僑居這個名詞，我認為是有區別的必要。

二、關於日本橫濱華僑學校是什麼時候出現的問題

這個事情我去調查了一下。起初康有為在橫濱辦的叫大同學校，它是1898年開辦的，但後來改名華僑學校，有人不小心，說華僑學校是 1898 年開始辦的，其實不對，我查過了。原來是大同學校，後來那一年改名為華僑學校，我記不太清楚，可能是 1910 年以後的事情，寫歷史的人就說這個學校是 1898年開辦的，大家以為 1898 年就開始用華僑這二個字，其實不是這樣。

三、關於華族的形成問題

這個問題也有點困難。剛才我說孫中山用華人的時候，他是區別華人和滿人，就是我們現在用漢人，而我們現在在東南亞用華人的時候就不分（漢、滿）了，就等於中國人都包括在裏面。因為在馬來西亞也有滿人的後裔、回

族的後裔和漢族的後裔，但是不叫華人〔註6〕，因為華族現在跟孫中山的用法
又不同。孫中山、章炳麟他們用華僑、華人的時候，華人是指漢人，有抵制滿
人的意思，現在我們就不分了。我自己親自問過馬來西亞和新加坡的滿族的
後裔，還有回族的後裔，華人等於是中國人。是否是華族，各國不同，我們現
在普遍有人講東南亞有馬華、印華、泰華（暹華）、菲華，其實，久而久之，
已經沒有什麼多大關係了，文化方面已經大大的改變，很多馬華，尤其是印
華、泰華的一大部分，只保留一部分中國的風俗習慣，大部分已經跟泰國、
印尼、菲律賓結合起來。所以這個華學是什麼意思，我們要小心一點，現在
他們都用華字，但這些人之間的關係已經淺得很，不像以前南洋華僑實在有
這種現象，那時候南洋華僑不管你在南洋哪一個國家一般都會講閩粵話，或
者講普通話。現在一二十年來越來越少講了，好像菲律賓的菲華，碰到馬來
西亞的馬華，可能他們根本就用英語講，兩邊中國話都不會講，就講英語了，
連印尼華僑很多也用英語，當然他們也會印尼話，因為在商場上，英文需要
很大，他們到新加坡、馬來西亞，見到馬華，他們就要用英語講，所以「華」
這方面的成分就漸漸少了。所以這個問題的普遍解決還要看一段，這可能還
是個過渡時期，但是馬華比較明顯主要是馬來西亞華人特別多，新加坡更多，
馬來西亞占百分之三十五、六左右，所以華人的風俗說不定還可以比較長久
保留，但別的地方就很難說，像泰國變得很大，菲律賓也變得很大，印尼也
漸漸變得很大。印尼所以變得那麼快的原因，主要是排華，所以排華反而有
好處，排華排得厲害的時候，華人就越要保留華人的氣節〔註7〕。所以各有各
的不同，每個國家現在都越來越複雜，不講南洋華僑，因為講南洋華僑已沒
有這回事，其實每個國家華人的華族成分確實漸漸地變了。

　　四、關於 1959 年王賡武先生所出的書《A Short History of Nanyang
Chinese》和 1962 年所出的書《Can the Nanyang Chinese remould their lives in
Southeast Asia》這個 Chinese 是指中國人、華僑還是華人的問題。

　　我剛才講，我自己從前也不夠敏感，我是後來才發覺用這句話有問題，
那時我寫的時候也是表示南洋華僑可能已經在解體的時候，現在我認為已經
解體了，南洋華僑已經沒有這回事情，但是在 1959 年和 1962 年可能還可以
用，最後用它一兩次，以後就不太適合了。但當時可能還有點意義，那時候

〔註6〕原話如此，擬為「但是不叫滿人或回人」之誤。——整理者。
〔註7〕原話如此，但有點自相矛盾。——整理者。

還辦南洋大學，現在連南洋大學也已經沒有了。

五、關於如何處理中國與東南亞華人的關係問題

關於東南亞的華人與中國的關係，哪一方面會影響到中國政府和東南這些獨立政府的關係，是好的影響，還是不良的影響，這個問題很複雜。現在可以說印尼沒有和中國復交就是因為華人問題，沒有別的問題，最主要的就是因為華人問題沒有解決，很多地方就影響到中國在東南亞的外交活動，也可以說這個問題牽住了中國的外交政策。因此，有些地方我們要考慮不應當讓在國外華人的活動影響到中國本國的政治活動。從中國方面來看，中國全國的國家利益有很多成分，因素也很多，中國國家那麼大，中國政府要負那麼大的責任，要為了一億人〔註8〕的福利來負這個責任，是否可以讓在國外的少數遺留下去的華人影響到中國在世界外交上的政治活動，把中國給牽住了，是否應該如此，這也是個嚴重問題，我們在外面也討論過。所以這個問題牽涉的範圍很廣。現在看來中國對東南亞很多方面很想有某些措施，這個措施如果能把中國和印尼的建交問題解決的話，很多地方就方便得多了，但是這個問題就不能解決，因為受到印尼華人問題沒有解決的影響。當然採取什麼措施，將來怎樣，中國怎樣，印尼怎樣，印尼的華人怎祥，是很困難的問題，而我們在外面只有同情，沒有別的辦法。一般來說，從長久的歷史觀點來看，到最後，最主要的中國還是要保全中國，這是我們在國外認為最大的問題。

如果這是對的話，那麼，在外國的華人，如果真正要考慮到中國本身的前途，就應從各方面瞭解自己今後的處境，從哪方面能夠幫助中國保全中國，並且有貢獻，不能完全為了我們幾個人被欺負、被虐待，就要求把中國全部的外交政策改為保護我們、救我們，這是不可能的，而且是不應該的。我們在國外的華人要適應當地的環境，我們並不是不能幹的人，華人一般肯吃苦，肯幹事，做事情都很有毅力，有辦法，我們應該各方面自己努力，不能完全坐在那裡等著中國來救我們，尤其是如果影響到或傷害到這個保全中國的總政策的話。我認為我們在國外的華人不應該影響到中國的外交地位和外交活動的靈活性。我們既然已經在國外，就應當儘量適應當地的環境，在那兒生存下去，自己儘量想辦法，不然就回來。我認為這是我們在外華人的責任。

六、關於華人是不是一個民族的問題

這也是很困難的問題。我雖然是外籍華人，我還是中國人，我自認為是

〔註8〕原話如此，可能為「幾億人」或「九億人」之誤。——整理者。

中國人，我還認為這是值得自傲的。因為從我們中國人來看是很自然的事情，可是我們也要考慮到別人不一定瞭解。在國外，人家怎樣看呢？中國人少的地方，大家也不在乎，你自認為是中國人，那是你的事情，無所謂，人家也不怕你們，你們人那麼少，有什麼關係呢？你認為是中國人也好，不認為是中國人也好，小事情。但是在華人多的地方，人家就怕你的，你的經濟力量大，你人數多，他怕你的活動會顛覆他的政府，你在國際上的貿易力量、經濟力量，跟政治的關係怎樣，跟中國有什麼特殊的關係，會不會影響到他們政府的存在？他既然怕你們，那就是一回事了，你自認為是什麼，他也就很關心了。我現在在澳大利亞，毫無事情，澳大利亞華人少得可憐，沒有關係，沒有人理會，澳大利亞也不管你是不是中國人。但我們以前在馬來西亞的時候又不同。大概你們這裡也有馬來西亞的華人，你們曉得在馬來西亞因為華人那麼多，跟當地政府的關係就要很小心，講話也要小心，一般馬來西亞的華人也很小心，也是為了大家的利益而小心的。講下去還牽涉到更困難的問題。剛才講民族問題就是怕牽涉到所謂血統論。這一點我個人覺得有它的危險，不敢同意血統論，血統論是不管你在那裡多少代，父母跟外國人通婚也沒有關係，總之你有點中國血統就是中國人。所以講到民族問題恐怕還要講究法律上的定義，不能太過分講血統上的關係。有些地方沒有什麼關係，這個也要靈活一點，像澳大利亞中國人少得可憐的地方無所謂，但是有些地方我們就不得不要敏感一點，考慮到會影響華人在那裡的地位，也影響到中國與那些國家的外交關係。所以斯大林的民族論也好，血統論也好，都要很小心用，很多地方其實不適合用，而且會有不良的影響。

十九世紀以來新馬的華人教育政策〔註1〕

郭梁整理

　　我今天講的這個學術報告，其實學術性不強，基本上是想討論一下有關幾十年來新馬華僑教育的影響問題，而且專門想把我的意見跟大家討論一下。這裡面有許多東西我還不能夠決定到底如何地解釋、如何地分析，不過，我認為問題重要，值得我們下點工夫，所以我就藉此機會提出幾個問題與大家商量。

　　大家知道，新馬那裡的華人、華僑比較多，所以華僑教育問題這個題目本來是很廣的，我今天只選其一方面來說，不預備從教育本身來討論這個問題，即不從教育觀點來研究。研究教育本身的人很多，我想這方面的材料你們都看得到的。像新馬的許多學人在這方面做了許多比較詳細的報告，我稍為介紹一下。例如魏維賢尤其關心這個問題，當然，在東南亞有幾個國家中，都有人專心研究華僑問題的，像印尼的李全壽先生就寫了不少東西，新馬可能是魏維賢寫得比較多，另外還有兩位是專門研究這個問題的，是用英文寫的，這兩位都離開了新馬，一位叫 Frances Hang，姓黃，現在悉尼大學的教育學院，他寫了好幾本書，都是有關新馬教育的，同時大部分也談到華僑教育。另外一位是姓蔡的 Tsai Hong-tsang，中國名字不知道，他是馬大教育學院的教育系教授，現在美國華盛頓工作，也離開了新馬。他們寫了好幾本書。至於教育政策方面，官方的材料比較多一些，出版的東西當然有限，都限於一

〔註1〕此文刊發在《南洋問題研究》1983年9月（第三期）第59～73頁。1983年7月20日～30日，這是王賡武教授訪問廈門大學南洋研究所期間，作了題為《十九世紀以來新馬的華人教育政策》的學術講演。文章根據錄音和記錄整理，整理稿未經作者審閱。

些法令上、法律上的變遷和政策報告書等。許多檔案還看不到，不過有一部分，尤其在英國殖民地時期的部分，已經可以在英國的檔案局裏看到了，能看到英國如何關心新馬華人教育的問題。但是，公開的材料大部分都是有關殖民地時期的法令、教育法令，尤其是二十年代以後，這方面的材料比較多。到戰後，有名的拉扎克（就是當時的教育部長，馬來人，以後當首相的）報告等，這些也都是公開的，這方面的材料，你們大概也看得到。另外，還有關於華僑教育史的，尤其是中國教育界在新馬教過書、當過校長，在教育界裏工作了好幾年的人，他們回國之後寫的東西，例如回國後寫書，寫雜誌上的文章，還寫些回憶錄，或者寫些當時他們對華僑教育的意見，你們可能都看到了，比我知道的要多。所以有關教育本身的材料是很多的，我相信你們都已經知道了，這方面我就不預備多談。

我想談的問題，是一個比較困難的問題。我自己認為困難，而且我自己也不敢說完全瞭解，不過我想藉此機會與大家討論。這個問題就是認同的問題。教育與民族認同或國家認同，教育與社會上、文化上的認同問題。「認同」英文叫 Identity，無論向祖國認同也好，向當地新興國家認同也好，向華僑社會認同也好。最近在外國，對認同問題也相當地注意，我也曾經看到許多外國教育學家在這方面進行的理論上的分析，還在社會學裏面看到對它的不少的分析，我想借這個名詞用於華僑教育方面，會不會使得我們對這個問題能有再深一步地瞭解，我想就借用這個問題來討論。換句話說，我今天所講的題目的中心，是教育目標的來源，與華僑教育政策在新馬對華僑認同觀念的結果，即有什麼效果。

先談談「認同」這個概念是什麼意思。定義很複雜，有很多種定義，我不預備詳細討論所有的定義，不過我選擇幾種我認為比較適合用在教育問題上的定義來談談。最基本的定義就是種族上、文化上的認同，這可能是最自然的，那麼，跟教育方面有什麼關係呢？當然就是父母親要子女去上學的時候，就有這種認同的概念，就是希望子女除了讀書識字會算以外，能借學校的環境，在受教育的環境裏，能夠跟父母親一樣地向自己的種族或自己的國家、祖國認同，父母親所認同的，子女也跟著認同，這是一種很自然的希望，一般的社會上也有這種希望。可以說，華僑社會辦教育辦學校，也是希望利用這種環境使得下一代子弟也向華僑社會認同，不要脫離自己的社會。父母親最自然地、社會也最自然地要求教育能使得下一代子弟對於家庭、對於社

　　會有一種可以說是永久的認同的觀念。當然，對中國來講，可以說問題比較簡單一些，至少漢人對漢文化的認同一般來說是不成問題的。大家都知道，新馬社會是多元民族的社會，而且馬來亞、新加坡還有不同的地方，不過我所說的，尤其是在五十年代以前的新馬，可以算是一個國家，一個社會，所以是分不開的。新馬分開是 1965 年以後的事情，這以前都可以把新馬放在一塊兒談。當然，要詳細地分析下去，還需要再辨別一下，就是說，新加坡也不能叫新加坡，那是海峽殖民地。三洲府（新加坡、馬六甲、檳城）是在英國殖民地政府直接管轄之下，有它自己的法令，教育上也有它統一的地方，那麼馬來聯邦的四洲府（霹靂、雪蘭莪、森美蘭、彭亨）又有它稍為不同的地方，有著與海峽殖民地不同的地方。有些問題要徵求馬來國王的意見和同意，或馬來貴族的同意，因此在華僑政策方面，在對華僑學校的政策方面也有不同，即與海峽殖民地有著不同的地方。另外還有五個不屬於馬來聯邦的國家，那情況就更不同了，每個國家有自己的教育法令，像柔佛、丁加奴、吉蘭丹、吉打與玻璃市，它們都有相互不同的地方。當然他們也考慮到馬來聯邦四洲府與海峽殖民地三洲府的法令，但是卻不一定照樣地去辦，所以在那兒辦華僑教育不一定像馬來聯邦或者新加坡、檳城那麼方便，像當時在吉蘭丹、丁加奴辦華校的語，就有很多困難的問題。所以，我雖然說是講新馬，但也應該考慮到新馬內部還有些不同的政策，不同的法令，至少詳細來講，就有不同的地方。總之，我剛才講的最簡單、最自然的認同就是種族上的認同，這點，我們都很容易瞭解。

　　談到政治上的認同，就又不同了，尤其在多元民族社會裏是如此。因為華僑社會並不是重要的社會，只算是次要的社會，主要的社會還有兩種：當權的是英國殖民地政府，所以英國人在那兒所佔的權利很大，由他們辦的學校——英校，就有它們的特權；馬來人又有馬來人的特權，人數也比別人的多一些，雖然不算太多。因為華人在當時的馬來亞來說，約占到 40% 多一點，那是戰前的情況，在這種情形之下，馬來人也不過是 50% 左右，所以他們對華僑的人數也非常之擔心、非常之關心，尤其看到華僑教育的發達，比馬來學校發達得多，使他們非常關心這個問題，所以在這種社會裏，華僑社會、種族觀念或者認同華僑社會的文化，則變成了一個嚴重的政治問題，不管是對英國殖民地政策，對馬來貴族社會、他們的馬來國王，都是個嚴重的問題，所以從頭起我們就要認清楚，他們把華僑教育當作是外來教育，一直認為是

威脅殖民地政府、威脅馬來傳統和國王制度的，因此政治上的認同，從頭起就成為一個嚴重的問題。在華僑教育裏，如果單講種族上或者文化上的認同，或許還不會受到那麼大的注意，但是華僑教育無形中當然會受到中國教育的影響，那麼中國教育，即中國國內的教育，又受到中國政治變遷、政治鬥爭的影響，所以無形中中國的政治鬥爭、中國的政治思想、政治變遷，就會直接地影響到華僑的教育，因此也影響到華僑政治上的認同，不完全是對中國文化、漢文化的認同問題。不是像以前父母親自然地想僑生子弟們向中國文化認同，而現在是變成考慮到向中國的政治、中國的政府、中國的政策等如何地認同，這就引起英國殖民地政府、馬來政府十分地注意，而且還十分害怕這種發展將會影響到馬來政權的穩定，所以我現在最少分成兩種，一種是種族文化上比較自然的認同，另一種是政治認同，這兩點我認為是應該分開講的。第三點，我認為值得注意的是「教化認同」問題，這個名詞還是我自己造出來的，適當不適當，我還不敢說，不過我想試試看，談一下我自己的意見。所謂教化認同者，英文叫做 normative identity，就是使得能夠屬於一種標準，或者文化標準也好，政治標準也好。所以我用教化的理由，就是以教化故意地而且是直接地使得學生采取某某政治上的認同，換句話說，不是完全由教育自然地教子弟讀書、認識幾個字，打打算盤就夠，而是裏面有政治成份、也有文化成份，是故意地用教育來訓育出一種新的現代化的下一代，範圍很廣，我講得不夠清楚，不過我希望在下面用一些例子來解釋我所謂教化認同是什麼意思。

　　教育無形中會影響到學生，文化認同也好，政治認同也好，基本上如此。所以一般來講，教育有教化認同的作用，教育可以使人愛國，也可以使人同化，被同化；教育可以使年輕人保守，也可以使年輕人前進，這都要看你的教育方針如何，一般來講，我覺得大家好像都承認，教育的影響可大可小，有益也可以有害。有時候，我們給教育所負的責任似乎太大了一些。教育與教化認同有什麼關係呢？我舉一個例子吧，在本世紀初的時候，中國教育界和一般華僑僑領對於華僑教育有一個共同的目標，至少當時他們的言論裏都講得比較清楚的，就是如何能夠利用華僑教育避免下一代的僑生子弟被當地的文化或是被西方文明同化掉，如何使僑生子弟向祖國認同。這是共同的目標，不管是從中國來的教育界人士，或者是本地僑領，他們對這方面都還有共同的意見。當時可以說華僑教育有它的認同的標準，這個標準就是用來教

化下一代的僑生子弟的，可以分成三點來說，第一點就是怎麼樣挽救那些已快被同化的或許已經被同化的土生子弟，怎麼能夠挽救他們，使得他們對中國、對中國文化，對自己的祖國、祖先、父母親的文化能夠愛護。第二點就是，在國外的華僑社會裏頭如何保護中國文化，即要使華僑永久保持對於中國文化認同的觀念。第三點，還要對付那些已經西化了的華僑，已經土化的華僑，而認為他們的西化、他們的土化、他們脫離中國文化是可以自傲的這種人，就變得是中國文化的敵人，或者是華僑社會的敵人，如果他們變成僑生子弟的模範的話，那麼將來華僑社會、中國文化社會漸漸沖淡，就會接受他們的影響，所以要攻擊他們，不要使得他們自傲的態度影響到下一代的僑生子弟，這三個目標、標準可以算是教育界和僑領共同的看法。從本世界初到三十年代，這個標準可以說是已經講得相當清楚了，報上議論也好，教科書、教育界的這些爭論，都已看得相當清楚，固然有不同意見，有些人講得比較激烈一點，有些人講得比較簡單一點，有些人政治氣味濃厚一點，有些就不談政治、談文化，這些都有。不同意見那還是小事情，基本目標我想大家是同意的。其實這裡面還有其他的歷史背景，我們也值得注意一下。

在清朝末年，也就是十九世紀八十年代、九十年代的時候，已經有人關心華僑教育問題，這是從幾方面來的關心。第一個方面，是官方的注意，從成立新加坡領事館的時候開始，像左秉隆、黃遵憲，他們都常常討論這個問題，已經關心到華僑子弟被土化或者被西化這個問題。尤其那些在新馬比較有錢的人，很多的家庭都講當地的話或者講英語，上學上英校，當時馬來學校沒多少，講馬來話不過是在家裏用，在城內又用得比較普遍一點。當時講馬來話的華僑已經很多，印尼特別多，但是馬來亞也有，叫做峇峇、惹娘的那些，已經有了，所以關心這個問題的事情早就有了，像左秉隆他們在當時演說的時候，常常提醒當地僑領要注意華僑教育，最早的新加坡《叻報》已經有報導，黃遵憲更注意這個問題了，因此英國殖民地政府對他十分反感。第二個方面，是保皇黨對華僑教育的關心。到二十世紀初的時候，又有兩個很大的變動，是與教育的發展緊緊相聯繫的。這裡很重要的問題，一方面就是保皇黨到新馬去，也到印尼去，他們的影響很大。另外還有許多從中國去的教師們，辦學校的、辦教育的。到處辦學校，當地的人也非常歡迎，既然康有為的名氣那麼大，又是一個有名的學者，大家就非常熱心地去講華人教育、華僑教育，但是講的對象是什麼呢？還是講文化，不講政治。保皇黨所看中

的，也就是康有為所看中旳，就是希望能夠保持舊禮教，他是從這個觀點來講華僑教育的，所以那個時候大家最注意的是什麼呢？就是康有為講的孔教。新馬當時可能也講孔教，但是講得最熱心的還是印尼。印尼孔教學校當時就辦了好幾間，到現在印尼孔教會還有影響，這是很妙的一點。我前幾年在印尼還碰到幾位現在的孔教會的領導者，他們還是追根到康有為去印尼成立孔教會為他們的「始祖」，影響很大。所以，主要講維持孔教，維持舊禮教，熱心的人也不少。我看新馬比印尼要少一些，但是也有，一直到民國初年，到二十年代，中國孔教會還曾派人到新馬、到東南亞去演講的。最有名的可能就是陳煥章，他常常去。而且他每次去公開演講的時候，聽的人很多，報上也把演講詞差不多全部都登出來，也有影響。一直到二十年代，孔教會在東南亞也還有些活動。大概在北伐以後，就沖淡了。這是保皇黨方面。我認為，在華僑教育史上，康梁保皇黨的影響在當時可能最大，華僑教育最主要的轉變就是由他們帶到南洋去的。

第三個方面，就是革命黨。孫中山自己去過南洋好幾次，擁護他的人很多。孫中山不大講教育，他講宣傳，當然宣傳與教育有些地方也分不開。教育是教育下一代子弟，宣傳是跟平輩的人宣傳，可以這麼說，孫中山不大講究教育，他大概也等不及了，他是要講政治行動，當時就要叫大家去革命，要求一般的青年人跟他去革命。所以他等不及下一代，也沒有考慮到下一代的問題，主要是考慮當前如何幫助他把滿清打倒，在中國實現革命。但是，雖然是講宣傳，講宣傳革命思想，結果還是給華僑教育很大的影響，不過那是後來的事情。

最後一方面的關心，可以說是來自當地的社會組織。這裡面份子很雜，天地會，老的舊式的會黨，後來的致公堂等，他們也有這個勢力，在教育方面也有點影響，並不太大。不過他們講的是比較自然的一種華僑社會、中國文化，一種比較自然的維持中國社會秩序的教育，對這些他們倒是相當注意的。聽說有幾間學校，尤其老的私塾這一類舊式學校，還是由致公堂、老天地會維持的。以上是從四個方面來講的。

十九世紀九十年代開始到二十世紀初，這個時代大部分的學校還是私塾，公立學校還很少，受康有為影響的有幾十間，受革命黨影響的，還要等到辛亥革命以後才有些發展。

華僑社會當時也不簡單，我剛才已經提到一些所謂土化峇峇、惹娘，這

種本地的土生華僑，是用馬來語或者用英語的，不懂華語，連方言也不懂得，多半信仰基督教，這類人物也不少。尤其是他們中受過教育的比較多，比普通一般華僑受的教育要多。這班人用英語，替殖民政府工作，或者到英國去讀過書，這個時期高級華僑社會裏派孩子到英國去念書的人已經不少了。最有名的大概也是有代表性的人物，就是宋旺相。他是在英國讀法律，再回到新加坡去的。他是一個很會活動的人，也很誠懇地跟基督教徒一起活動，向華人宣傳基督教，他也是狠下工夫的。當然，同時他在英國殖民地政府眼中，是一個很可靠的華人，是忠於英國政府的。他就是當地的僑生，方言不會講，中國話一點也不懂，完全用馬來話和英語，但是教育水準比較高一些，在社會上的影響也有一點。另外也有受英文教育，或到英國去受過教育的，但是不完全接受英國文化和西方文化，而且不接受殖民地政府的政權，這些人也有，不過，他們的活動大半不在新馬。我舉幾個例子，有名的幾個人物象辜鴻銘，檳城出生，後來到英國去念完了書之後，留在新馬的時間很短，他就離開了。他根本就不願意在殖民地政府底下生活，所以他就走了，到中國去活動，先是給張之洞做過英文秘書，後來到北京大學任教。林文慶，你們大家都曉得了，是很好的例子，做過廈門大學的校長，他也是如此，從英國回來之後，他是醫生，本來在新馬可以自己行醫，並沒有什麼問題的，不過他很不滿意那種社會，所以在中國辛亥革命以後，他就很想到中國工作。另外一位就是伍連德，也是個醫生，也是檳城出生的，伍連德也是在中國工作了很多年，是在衛生工作方面吧，還在國際上成名呢。這些是有名的例子，但是這一類的人也不少，多半是醫生、律師，後來是工程師，在國外念完書之後，都是到中國來服務，不願意在殖民地工作下去。當然對中國來說還不錯，效忠於中國，到中國來服務，但是在華僑社會裏頭，因為他們走了，所以他們的影響很少，變得反而沒什麼影響。因此對於華僑社會，這種人就失去了他們的領導能力，就沒能夠在華僑社會裏發揮作用，因為他們都跑掉了，到中國來了。這對華僑社會也有不利的地方，因為華僑社會出這種人，多半都到中國去服務，因此華僑社會的領導層大部分都是商人，是些賺了錢的商人，不過還是傚忠中國，一般還得向中國認同就是，但是這些人的教育水平不高，因此他們的領導能力也不強，領導能力強的知識分子，一般來說不願在殖民地政策下工作，回中國來了。所以華僑社會也有點不正常，至於極少數的人，像丘菽園，他是跟康有為那派比較接近的，還有象張永福、陳楚楠這些比較

有名的、與革命黨和孫中山比較接近的人，其實他們也是很想在中國服務的，比如張永福、陳楚楠他們後來都到中國來了，鄧澤如他們在辛亥革命成功之後，也都轉到中國來了。因此，可以說是中國的吸引力太大了，影響到華僑社會。從質的方面講，知識分子就無從保留在華僑社會裏，華僑社會缺乏這種人材，缺乏自己的人材。所以華僑教育也受到影響，這班教育水準較高的人，書念好之後，中國的吸引力太大，都回到中國去了。那麼華僑教育以後靠什麼人呢？多半是靠中國教育界再派人去教育華僑子弟，但這裡也有它的矛盾，這就是中國教育界新派出去教書的人，一般來說對華僑社會並不太瞭解，僅是完全講中國而已，有時候還引起華僑教育與本地社會脫了節，因為教育界去的人只講中國，不講本地，對本地情況不太瞭解；而懂得本地情況的人，除非不懂得中國，懂得中國的，他就回到中國來工作了，所以這裡有這種矛盾，因此我認為，華僑教育的發展就受到相當嚴重的打擊。

教化認同如何表現？這個問題我想了很久，還認為不十分瞭解，我就現在所想到的一些，拿出來與大家商量，徵求你們的意見。

我認為可能表現得比較清楚的一方面，就是在教科書裏頭，教學的時候，在講堂上所用的典型人物這方面，我說從這裡可以看得出來。就是教師用，教科書上用，可以看出如何能夠教化僑生子弟，使他們認同。也就是說，用典型人物作為僑生子弟肯認同的目標。為什麼這一點可以看出來，而且為什麼這一點有作用呢？我相信這也是非常自然的，一般父母親對子女有點志向的，都是希望子弟在上學之後，受了教育之後，能夠向上層社會流動，都是有這個希望的。這就是說，不僅是認識幾個字，會打打算盤，在店裏面幫幫忙，這還是小事情。自然這種情況也有，有些父母親並沒有能力給孩子多讀書，就憑最起碼的這一點知識，回來後可以幫忙，就夠了。但是，大部分父母親，都是對子女有點希望的，希望他們向上層社會流動，因此用典型人物當作教材就變成有相當的心理上的作用，教化上的作用。這方面的資料是不全的，不過我所看到的就是一些早期的教科書，我所看到的最多的教科書還是在新加坡圖書館。新加坡國立圖書館和新大圖書館有一部分二十年代、三十年代的教科書，相當齊全，至於辛亥革命初期的那一時期的教科書就不全了，只有少數的還保存著。所以從教材裏所用的典型人物，從二十年代、三十年代起有怎樣的改變，一直到五十年代、六十年代，教科書裏還可以表現出來，所以我覺得還可以用，可以有系統地用。別的地方當然也有，歷史的材料，

另一方面歷史的用法，如中國歷史的用法，西洋歷史的用法，也可以看得到，不過我覺得比較容易看得到的，就是他們教科書裏所用的典型人物。當然也不限於教科書，報上也可以看到，報紙副刊上也好，新聞上也好，在社論裏、文章裏，講的典型人物也會有他的影響，會在某種程度上發生影響。另外一些材料就是教育史裏，教師們的回憶錄裏，也可以看到一部分材料，報刊上的辯論裏也可以看到，因為辯論裏頭談到應該用哪些人當典型人物。有時候連政府的法令裏也可以看到，政府法令條文本身並沒有，但是在政府機關裏辯論這個問題的時候，例如有時在新馬議會上辯論的時候也會談到，他們舉的例子，好像說華僑教育的教科書裏用的這種典型人物不對，對我們殖民地社會有什麼不利，或者馬來人反對等等。華僑學校裏用中國的典型人物為教材，議會裏辯論時常常提到這些問題，這些資料是有的。不過，這些資料中戰前的部分不全，但也夠用，夠給我們一點印象。從這些材料來看，可以說影響華僑子弟的有三種學校：

一種是簡單的，就是傳統的私塾。剛才我提到過的，這些私塾在本世紀初的時候，影響還相當大，到二十年代以後，漸漸地大部分都關門了。讀私塾的也漸漸地少了，到中國抗戰的時候，簡直就沒有了。我看到的還有記錄的有三、五間，但是影響就很小了，不過也值得提一提。那就是雖然私塾和所謂舊式學校到三十年代已極少了，但是還是有影響的，我們可以想像得到，私塾所用的典型人物，就是講以前舊禮教裏學而入官、學而入仕的那種觀念。怎樣模仿士大夫階級、做讀書人，這是傳統的看法，舊禮教的看法。教育是為了什麼呢？教育是為了維持讀書人的階級，避免當工人、農人，為了向上層社會流動，這種觀念是很明顯的，這是第一等的階級觀念，即怎樣模仿士大夫階級，去向上等社會流動。但是，次一等的也有。因為一般的私塾，我看他們的材料，他們也使得，在海外，士大夫階級也沒有什麼意思，所以他們表面上是那樣講，而實際上他們懂得僑生子弟對士大夫讀書人的觀念是不會有什麼印象的，所以次一等的典型人物就是有名的商人，發財的人，在商業界成功的人。怎樣表達這種典型呢？就說這些人是好的商人，他們賺了錢之後，還有良心，能夠替社會服務、捐錢，中國有什麼災難，他們都肯捐錢。那麼，有良心的商人一般在捐錢之後，被人家尊敬當僑領，捐錢賑災辦醫院，辦學校的，這些都是好的商人、好人、好的僑領，這就是第二等的典型人物。頭一等的還是抽象得很，一般的僑生子弟可能不太注意，就是注意了的話，

一般來講，念完書之後都是要回到中國去的。所以如果是要以士大夫階級、讀書人為典型的話，留在海外是沒有意思的，就一定要回去。這樣一來，有時候華僑社會裏作父母親的人，也擔心這個問題，不要他們的子弟們太向中國認同，太認同了就要離開自己回中國去。有些父母親就要把他們留在那兒，替自己做生意，參加他們的商業，繼續他們的用一生的心血辦起來的產業，所以不要子弟們太向中國認同。這也有矛盾，奧妙的地方也很多，所以有時候這些僑領裏當董事會的人，對中國教育界裏來的教師們不滿意，也就在這一點上。教師整天講的都是中國問題，這些孩子整天講中國問題，他們大家都要回中國去了，我們這裡生意怎麼辦呢？這種矛盾，常常在辯論中可以看得到，有時候在報上也可以看得到，尤其小學教師們寫的文章，說為什麼與董事會常常鬧事情，就為的這一點。就是他們對當地情況不夠熟悉，董事會不滿意他們天天講中國，而且天天講中國政治，他們的需要卻是要他們的子弟長久地在東南亞住下去，作他們的下一代，以維持他們的生意。所以舊式教育在這一點上也可以說比較適應當地僑領的觀點，他們也相當保守，一方面對舊禮教是很看重的，另一方面，就是很想讓孩子們對於他們自己內行的商業要看重，不要看不起。希望他們能夠識字、會打算盤之後，將來還是在父母親的公司裏或商行裏做事情，繼續把家裏的生意作好。但是，辛亥革命以後，局面就大大地改變了。現代化的學校處處都建立起來了，保皇黨那套學校也漸漸地改革了，中國的教育部，不管是袁世凱時期也好，南方（福建、廣東）的革命勢力也好，在新馬來講，所要求的是現代化的新學校，所教的是中國教育部批准使用的教科書。再一點就是，因為新馬的閩廣人成份複雜，所以不能用方言教，一定要改用普通話，當時叫做國語。這幾點都是非常重要的。僑領他們也跟中國教育界討論這些問題，中國教育部也派了好些人到那邊討論這些問題。討論的結果，大家同意新型的學校一定要用國語教，一定要用中國最新的教科書，不要那些老的教科書，因此就建立了很深的關係，基礎也打得很穩，所以現代學校從辛亥革命以後漸漸地就辦得不錯了，到處都有。把這些現代學校裏用的典型人物與私塾比較的話，就大不相同了。這些現代學校的典型人物是什麼樣的呢？最普通的，一般都是講愛國典型，舉出的例子，就是中國歷史上的例子，或者是現代的革命烈士的例子，這些都用在教科書裏面。教科書裏不好用的，例如，有些革命黨人與中華民國初期的那些軍閥還有矛盾，官方批准的教科書裏不能用的，教師們用，因為教師

一般都是比較進步的，這從有些地方可以看得出來，從當地出版的報刊裏可以看出矛盾，教科書裏不能用的在報刊上用，所以講愛國這是很簡單的，因為滿清已經打翻，就講反帝國主義，因此也反殖民地主義。那麼，典型人物就是那些很勇敢的、肯犧牲的、有領導能力的、進而有民族觀念的人物，民族觀念比較深的人物，這些人就變成一等的典型人物。當時不管任何階級，不管他是農人也好，礦工也好，士大夫階級也好，只要他有愛國表現，都可以擁為典型人物。當然古代的、歷史上的多半都還是士大夫階級，比較近代的許多人則比較平民化一些。記得在當時的一、兩本教科書裏，連洪秀全的太平天國也拿出來當作典型人物，不過這還是少數，多數不大願意講太平天國的事情。但是，同時還有次一等的典型人物，他們仍舊保留一點當地人的顧慮，就是希望僑生子弟對當地商業上的、貿易上的活動不要輕視，也能適應當地的環境，所以次一等的典型人物，就是愛國商人。那些商人不僅是為社會服務，肯替當地人捐錢，而且捐錢給中國，表現得特別好，這些都是典型人物，最有名的幾個人，像陳嘉庚先生很早就已被看做是典型人物之一，是最偉大的一個，另外還有一些。但是，在詳細地看它的教科書和報上的社論後，我又發現，現代學校也有兩種，一種是比較貴族化的，官方批准的，與中國教育部直接有關係的；另外一種，就是學校比較平民化的，這些學校大概是五四運動以後，才開始在新馬出現的。在五四運動與五卅運動之間，就成立了好幾間所謂平民學校，以後還有什麼平民學校，有些不叫平民學校的，其實也跟從平民學校的這些理想。這些學校的教師多半是中國教育界裏的進步分子，在中國或者住不下去，不好工作，在那種比較混亂的軍閥時代，跑到海外去替華僑教育服務。這些人思想比較激進，也不願意光講愛國，同時也講革命，這也有例子。這些平民學校的所謂典型人物，就是思想比較激進的，懂得反帝國主義、反資本主義、懂得革命，同時也愛國的這種人，也是不侷限於什麼階級，什麼階級都可以，這是他們頭一等的典型人物。次一等的典型他們也有，就是反對那種貿易思想、商業思想，就是以老實的工人階級作典型人物。工人老實、生活簡單，非常可敬仰、工人也好，農人也好，大多數都是貧窮的、受壓迫的，都拿來當典型人物，就是說對這種人不能輕視，不要像那種學校裏，成功了的、有錢的、發財的這些商人對他們有反感，這些貧民學校就是講究這一套，但是這種學校還是少數，多半還得看誰當校長，教師是從哪兒請來的以及教師的思想背景等，這種學校也是值得注意的。

　　我剛才講的還是華僑的華文學校，但是同時我們也要注意到，當時華僑上英校的人很多，其實新馬英文學校裏的學生可以說有 60%以上是華僑，所以說，談到華僑教育並不是只限於華文教育，英文教育也是華僑教育，現在我們應該注意到這一點。英文教育裏的華僑教育是怎麼回事呢？在這裡，教化認同的目的不同，與華文教育的認同對象不一樣。英文學校也分兩種，一類是政府辦的，另一類是教會辦的，各處都是如此。政府當然非常看重英文學校，政府辦的學校就特別看重英國語言、英國文化、英國歷史，希望用他們的語言、文化、歷史來部分地同化華僑子弟；教會學校所重視的當然又不同，以宗教為中心，學校裏宗教的科目比較多，他們也講一些所謂西方文化、西方歷史，但不限於英國，不同的在於這一點。因為宗教學校講西方一般的文化，講西洋文化，或許講得比英國文化要深一點，政府辦的，講的東西集中在英國文化、英國歷史。殖民地政府是有它的要求的，那就是希望這些僑生子弟將來要效忠英國國王。教會學校就不一定如此了，因為教會學校不一定是英國人辦的，很多是美國人辦的，天主教學校更是德國人、法國人、荷蘭人、比利時人、西班牙人等各種人辦的。所以他們的國際觀念比較強一點，比英國人要強一點。談的文化是西方基督教文化，但是主要的典型人物是相同的、差不多的。如果說政府學校偏重於英國的一些典型人物，那麼教會學校就偏重於西方這些一般的文化上、宗教上成名的人物。還有一點不大相同的就是，教會學校簡直完全不談政治，教科書裏看得很清楚，完全不談政治，完全不談思想，例如哲學思想、政治思想完全不談。政府學校裏也談得少，很簡單地不談思想談制度，教這些華僑子弟懂得英國政府是怎樣建立起來的，法律有怎樣的歷史。這兩種英文學校都不大講政治，其基本理由是你們華僑子弟不要想做官，還談什麼政治呢？你們將來好好地去做我們的公民，替我們殖民地政府服務，在社會上服務也好嘛，你們也可以去做生意，但是你不要想去做官，官是我們英國人做的，所以談政治沒有意思，政治思想、哲學這些東西還是不念的好，你念了反而就會想了嘛，將來就會搞蛋，所以政府不鼓勵你們在這方面有什麼認識。結果他們的典型人物主要是文化上的人物，鼓勵年輕人將來當教育家，去教書，好好地做個教員，最多當個小官吏，當個老實、不貪污的官吏，他們就看重這一點。志向不要太大，要尊重英國，尊重英國文化，服從殖民地政府、守法，當個好的殖民地公民，最典型的人物就是這一類的。教科書裏面看得很清楚，公民課這一類的課也很清楚，意思

就是如此。教會裏頭也是這樣，其實根本不講政治，也是著重在教書、教育方面，教人們志向不要大，當好公民就行了。當然，華僑子弟上英校的不一定接受這種很明顯的奴化教育，華僑子弟也不肯被限制住。因此，有志向的華僑子弟，父母親也鼓勵他們利用英文教育來要求現代化的教育，就是將來去做醫生、律師、工程師，去讀這些職業性的專科，利用英文奪取西方科技方面（或者文化方面）最新的發明，最新的科學技術。因此英校出來的學生大部分有志向、有本領。家裏有點錢肯犧牲出來，供他們進一步上學的，大部分都走這條路，因為沒有官好做，「學而入仕」這句話在殖民地社會裏，是根本沒有道理的，「學而走專業」，有志向的華人青年作律師、醫生、工程師，主要是為了要現代化，他們很重視現代化的工具。走這一道路的人，能獨立工作，不靠殖民地政府吃飯。因為不然的話，學了英語，受了西方文化的薰染，出來之後幹什麼呢？不能做官，只能做小官吏，或者當教員去，還是吃他殖民地政府的飯，很多華僑是不甘願的，所以學英語有目的，學英語是用新的工具，走專業道路去，可以獨立工作，不靠人，不為政府服務。戰前華僑教育狀況一般來說就是如此。這許多種類的學校能維持的理由，一方面是適應父母親的要求，適應華僑社會一般的要求，因此種類也不一，各種都有，同時，另一方面也適應殖民地政府的教化目的，當然它不同意華人教育，華校教育裏要子弟向祖國認同，於是它也設法控制。但辦華校是當時一般華僑社會的要求，而且很激烈地向政府要求准許他們辦學校；殖民地政府也在各方面討便宜，你們辦學校也不花他們的錢，你們不辦，要他出錢來辦學校的話，他也不願意辦許多學校，所以讓華人辦華人的學校，只要控制教科書裏的材料，最主要的就是沒有反英的材料就夠了。我看到許多教科書講到近代帝國主義歷史的時候，反對美國還可以，反對荷蘭、反對法國也可以，只要沒有反對英國的內容，就讓它過去了。上面說的是早期的情況，後來就不行了，後來英國殖民政府漸漸發覺到華僑教育與中國的政治關係太密切了，從那以後，就控制得更嚴格一些。大概從二十年代開始，就非常注意，到三十年代，根本上就控制得很厲害了。這不僅是從他們自己的觀點出發來控制華校，同時也與中國政府聯繫，來控制華校。因為中國政府也關心到學校左傾，注意到比較激進的教師們到南洋去教書，把華僑子弟教得反對國民黨了，這樣的問題，中國政府與殖民地政府有同樣的顧慮。於是殖民地政府與中國政府也合作，想如何地控制這些學校，不使他們左傾，殖民地政府當然也反對

左傾。因為這些學校是反帝國主義的，反得很凶的，所以在如何控制他們這一點上能合作。當然不是正式地與國民黨內的人合作，而是正式地與中國政府教育部合作，同意說我們都是反共的，不要使得年輕的僑生子弟受到共產黨、馬列主義思想的影響。他們是相當公開地控制華僑教育的。

我在剛才說的教化認同這個問題，可說是很難下一個適當的定義，講到這裡，我要再看一看，我所用的這個名詞和這些學校的例子適當不適當。不論是用這些典型人物來使華僑子弟、青年學生們認同中國也好，認同殖民地政府也好，我認為僅依靠教育或許還不夠，不過至少在這些教育政策裏，似乎表現了他們有這種目標，有這個目的，這是有的。那麼是否這些學校所出來的畢業生，就那麼簡單地被學校環境薰染到了某種程度呢？這個就很難說，我們也沒有資料可以詳細地去分析這個問題。但我們所能知道的，就是能看到畢業生後來成人之後的為人，以及他們的活動。所以談到戰前的華僑教育，就不能不談到表現在戰後的華僑教育的結果，他們所培養出來的人，在華僑社會裏面做了些什麼事情，有什麼活動等等。

接下去再談談戰後的情況。

關於戰後的情況，我想分兩部分講，一部分談戰後的華僑教育，我認為更重要的就是要談到戰前教化認同的結果在戰後的表現。剛才我說的那幾種不同類型的學校影響如何，我覺得影響還相當地明顯，因為有不同類的學校，用不一樣的典型人物作榜樣，因此華僑社會裏就產生了不同樣的年青人。有保守的，也有極愛國的，也有非常激進的。激進到什麼程度呢？在中國抗日時期，我們可以看得出來，有些青年不僅抗日，還願意參加共產黨，到馬來亞解放軍裏去幹革命。也有比較西化的，有些是真的西化，有些是要求現代化的，二者要有點分別。那麼這四種人在戰後就使得華僑社會更複雜，也使得華僑社會非常不團結。因為教育背景不同，文化水平也不同，典型人物的薰染又有不同的影響，因此，我認為他們教化認同的結果，也有很多不同的地方。這樣一來，華僑社會更為複雜，更不團結。有些華僑子弟完全不懂政治，不談政治，僅要適應環境，為生活而已，其中有些又非常保守，有些也非常西化，這類人盡如此，不懂政治，不談政治，有些人就極力講政治，講思想，尤其是因為受到中國政治的影響很深，學生之中就很快地分為左傾、右傾，到成年人之後，仍舊分得很清楚，因此，認同這個問題也就受到影響。舉幾個例子吧，保守的只認同中國文化而已，不認同中國國家，至多有一點家

鄉觀念，就是福建也好，廣東也好，會講方言，但是不管任何黨派的政治，也
不愛中國政治，這種人也有，尤其是從老的私塾及舊式學校出來的人。從新
學校中出來，在新教育政策下產生的一些偏右青年，就認為是國民黨、孫中
山先生的直系，認同呢，在中國政治上的認同，就要與國民黨認同，跟三民
主義的國民黨認同，這是他們的見解。另外一部分偏左的青年，要到解放以
後與人民共和國認同，把人民共和國當做新中國，舊的中國已成為過去的歷
史了，認為革命的大收穫就是人民共和國。西化的，說英語的青年，一般來
說非常羨慕、非常佩服資本主義科技上、經濟上的發展。其中也有些比較激
進的，但是因為語言不通的關係，英文學校中的激進分子跟華文學校中的激
進份子不能夠結合起來。我們看到，當時馬來亞共產黨在新馬活動的時候，
很想把英文學校的激進分子與華校的激進分子結合起來，共同活動，但是發
覺很困難，大部分原因就是因為語言不通，而且這裡面還有些文化成份的因
素在內，使得他們互相瞭解的能力受到影響。大概因為他們激進雖然激進，
可是對馬列主義或者對革命思想方面也沒有什麼深的研究，共同思想還是比
較浮淺的，因此他們與華校激進分子很難合作、很少合作。而其餘大部分西
化的講英語的華僑子弟都對政治比較冷淡，如果也有一些對政治有點興趣的
話，就根本上是對英美政治認同的。因為講英語的關係，英美都不分，他們
認同的是英美的文化和英美的政治，不過這種人還是極少數。

　　上面所談的可以說就是戰前各種教育在戰後表現出來的結果。到五十年
代，情況又改變了，最大的改變是馬來亞成為新興國家，1955 年大部分政權
到了馬來貴族手裏，1957 年就正式地獨立了。其實 1948 年以後英國殖民政
府就漸漸地退出了，用本地的馬來貴族和那些受英文教育的華人、印度人去
參加他們的政權。在教育方面，又加上了一層新教育政策，就是教育要國家
化，這在五十年代初的時候已開始有了，對象是什麼呢？就是新興國家馬來
亞，馬來亞聯邦。因為是一個多民族的新的國家，國家基礎不穩，國家觀念
非常淺，而且國家觀念裏面矛盾很多，馬來人的國家與華人所謂國家，根本
連定義都不同。這個新興的馬來亞是什麼，大家都不太清楚，因此國家化也
很難說。什麼是國家化？因為國家定義不清楚，國家的對象還在建立的時期，
什麼樣才是馬來亞國家，大家看法不一定一樣，因此，教育就變成一個很重
要的工具，馬來亞政府、英國殖民地政府也從各方面跟馬來亞的新政府合作，
因為他們可以說都是有共同目標的。他們認為教育政策是最大的工具。要使

下一代青年們效忠馬來亞，向馬來亞新國家認同，怎麼樣能使其實現呢？就要利用教育，而且是很小心地利用教育，要把以前的學校，以前的教育，以前的教育政策從各方面重新加以討論，全部改變變它，重新用新的原則來建設新的教育，換句話說，教化認同這個觀念，我看就是變成了一個政治的武器。所謂政治的武器，就是說新國家需要各種民族對馬來亞有國家觀念，而且還要進一步成為愛國觀念，愛國就是愛馬來亞國，不是愛任何國家。這裡頭有幾個階層，最主要的就是拉扎克教育報告書，這裡面的基本內容就是計劃把全國的教育機關與學校都國家化。當然這也是緊急法令的時候，馬來人和英國殖民地政府結合起來，用全部力量對付馬來亞共產黨，同時也認為馬來亞共產黨是華人結構，是中國的影響，因而對付中國、對付華僑是同時進行的。原來的兩種華僑新教育，就是我剛才講的那兩種學校，都逼得改變性質。當然那種傳統的私塾學校不必談了，根本上已經不存在了。戰前新式的華僑學校都逼得改變性質，不管是愛中國為祖國的，不管是親臺灣、親國民黨中華民國的，或者是親人民共和國的；或者是看重激進思想，偏向馬列主義的，都不允許存在。他們認為華校基本上有一種造反的精神，要把它消滅掉。所以這些華校可以說從根本上被改變，這也可以從學校的教科書裏看得出來。從新的教科書裏所用的典型人物方法來看，就希望用新的、另一套典型人物來影響下一代的子弟（華僑子弟當然在內。）使得下一代學生的認同對象漸漸地改變。新的政策不必說是要把教育國家化，把它統一和一元化，但是有很多困難。最大的困淮就是馬來教育水平太低了。馬來教育本身水平太低，就不能用馬來教育來吸引華僑子弟，不能像泰國或印尼那樣，他們還可以。印尼學校水準向來比馬來亞學校高一些，泰國不必說，馬來教育就不行。因此像上面說的報告書，是馬來人當教育部長時寫的報告書，他們根本上就準備用英文學校作他們的新的教育武器，先用英文學校、英文教育當作為國家學校的模型，就是漸漸地把英文學校裏的媒介語從英語改到馬來語，但是基本上還是英文學校，用它們作基礎，用它們來作教化認同的武器。因為如此，馬來亞國家的教育基本上就是接受西方文化，以西方文化為現代化的基礎。有些就是用這些英文學校，基本上沒改，就是媒介語改了而已。而且媒介語是慢慢地改，其實差不多花二十年的工夫才改完，直到 1969 年大暴動以後，才正式地把所有的國家學校的小學一年級的媒介語都用馬來亞語教，所以等了差不多十四年才改變小學一年級的媒介語。還要等十一年，才能完

成以馬來語為主要媒介語的過程。到現在為止，馬來亞的大學中差不多有一半以上還是用英文教育，用英語為媒介語，可見改馬來語為媒介語是很慢的一個過程，而且也不能夠快，因為馬來學校馬來教育的水準不夠。但是這裡還有矛盾。雖然他們用辦法來引華僑子弟上英文學校，漸漸地改變媒介語，能夠使得華僑子弟也能用馬來語作媒介語，他們的手續如此，計劃也如此。矛盾在什麼地方呢？這些國家的學校的文化基本上是西方文化，要現代化也是完全以西方文化為基礎的。因此馬來社會又發現矛盾，馬來社會有他們的回教，有他們基本的文化，跟西方文化的現代化方法又有衝突的地方，所以到現在為止，教育問題還沒有解決。因為華僑教育這一個問題它已大部分解決了，但是馬來教育、馬來文化、馬來人對自己的宗教觀念，這種矛盾到現在為止還不能解決，所以十年八年以後，我相信馬來亞的教育還要有大的變動，就是內部的變動，國家、學校內部的變動。現在已經可以粗略地看出，它對這種國家學校不滿的地方，就是現在漸漸地儘量地想把回教插入這種西方學校中去。就是說，講現代化，不講宗教，是跟馬來文化有衝突的。現在就要彌補這一點，把回教插進去。但是，如果把回教插進去的話，將來華僑子弟、華人與印度人，這些不信回教的人又怎樣呢？國家學校是否就預備把回教也當作國家宗教，使得一般人在宗教方面也要統一呢？這還是一個嚴重的問題，在當地的華人也很關心這個問題，所以這個問題還未解決。不過一般來說，可以說到五十年代末的時候，華人學校、以華文為中心的華僑教育可以說是分化了，表面上還有華語學校，同時也有英語學校、馬來語學校，但是從教化認同的觀點來看，其實只有一種學校，就是國家模型學校，國家化了，媒介語不同而已，媒介語在過渡時期從英語改為馬來語。當然，詳細來講，還有組織上的分別，你可以看得出，哪些原來是英校，哪些原來是華語學校、馬來學校。不過我講的所謂教化認同的目標和對象已經是共同的了。當然我們現在談的不過是政策方面，華人心理方面那是另外一件事情。華人在馬來亞，他們也有自己的打算，不一定完全接受這些強迫性的改變。前幾十年的華僑教育、華文教育本身，是很有成績的，這些我們都知道。在新馬，中年以上的華人，一般來說華語水平或許還不太壞，到現在為止，對認同的問題，中年以上的人，還不能完全接受這種一元化的原則，還認為應當把認同分為兩種，一種是政治法律上的認同，一種是種族文化上的認同。因此一般來說，華人還是認為，政治上、法律上對馬來亞或者馬來西亞的認同，把馬來西亞

作為本國，是可以接受的，是對的，不成問題的。但是，華人社會比較自然的種族上、文化上的認同，仍舊應該被尊重。就是要求馬來西亞政府在這方面更清楚，這兩種認同是沒有衝突、沒有矛盾的，這是一般華人的心理。但是馬來西亞政權、馬來人的領導，恐怕不完全同意。暫時他是接受的，因為他不要與華人正面地衝突，也可能到將來，如果華人能夠真正維持這個態度的話，或許大家也會調和這個問題，不要再有什麼正面衝突。不過到現在為止，我們只能說是，華人的立場是很清楚的，馬來人的立場也是很清楚的，這裡面內部的矛盾暫時沒有表現出來。將來如何，那就還要看一些時間才可以知道，換句話說，剛才我所說的所謂教化認同，華人是瞭解的，並不反對，不過認為教化認同不能採取狹義的教化認同，而應該採取比較廣義的教化認同。廣義的教化認同，可以同時保衛新國家的地位，全國人民在政治法律上效忠於這個國家，認同這個國家，這是對的。但同時呢，尊重每個民族、每種文化，當作年輕子弟認同的對象這個權利也應該要保留。至於新加坡方面，情況比較簡單，我就不講了。

東南亞華人認同問題的研究〔註1〕

林金枝譯　吳葉校

　　幾十年來，對東南亞華人的研究成果表明：華人已經發生了變化，而且，他們今後還有可能經受更深刻的變化。現在已有這樣一些研究成果。它們指出：華裔雖然是華人的後代，但不再承認自己是華人。另外一些研究成果表明：華裔雖然對華人的含義不甚了然，但他們重新發現自己身上的華人氣質，並極力將自己重新漢化。還有一些研究成果認為：許多華人有雙重認同。他們既認同於他們的寄居國，又自認是華人。這類研究表明：人們所承認的華人認同可能有好幾種。儘管人們為規範華人認同已付出了好多心血，但目前還很難給它們下定義。因此，通常只好由自我認同來確定華人認同。雖然如此，我們不該因此而對講得通的華人認同定義感到絕望。誠然，認同確是一個含義歧異的概念，它需要好多個限定條件。本文試就第二次世界大戰結束以來學術界有關東南亞華人認同的主要論點加以評論，評論的重點是這些新興民族國家的華人少數民族。

　　華人從來沒有認同的概念，只有華人性（Chineseness）的概念，即只有身為華人和變為非華人的〔註2〕概念。雖然華人性暗示程度上可能有些差異。一

〔註1〕 此文刊發在《南洋資料譯叢》1986年12月（第四期，輯刊）第92～108頁。本文是作者向堪培拉澳大利亞國立大學1985年6月間舉辦的以「第二次世界大戰後東南亞華人認同變化」為題的國際學術討論會所提交的論文。

〔註2〕 「華人性」絕不比「華人認同」更容易下定義。給「華人性」下定義常流於同義反覆。但是「華人性」和「華人認同」至少都由某些可以明指的具體形象組成。「認同」是個抽象的概念，華人在十多年前還找不到適當的漢譯詞語來表達。這個專門名詞如今被譯為「認同」，意思是認某物為同。但「認同」一詞的用法，目前尚需遵循日常漢語規範。

些人是較有華人性的華人，另一些人卻是較少華人性的華人。但這種邏輯含義並沒有導致認同概念的形成。因此，近幾十年來，對華人認同研究，主要是由社會科學家搞的。從他們的研究成果中，我們可以看出：五十年代以來有好幾種認同受到特別的注意。五十年代和六十年代的民族（當地）認同社會（社區），認同和文化認同以及七十年代的人種認同和階級認同。至於五十年代以前，在認同概念廣泛使用以前，我認為，華人認識他們的也是我們可以稱之為華人的「華人認同」的華人特性。至少有兩種途徑：一種是可以被命名為華人民族主義的認同，另一種是更傳統的更「往後看」的認同，我稱之為歷史認同。〔註3〕顯然，由於中國和東南亞地區的條件改變以及華人自身的變化，有關認同的概念已經發生了變化，人們也時常引進一些新概念。本文擬先檢驗這些認同概念的用法，然後指出其中一些用法比另一些用法還適切。從我們研究這些華人認同問題的經驗中，我們發現，現代的東南亞華人如同今天其他的民族一樣，不具有單一認同而是傾向於多重認同。如果我們想瞭解他們的話，就必須考慮他們所采納的一整套認同。這種多重認同的問題包含許多可變因素。因此，可能使人不易弄清這個問題。〔註4〕我認為，解決這個問題的最好途徑是先確立規範（即華人認為，那些對其作為華人來說，應有約束力的理想標準以及那些他們在非華人的環境中，必須接受的其他標準）的觀念，然後去理解華人從對規範作出反應至認同於規範的轉變方式。

在第二次世界大戰以前，人們認為，華人問題只是一個簡單的問題。自認華人的人統統都是華人。他們知道他們的家系（family system），他們在中國的原籍（他們的籍貫通常決定語言群體，或我們今天所說的次種族群體，如福建人、廣東人、客家人、潮州人、海南人等），以及他們同中國國內或東南亞各地其他華人的聯繫。〔註5〕這些因素造就出某種情操核心。由於中國過

〔註3〕 或許用「傳統的華人」認同比用「歷史」認同更容易為人識別。不過，如用「歷史（的）」一詞，就可免於不得不馬上給「傳統（的）」和「華人」二詞下定義。正如「文化（的）」一詞一樣。「歷史（的）」是中性的詞彙，但強調的是過去的文化價值和象徵。

〔註4〕 正如以下我將說明的那樣，一提到「多重認同」並非指多重種族性或多重的人種認同（例如中泰和其他混合人種稱謂）。我所指的也不是人種認同的範疇或水平。多重認同不是情態性認同，也不是那種可以隨意變換的備擇性認同。我所謂的多重認同是多種認同（例如人種認同、民族〔當地〕認同、文化認同和階級認同）同時並存。

〔註5〕 我所用的「人種集團」一詞，其含義較廣：華人、馬來人、印度人；此用法

去的歷史，由於某種抽象的對中國文明的「偉大傳統」的自豪，這種核心可能受到加固，得到擴大。這種文明傳統就產生一種可以稱之為「歷史」的認同。這種認同之所以稱為「歷史」認同是它強調傳統的家庭價值、氏族起源和對次種族的忠誠以及代表華族過去光榮歷史的象徵。這一切都有助於維持住華人性。〔註6〕由於這種「歷史」認同主要是回顧性的、並且夠不上說是武斷性的認同，東南亞的殖民地官員和當地名流認為，讓這類華人繼續保有其華人性，讓他們好好地發揮其經濟作用還是可以接受的。但是，在本世紀二十年代和三十年代，這種歷史認同受到來自中國的一種新的和有進取心的民族主義的衝擊。這種民族主義是基於孫逸仙關於民族的概念。在此期間，中國、日本和西方的學者所撰寫的南洋華僑的大量著作，開始著重論述當地華人如何對這樣一種觀點作出反應。這種觀點是華人「種族」起源，應該會導致他們認同於中國民族主義。由於當時許多來自中國的教師和報界人士努力傳播這種認同觀點，遂出現了一種對當地華人來說具有現實意義的民族主義認同。特別是，數以百計的華人小學、中學的建立為第二代華人鞏固了這種認同。日本人在中國的擴張活動導致了中日戰爭，最後演變成對東南亞的侵略。這種擴張活動使民族主義認同變成一種更加強烈和更加容易動感情的東西。

　　這樣，第二次世界大戰結束後，看來在東南亞華人中間有一種居支配地位的華人民族主義認同。這種認同使大多數新的土著政治領袖感到驚恐。東南亞各國對這種民族主義認同的反應並不盡同，這取決於在居住國總人口中的華人數量和居住國對華人在當時正在組建的新興民族國家的價值的估計。在菲律賓、印尼、緬甸和越南這類國家裏，華人的數量較少，當地政府相信，它們最終還是有能力抑制住華人民族主義認同的。並且，在多數情況也可以通過提供給當地華人新的當地民族認同的辦法，而最終取代華人民族主義認同。然而，在馬來亞（那時還包括新加坡），情況完全兩樣。影響華人中大部

　　與C·弗雷特·布萊基在《華人市鎮人種集團和社會變遷》（夏威夷大學出版社，檀香山，1981年版）一書用法（人種集團係指粵語、閩語等語言隻團）不同。至於語言集團，我用「次人種集團」一詞，我的這種用法系沿襲朱迪思·斯特勞斯（《馬來西亞國家的華人鄉村政治》，哈佛大學出版社，坎布里奇，馬薩諸塞，1981年版，第83～84頁）的用法。

〔註6〕我相信，所有自稱是華人的人們，確有這種「歷史」認同。在十九世紀和二十世紀初期，在馬來亞和爪哇的峇峇和土生華人之間可以找到這種自稱華人的極其典型的人物。

分人的民族主義認同，看來倒是一個需要小心處理的棘手問題。這一問題由
於這樣的事實更加複雜了：一些較年青的華人民族主義者受到了戰爭的影響，
成為馬來亞共產黨黨員，他們認同於爭取獨立的世界性的反殖民鬥爭，而不
是認同於作為一個民族的中國。

　　上述事實提醒我們，隨著事件的變化，華人對華人認同的領會也會變化。
看來土著新權貴也已經認識到這點。他們也有充分理由去期望，等到環境進
一步發生變化，華人又將改變他們的態度。因此，在 1950 年以前的幾十個年
頭裏，華人的歷史認同似乎部分地為華人民族主義認同所取代。但是，即使
在三十年代和四十年代裏，在民族主義認同達到其高潮的時期，也並不是全
部華人都轉而贊成華人民族主義。當時，一些華人（特別是緬甸、越南和菲
律賓的華人）曾經設法認同於當地的民族主義運動，並且準備接受新的基於
反殖民主義和建國原則的認同。這些原則包括對少數民族（譬如說華人）的
法律保護。但是，即使在這一早期階段，還是有少數華人準備充當十足的同
化論者的。另一些少數華人發現了一種新的認同。這種認同在理論上已跨越
種族界限，甚至已跨越民族界，而著眼於經濟階級。這使一些年輕的華人提
倡在較大規模的反帝國主義的鬥爭中爭取階級認同的理想，那就是，通過認
同於受壓迫的人民（包括土著和移民），這些華人在殖民主義者被驅逐之後會
贏得合法的少數民族權利。要是他們沿著這條道路再往前走一步，他怕也就
能夠成為真正的同化論者了。然而，在五十年代以前，東南亞華人中的這些
新認同的探索者都沒有成為學者研究的課題。〔註7〕值得我們注意的是，有意
識地去改變一個人的認同是當時一些年輕華人正在探討的一種選擇。

　　到了五、六十年代，學者們已經研究了好幾種華人認同。華人最突出的
認同是政治認同。這類認同包括從民族或「種族—民族」（當時種族—民族認
同正為新的當地民族認同所取代）派生出來的占支配地位的華人民族主義認
同。就大多數新獨立的國家而言，到 1950 年，中國移民活動已告結束，改變
政治認同是無庸置疑了。改變政治認同儘管是艱難痛苦的，但是遲早是會完

〔註7〕　我在這裡之所以將他們稱為「探索者」，是因為這些認同在早期反殖民主義運
　　　　動的年輕華人中口齒尚嫌不靈，以致他們說不清他們是真的站在新的當地民
　　　　族主義一邊，還是站在壓迫（主要指當地的）集團一邊。在三十年代，印度
　　　　尼西亞的民族主義也吸引了少數華人，但他們人數太少，無足輕重.（廖建裕
　　　　《爪哇的土生華人政治運動》，修訂版，新加坡大學出版社，新加坡，1981 年，
　　　　第 156～168 頁。

成的，馬來亞（包括新加坡）是一個例外。在馬來亞的總人口中，華人幾乎占一半。從整體來看，當地強大的華人社會固然決心放棄華人民族主義認同並且還想用新的馬來亞民族認同來取代它。與此同時，它卻又培養出強有力的社會認同觀念來確保華人社會分享該國政治權力。華人社會領導人物仍然保留他們在早些時候作為華人的歷史認同的一些觀念，並且試圖使這種認同的文化特徵被正式承認為多元的馬來亞民族認同的一個組成部分。不出所料，這在該國產生了幾次嚴重的緊張局勢。尾隨這些緊張局勢而出現的政治鬥爭已經是好多專著的討論課題。但是，由於馬來亞（以及以後的馬來西亞和新加坡）的政治面貌與東南亞的其他地區迥然不同，人們無法拿這些研究成果同對東南亞其他國家的同類研究作對比分析。〔註8〕特別是，在馬來亞，由於政治的目的，華人的社會認同觀念業已被培養到非常強烈的程度，以致人們無法在其他地區看到這種社會認同觀念。這是因為其他地區的華人社會都很小，無法與當地人分享什麼權力。至於其他東南亞華人，他們的政治志向采取了不同的形式（即採取各種社區組織和社團的形式）。只有到了人種認同（和次人種認同）的觀念被引進的七十年代，人們才有辦法對這些華人的政治志向作出令人滿意的描述。

在這些新興民族國家中，每一個國家的民族認同已經成為每一項對東南亞國家形成過程的研究的重要組成部分。但是，就華人而言，他們對民族認同的接受並沒有告訴我們這種認同的性質。這種認同往往只表明：換了一種標記，添了一種新的法律身份，了不起是再確認一下他們對政治的效忠。許多學者想瞭解的是，在接納一種新的民族認同時，是否有或者是否會有價值觀的根本改變。然而，要弄清楚究竟有否價值觀的根本改變，確是難乎其難的。譬如說，許多華人既支持他們居住的新興民族國家，也決心去認同於新出現的國家。他們認識到，排他性的華人社團組織是沒有發展前途的，也願意去適應新興民族的各種要求。但是，在他們中間，究竟有多少人準備接受同化，從而喪失他們作為華人的認同呢？究竟還有多少人願意接受政治一體化，從而被允許保留某種程度的華人文化認同呢？

這個問題把我們從華人民族主義認同、當地民族認同格社會認同的政治

〔註8〕特別是在維克托・珀塞爾，K・J・拉特納和雷茲・瓦斯爾三人的開拓性著作中，社區主義是關鍵性詞彙。華人社區認同是華人要求與馬來人分享權力的基礎。

領域，帶到微妙得多的文化領域中去（如下圖）。

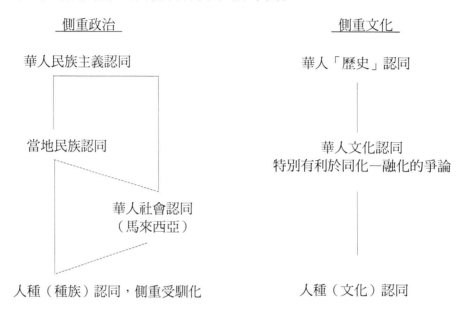

<u>側重政治</u>　　　　　　　　　　　　　<u>側重文化</u>

華人民族主義認同　　　　　　　　華人「歷史」認同

當地民族認同　　　　　　　　　　華人文化認同
　　　　　　　　　　　　　　　　特別有利於同化─融化的爭論

　　　　華人社會認同
　　　　（馬來西亞）

人種（種族）認同，側重受馴化　　人種（文化）認同

　　我在這裡所說的「文化」一詞是文化人類學所用的文化術語，具體地說是指一切同社會成員從其他成員從其他成員那裡學到的並且又傳給其他成員的特質有關的事物，包括智識、信仰、道德、風俗、宗教和法律。這些特徵在性質上只與傳統的華人認同的觀念中的特徵相似。但是，這種新的文化認同比傳統的華人文化認同還要深刻得多。文化認同與我上面所說的歷史認同不同。歷史認同主要是基於過去的文化價值並且取決於海外華人社會是否還保留這類文化價值。文化認同已能辨認出現代非華人文化的功能和效用，因為通過非華人文化，華人社會可以學到確保其繁榮和成功的新萬式。歷史認同已經同土著政治和殖民政府共處（雖說這種共處並不融洽）幾百年了。但隨著現代民族國家的建立，問題不再是如何共處了。各地華人已發現，擺在面前的選擇是受同化還是受融化。這種抉擇要求人們在對待文化和華人文化認同的新觀念上，應該有一種更靈活、更有遠見的態度。〔註9〕

〔註9〕　此處所述，得自 G・威廉・斯金納的著作（特別是他的《泰國的華人社會：歷史的分析》〔康奈爾大學出版社，伊撒卡，紐約，1957 年，第 126～154 頁〕和他的《海外華人文化的變化和保留，泰國和爪哇的比較》，載《南洋學報》I960 年，第 86～100 頁）的啟發。我這裡只使用同化和融合，沒有使用文化潛移。我認為融合雖已包括了文化潛移，但其重點在於，認同於新興民族國家，認同於華人的文化潛移（儘管華人還希望繼續保留中國文化認同的某些因素）。

　　在五十年代和六十年代幾次同化或融化的爭論中，文化認同概念的優點在於，它諱而不用那類比「種族」認同還要糟的動情感的詞藻。在第二次世界大戰之前和大戰期間，大多數學者都諱用「種族」這一令人不快的詞眼。作為一個概念，文化認同卻蘊涵著：一個民族國家可以容納多種文化。如果鼓勵各個民族的文化在新的國家和組織內部生存和發展，它們還會豐富新生的多民族的文化。就對東南亞華人的研究而言，文化認同的概念既開闢了研究東南亞華人在接絨內容廣泛的非華人價值觀的過程中如何保留其華人認同的可能性，也使學者們有可能去研究東南亞華人中的某些人如何尋求完全同化和接受嶄新的非華人認同。采用這種概念，學者們就能夠探討華人接受當地民族認同的願望，也能夠從同國境內的其他華裔公民或國境外的華人的對比中，檢驗這些華人在多大程度上繼續認為自己是華人。令人感到興趣的是，華人通過在東南亞地區的西方學校和在歐洲、澳大利亞和北美的高等學校而接受一些現代文化的價值觀。這些價值觀應該包括對非華人信仰（主要是基督教）的皈依，非華人語言技能的掌握（在付出說生硬華語甚至不懂華語的代價下）以及接納受非華人習慣所影響的行為模式。雖然這些文化要素並不是華人的文化要素，但它們倒不一定與華人相背；它們甚至還可能成為新的現代華人文化認同的組成部分而終於被華人所接受。

　　從這種五十年代的學術研究演發出來的文化認同的概念，在六十年代裏使人們對東南亞華人文化行為有更多、更深刻的理解。在有點動亂的新興民族國家中，在華人和土著上層人物不得不相信一種由華人和土著文化揉合的文化認同與政治效忠並不矛盾的情況下，這種理解是特別有價值的。至於它是否能使民族新權貴放心，那就無法肯定了。不過，它當時確實鼓舞好多東南亞華人，也幫助他們去對付那些只要求華人完全同化於當地民族社會的人士衛護了華人的文化認同。〔註10〕但是，當時文化認同概念的使用範圍還有些限制。由於強調文化、由於迴避種族起源和政治競爭方面的激烈文字，文化認同的研究就無法滿足那些評述六十年代末和七十年代初的東南亞政治、種族和少數民族之間關係的人們的需要。再者，在世界其他地區又出現了種

─────────

〔註10〕在印度尼西亞，這種壓力最大，而華人的反應尤其耐人尋味。參見廖建裕編
　　　　《1920～1977年印度尼西亞華人的政治思想》（新加坡大學出版社，新加坡、
　　　　1979年，第83～159頁）一書所輯的華人民族主義者、多元論者和同化論者
　　　　的論文。

族關係的新階段，與這個新階段有特別關係的是，美國少數民族的黑人和奇卡諾人同多數民族的白人之間關係的演變，文化的廣泛相似不足以消除形形色色的歧視。種族和人種再度進入了政治舞臺，學者們不得不加以考慮。在廣泛的爭論中，在解決當代種族關係和少數民族問題方面，人種認同是一個比文化認同還要準確的概念。一些學者在對東南亞華人和其他少數民族的研究中也發現了這點。〔註11〕

　　人種絕對不比文化更容易下定義，因為按廣泛的含義來說，它包括了兩個難於處理的概念：種族和文化。我不準備去全面檢驗人們對它所下的種種定義，而只想提一提劃分人種和文化認同的主要區別。文化認同的概念可以不必直接談述個人的生物學遺產、而將重點放在價值上。不管這些價值是從個人傳給家庭成員或者從家庭成員傳給個人的；不管這些價值是個人通過正式的教育獲得的，或者是個人通過本族社會以外的另一個社會的價值薰陶而取得的。按定義，人種認同通常要包含文化認同。因此，它就避免了最糟糕的種族含義。但不可否認，人種性（ethnicity）和種族認同是有關聯的。換言之，文化認同強調隨文化變遷而最終消失的集團分離性；而人種認同則強調那種只有通過分離集團通婚的長期體質混合才能縮減的差異。再者，人種認同通過建立認同和有組織的劣勢少數民族行動間的聯繫而具有濃厚的政治色彩。這是由於這樣的事實而發生的，即：人種一詞意味著另一些人數較少的，處於非統治地位的邊緣民族。在這種含義裏，人種認同一般被認為是少數民族集團尋求（或者可以說是爭取）其法律權利和政治權利的認同。

　　現在再來看東南亞華人。到七十年代，在這些華人中間，絕大多數已經是在當地居住了二十年的受到不同程度的政治馴化的公民了。或許，中國所發生的種種事件加速了這種馴化。文化大革命殘酷迫害同海外有聯繫的家庭的政策促使大多數東南亞華人同中國和共產主義疏遠。對有中國傾向的東南

〔註11〕 在 R・A・謝默霍恩《比較人種關係：理論和研究結構》（芝加哥大學出版社，芝加哥鳳凰出版社印行，1978 年 13～22 頁）一書的新版序言中，讀者可以讀到學者們對人種關係和政治問題感興趣的評論。就東南亞而言，在研究馬來西亞政治的著作（例如，辛西婭・恩洛的著作）中，人們老是將馬來西亞政治都視為村社政治。但是，其他東南亞國家政治的人種性問題，只在晚近才成為該地區內部的注意焦點（讀一讀《東南亞社會科學雜誌》〔特別是第 10 卷第 1 期，1982 年：東南亞的人種〕、《東南亞人種和發展通訊》〔新加坡，1977 年－1981 年〕和新加坡東南亞研究所的各種出版物，讀者們就可以覺察出這一點）。

亞華人來說，這種政策甚至是置人死命的絕招。當地華裔公民的馴化進展使得當地政府對他們另眼看待。大多數政府（除馬來西亞外）不再把他們視為與外部威脅有某種聯繫的人物了。他們開始認識到，對付境內的華人民族可能比對付國內若干少數民族還省勁。譬如說緬甸的克倫人、泰國南部的馬來人和菲律賓南部的摩洛人。他們都決心去破壞東南亞新興民族國家的政權。東南亞華人歡迎這樣的認識：他們並不像人們所想像的那樣有威脅力。許多東南亞華人早就希望，他們的政府和東南亞每個國家的國內外評論家們不要把眼睛盯在頑固不化的華人社區、可疑的華人政治效忠和華人文化的華人性這一類問題上，應該更多地注意到華人作為國內幾個少數民族中的一個少數民族所應享受到的各項權利的問題。

明確了這一背景，就容易理解為什麼學術著作會更多地去談論華人人種認同的問題。這種做法在華人數量較少的國家是非常恰當的。不過，即使在馬來西亞（在馬來西亞，先前人們習慣於訴說華人「社會」認同是向馬來亞多數民族政治挑戰的後盾），強調合法保護華人少數民族權利的轉變，也使人種認同變為一個比社會認同還要令人同情、還要溫文雅讓的學術術語。因此，在最近的一些著作中，出現了用華人人種或者次人種（用於福建人、廣東人、潮州人，客家人、海南人等）認同取代在文前述的民族主義認同、社會認同和文化認同的傾向。上圖可能有助於概括上述的討論。

上述問題的討論尚未涉及這一地區華人的經濟活動，原因不在於學者們沒有述及這種經濟活動，而在於他們很少把這種活動與華人認同問題直接聯繫起來。前面我們談到了一些年輕的華人有關跨越種族界限的階級認同的探索。這類豪邁的探索因建立在民族的利益和華人同化或融合的問題而黯然失色。到七十年代，才有較多的學者在研究東南亞華人認同時，明確地反對忽視經濟利益和階級利益。局部說來，這是由於六十年代世界政治的強大逆流。這股逆流使馬列主義分析方法再度盛行。不過，它對所有使用上層建模式的、忽視經濟基礎的學究式研究也作了批判。但是，重新重視經濟活動利益的更重要的理由也許可以從東亞和東南亞部分地區（特別是南朝鮮、臺灣、香港、新加坡和馬來西亞）經濟的迅速增長率找到。當時最早被人提出的問題是，在東南亞經濟迅速發展中，華人企業的作用是否與華人認同有聯繫；或者更具體地說，是否對華人認同有影響。東南亞華人比人們所預料的還要成功地利用了由日美領導的、恢復了活力的資本主義和由全球性的技術進步及金融

業高度發展所提供的新機會。一些學者把東南亞華人的成功歸諸於廣泛的人種因素和文化因素。另一些學者卻認為，必須探討更有基本意義的華人階級認同問題。大多數東南亞華人為什麼響往西方資本主義制度，為什麼跨越人種界限而同他們的階級夥伴親呢？如不從人種條件和文化條件去理解，是無法找到令人滿意的答案的。〔註12〕

然而，學者們的研究已經表明：階級認同的概念與人種認同或文化認同的概念一樣，也是難以掌握的。在理論方面，要超越人種界限，甚至要跨越民族界限都比在實踐方面要容易些。只有在狹小的商業（在馬來西亞，也包括工會）利益能確保各有關種族集團相互受益的範圍內，才可能跨越人種界限。如果有辦法將商業利潤長期保持，不同人種背景的民族經濟的傑出人物的階級利益就可能壓倒其各種利益。不過，要是文化融合或某種程度的同化已經形成，就更有可能跨越人種界限。我們可以預料，融合或同化的程度越高，它對於在國內階級認同的作用就越顯著。如果融合的程度低，或者當地政府被認為是歧視當地華裔公民的，那麼，另一種階級利益將會產生。同時，華裔經濟界的傑出人物也會試圖通過人種的渠道、跟其他國籍的華人做生意。這種做法有助於強調跨越本地區、甚至是跨越世界其他地區的華人認同，而犧牲了華人與當地經濟界傑出人物利益關係的當地認同。華人企業主精神的新階段剛剛出現。目前，要斷定華人企業主精神的發展方向尚嫌過早。我要指出的是：在某國國內經濟界傑出人物間的階級認同可能有助於削弱華族的效忠而鼓勵融合（甚至同化）；如果想讓階級認同對本地區的民族國家起長期性的作用，那麼，持續侵蝕華族認同的政治社會變化也一定會同時發生。

顯然，我們研究華人認同這一課題有許多方式。上面我也指出，學術研究在不同時期里根據情況的變化，會側重某個概念或者另一個概念的情況。現在，讓我來總結上述的討論並且描述當前東南亞變化中華人認同的輪廓：

（1）由傳統華人價值觀派生出來的歷史認同，現在仍然存在。不過，已被包容於更廣泛、並且比先前有用得多的文化認同概念之中。

（2）在大多數國家中，華人民族主義認同是虛弱的，甚至是垂死的（要

〔註12〕從收入琳達‧Ｙ‧Ｃ‧利姆和Ｌ‧Ａ‧Ｐ‧戈斯林合編《東南亞華人》》（《丸善亞洲》，新加坡，1983 年第一卷）的一些有創見的論文中，讀者可以看到這些論文作者已成功地把人種與經濟活動聯繫起來。琳達‧利姆的傑出述評（第1～29 頁），尤其值得一讀。

是我們不說它實際上已經死亡的話），復活的可能性依然存在，但在目前條件下，這種可能性卻十分渺茫。〔註13〕

目前，社會（社區）認同僅限於馬來亞（馬來西亞）。然而，社會（社區）主義者通往政治影響的道路或許正在逐漸消失。在巨大的壓力下，社會（社區）認同可能為較中立、較溫和的人種認同的概念所取代。

（3）民族（當地）認同現在是東南亞多數華人共有的認同。民族認同幾乎是華人中間目前盛行的各種認同混合的重要組成部分。然而在現階段裏，它充其量也不過是一個公眾和官方用語，一種法律和政治的認同。

（4）文化認同吸收了傳統的歷史認同。它仍然是各種認同中最有彈性的一種概念。但是，對於那些既相信作為決定性因素的種族起源在認同概念中仍然是起重大作用，而又相信大多數華人也贊同這一觀點的人們來說，文化認同的作用並不大。

（5）人種認同從種族起源的角度來修正文化認同。在傳播爭取少數民族合法權利鬥爭的政治目標的觀念方面，人種認同更有其特色。在當前國際輿論環境中，人種認同也是一種更能贏得同情的概念。

（6）階級認同的邏輯基礎是跨越人種界限。目前，這種認同剛剛冒頭。長遠看來，對於大多數華人來說，階級認同已是不可避免的了。但是，在現階段，階級認同只能由下述條件來決定：華人種族認同已經被其他政治壓力和社會壓力所削弱，從而被融合或同化於新興國家。如果華人種族認同沒被同化，那麼華人可能認同於其他人，特別是認同於跨越國界的其他華人的階級利益。對於大多數的民族國家來說，這種階級認同是引起動亂的因素。

在列出上述的認同之後，我可能給讀者留下這樣一些印象：上述六種認同是彼此獨立的，「變化中的華人認同」意味著一種華人認同轉變為另一種認同。情況顯然不是這樣。上面我已經多次說明六種認同中的幾種認同的重迭情況。在促進學術分析上，一些新概念取代另一些新概念的原因。現在，讓

〔註13〕讀者如想對這些「現狀」作一比較，請參閱1979年拙稿《中國和與華人少數民族有聯繫的地區》》（收於王賡武，《社會與國家：關於東南亞和東南亞華人論文集》，喬治・艾倫和昂溫印刷公司出版，悉尼，1981年，第274～285頁）和1984年拙稿《中國本土外的中國：新政策的邊疆》（載《太平洋事務》1985年春季號）。我認為，既然市場導向路線的經濟現代化是中國頭等大事，看來，中國和東南亞華人的關係將變得更複雜、更敏感。但沒有理由去相信，再度合法的華人民族主義會重新在東南亞復活。

我再補充一下，所有這些新概念都幫助我們去瞭解東南亞華人。在它們之中，有些概念幫得多些，另一些概念少些。儘管如此，任何一種新概念都不足以傳遞東南亞華人認同的複雜現實。較接近現實的圖像是東南亞華人具有多種認同。

現在，我們必須明確認識到，任何一種關於東南亞華人認同的概念都是捉摸不定的概念。迄今用過的任何一種華人認同概念只適用於某些民族國家的某些集團，並且只適用於某段時間。學術著作中儘量用不同的概念，來提高表達的準確性，從而豐富了我們對該地區的複雜的並且經常是四分五裂的華人社會的認識。與此同時，學術著作也描繪出過分分解、過分複雜化的東南亞華人社會圖像。在此圖像中，東南亞華人社會的分解程度和複雜程度比該社會的歷史實況和現狀還要大得多。〔註14〕因此，有必要尋找用分解華人社會法以外的其他方法去鉤畫東南亞社會的複雜性。為了鉤畫這種複雜性，我們應該將不同概念加以組合。利用這種概念組合法，我們就可以通過多重認同的概念來探討整個課題。

這種探討方法假設，在某時期裏，任何人或任何集團都有不只一種的認同是完全正常的。我所指的時期不是四十年代以前的幾十個年頭。在當時，東南亞華人似乎有雙重認同，即：在中國時為中國人，在國外時為外國人。這種雙更認同只是身份證的差別，它並不告訴我們華人自我認同的含義。然而，在五十年代和六十年代裏，情況發生了根本的變化。作為新興民族國家的公民，大多致華人逐漸放棄了他們的華人民族主義認同，而取得了當地的民族認同。與此同時，他們更意識到他們作為華人的文化認同，他們中間的一些人對他們的階級（主要是中產階級）利益更加敏感。與階級認同相類似的，作為他們當地民族認同組成部分的某些東西也出現了。但是，由於種族因素並沒有消除，所以有必要產生人種認同的概念來設法解決當前的發展。四種認同的任何一種（不論是民族的、文化的、階級的或人種的）認同，有時

〔註14〕沃爾夫岡・莫斯，戈特弗里德・萊因克尼斯特和伊娃・施米茨・西斯塞合著《西馬來西亞和新加坡的華人區域主義》（漢堡，1979 年）一書對次人種差別的詳述，就是一個新樣板。與此相反，朱迪思・斯特勞斯（《鄉村政治》第99 頁、第153～159 頁、第169～171 頁）和羅國華（《華人聯合》第35～44頁，第71～82 頁）卻認為，現在，政治方面的人種性壓倒「地區差別」和次人種差別。由於其他社會和經濟的原因，這一看法和符合新加坡實情。（曾林草〔譯音〕《新加坡的社會變遷與華人：幫結構的狹義社會經濟地理學》，新加坡大學出版社，1985 年，第 166～200 頁）。

就作為表徵華人認同的新方式，而被人們用來表明他們的認同。但在大多數場合下，人們卻認識到，大多數華人可能只有一點兒或者完全沒有人種認同、民族認同、文化認同或階級認同概念，但他們卻硬把實際上是多重認同的混合物說成是某種單一性的華人認同。當然，不是所有華人都具有同一的認同範圍。我們也不能期望，那些知道上述四種華人認同概念的華人，對四種概念不無偏頗。但是，我們很瞭解今天東南亞華人的處境，我們相信，要是他們在同一時期裏具有一種以上的認同，他們就會得到好處。

我們應該如何概括取得和保持華人多重認同的過程？在探討這一問題時，我認為通過規範概念來解決它。就規範而言，我指的是，對某集團成員之間有約束力的、並且能指導、控制或調整他們行為的理想標準。這些規範存在於迄今用過的認同的各種概念，建立上述每一種認同的基礎是接受特定的規範系列。在探討本問題時，我先將今日東南亞華人認同的主要狀況類型分為四個系例：

（1）體質規範系列。對華人來說，體質規範的定義係由產生關於種族純粹的模糊概念的同族通婚來確定。實際上，體質規範並不完全由體質來決定。這些規範通常遵循男性繼嗣的意識形態原則。因此，在異族通婚的情況下，華人父親所生子女也允許視作華人。如果受到某些客觀條件的保證，華人母親同非華人父親生育的子女也可視同華人。但是，體質規範要求，自異族通婚生育的第一代開始，各代子女都必須遵守華人同族通婚。這類體質規範具有其他思想意識性的效果。體質規範會導致華人獨特和孤傲（如果不說它也是種族優越感的話）的狹隘態度。這種影響文化價值和社會價值的態度，通常被誤解為文化規範。〔註15〕當然，文化規範可以增強有關種族純粹的意識形態的神秘性，但在文化規範和體質規範彼此交錯、互相影響的場合下，我們必須去分辨哪種規範為主，哪種規範屬次。

體質規範對華人的人種認同的強烈感是直接起作用的。在某種情況下體質規範是確定人種認同的基本因素。當人們用意識形態的術語去表達體質規範時，體質規範就能夠在某種程度上影響華人文化認同。體質規範所鼓勵的旨在支持少數民族權利的政治活動，反過來又影響每一個東南亞國家民族認同的演變。但是，主要由體質規範決定的規範性認同是人種認同的規範。

〔註15〕當然，態度能反映文化價值。但這種態度顯然是由種族純粹的觀念派生出來的。因此，這裡所說的態度是屬於體質規範的。至於文化規範，可見下述。

　　（2）政治規範系列。現代政治規範指的下列三個觀念是：對國家政治效忠的觀念，承諾和擔負建國任務的必要性；在這種背景下，民主權利（通常在效忠國的前提下）的觀念。在實踐方面，政治規範以不同的方式表現出來。不過，核心的原則集中於不同的宗教信條和制度。例如，在泰國、馬來西亞和文萊，君主制度和國家宗教（佛教或伊斯蘭教）相輔相成，凌駕於非宗教的規範；在緬甸、印度尼西亞和越南，革命及其信條居決定性的政治規範的中心位置。華人和其他「外國的」的少數民族雖沒有被完全排斥在這些基本原則之外，但他們認識到，這些國家的政治規范主要是由居統治地位的多數民族集團上層人物（通常是一些當地人）決定的，因為這些人物控制了新興國家的政府。他們還認識到，既然東南亞國家是異質的民族國家，這些政治規範就不無受到挑戰。因此，他們已認識到，這些政治規範不是「兩廂情願」（concensual），它們實際上是用法律或者強制性的國家權力去施行的政治決策。

　　制定新興國家的政治規範是為了促進新的民族認同。人們期望這種規範能幫捍衛民族國家的忙，使民族國家去防禦東南亞地區的兩種直接性威脅。第一種威脅是烈性的當地人種認同，因為這種認同產生出各種從內部削弱新興國家的需求。第二種威脅是區域外的經濟利益和政治利益。這兩種利益檢或者通過大規模資本投資來支配民族經濟；或者宣傳工人階級跨越國界團結，以便向新民族權貴的權力挑戰。〔註16〕因此，政治規範需要該國各種機構及其體制的全面性的支持。直接由這些規範確定的規範性認同就是我所說的民族認同。

　　（3）經濟規範系列。經濟規範是指那些影響民族經濟（這裡與政治規範重迭）行為的現代的合理標準以及那些調節每一集團謀生活動和謀利活動的標準。然而，在將經擠規範作如此廣泛的定義時，它們對認同的影響就難於定向，也無法定性。我們需要將考察範圍集中到那些支持民族認同演變的規範，或者集中到那些反映東南亞地區華人少數民族這類經濟強人的文化價值的規範。但是，或許在這些規範中最顯著的是那些同階級利益（跨人種和跨

〔註16〕表面上，這意味著資本主義對諸如緬甸和越南等國家生存的威脅和共產主義對每一東南亞國家聯盟成員國生存的威脅。但是，如果不是從生存而是從主權的角度來說，前者還可能受到社會主義（或共產主義）盟國和敵人的威脅，而後者還可能受到資本主義朋友和大跨國公司的威脅。

民族界限的利益）有關又反映階級利益的規範。這些規範能直接影響階級認同的含義，但卻無需促使民族認同發展，也無需削弱殘存的華人文化認同。當然，長遠看來，恪守階級認同會削弱那些身為華人的東南亞華人的各種認同。然而，不僅此端，還有其他與經濟規範有關的影響因素。例如，經濟成就可能取決於華人文化價值的保留和華人人種認同的存在。因此，經濟成就可能凌駕階級利益。在大多數的東南亞國家中，作為工人階級的華人人數甚少，以致他們無法堅持具有階級水平的利益。既然沒有工人階級，該地區和其他地方（包括中國、臺灣、香港、北美和澳大利亞）華人中產階級經濟規範就有更懇切地求助於中國化的傾向。只有區域內部的強大政治壓力和那些能夠動員區域外部的華人技術來服務於它們的利益的跨國組織，才能有力地去抑制華人認同的復活。我認為，不管這些經濟規範的壓力朝哪一個方向發展，容易被它們塑造的規範性的認同正是階級認同。

　　（4）文化規範系列。廣義來說，文化規範包括在國家和社會（包括政治規範和經濟規範）中每一個能影響每個人的整個價值體系的事物。這樣廣泛的定義，無助於我們對大多數的東南亞華人的瞭解。因為他們並沒有被同化到否認自己的華人性，以致去接受新興民族國家各項政治規範和經濟規範。我寧可取較狹隘的文化定義，此定義集中在兩種規範。第一種規範是華人文化規範，這種規範是華人認為，身為華人，他們就應該恪守（即使他們是力不從心他們也應該恪守）這種規範的要求。華人文化規範包括書面漢語的學習；（特別是通過遵守有關生、死、嫁、娶的規範）家庭紐帶的保持和對家族、地域和其他能促進華人社會團結的類似組織的支持。第二種規範是那些華人發覺它們是有用的並且已需接受的現代文化規範。這些規範既包括教育標準和華人社會外部的職業模式，也包括非漢語的語言技能、甚至還包括宗教信仰的改變和各種反映異質社會的社會風俗。

　　華人顯然對這兩種規範不無偏重。在大多數的東南亞社會中，相對說來，華人是自由地偏重於其中一種規範的。要是他們傾向於堅持他們身為華人的文化認同，他們就多強調華人的文化規範（下圖 b2）。如果他們相信最起碼的基本規範已足夠保留他們的華人認同，或者說如果他們顧不了他們的華人性，他們就會非常重視現代功利主義規範（下圖的 e1）。因為功利主義規範將幫助他們去提高技能、找到較好的職業和贏得向上社會流動。總之，事實上許多華人認為這些現代規範近乎中國的規範，因為它們對幾乎所有地區的華人來

說都是可接受的。從而，可以認為它們並沒威脅到或干擾了華人的基本規範，反而加強了現代華人文化。就現代文化規範的影響而言，長遠看來，他們的看法可能錯了。但在現階段，要預測影響其後果，未免為時過早。

這兩種文化規範都對華人文化認同邏輯內涵的形成起一定作用。然而，對這兩種規範所起的作用來說，側重方面的差異是：華人基本規範對那些人種認同有高度認識的華人有較大的約束力；現代功利主義規範對那些人種意識不強、急於早日贏得社會聲譽和經濟成就的華人的要求就多一些約束力。但是，由文化規範塑造的、輪廓分明的規範性認同當然就是文化認同。

現在讓我回過頭來談談多重認同的概念。我認為現在有四種共同多重認同。在它們之中，一種多重認同就建立在上面已經規定的規範性人種認同、規範性階級認同、規範性民族認同和規範性文化認同的一種組合上。在理論上，還有第五種理想多重認同（即最終多重認同）。因為它與四種規範性認同等距離，所以它也不受這四種認同的影響。但我認為，在實踐中是不可能建立理想多重認同的。我想借助下圖來我明四種規範間的關係和它們在華人獲得多重認同的過程中影響華人的方式。

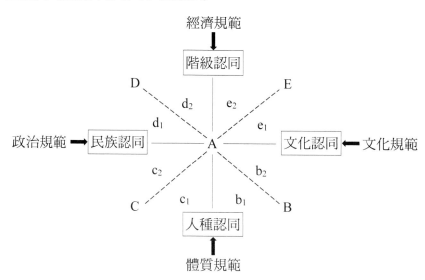

細看上圖，就可以領會到我是用規範性認同的概念來將各種多重認同具體化的。圖中，人種認同就是那種用來將幾種認同（主要是體質規範，但也爰政治規範、文化規範等影響的認同）組合起來的規範性認同。但我並不我為，在現實生活中，這些認同的排列和重要性都像我在圖中所描繪的那樣勻稱那樣均等。上圖所示的只是：（由於發覺身為華人應受其約束的規範）華人

可以發覺身處其中的位置；他們可以改變的方向（如果他們需要改變方向的話）；以及他們能夠移到的新位置（如果他們已經對其他規範作出反應，並且這些規範又要求他們去遵從那些華人因素較少或者非華人因素較多的認同）。

例如，我們假設全部華人在幼年時都在接受體質規範作為他們人種認同中心的情況下生長，那麼，他們就可以在華人文化規範起很大影響的環境中受教育，也可以被送到沒有提供任何華人教育的民族學校去受教育。他們可以保留他們的人種認同。但是，該認同會因為受到中國文化的加強而反映出政治規範的敵視（B位置），還是會因為華人選擇居留國而「歸化」為民族自尊心（C位置）？這個問題可能要由每一個華人社會所面臨的選擇來決定。對某些華人來說，存在某些中間位置。在這些位置上，規範性人種認同決定一切。具體說，規範性人種認同是非常硬性的，或者說，其他的人種集團所規定規範性人種認同的人種界限是非常嚴格的，以致同這種人種認同有關的華人只應該接受華人文化規範，同時還應該最低限度地去信守政治規範。然而，對其他華人群眾來說，他們的商業或職業的利益使他們遵守各種跨人種和跨文化界限的經濟規範。這些華人也有另一種選擇：他們通過強調他們的文化認同去遵守經濟規範（從B位置到E位置路線），或者通過強調他們的政治效忠和尋求來自政府的支持去遵守經濟規範（從C位置到D位置的路線）。

觀察了過去二十年東南亞華人各項經歷，現在，我很想談談我對上述事例在該地區一些華人社會的適用性的看法。首先，我們來看非典型的新興國家的新加坡。只有在這個國家中，各種多重認同才可能在同一的程度上共存。在新加坡，人數眾多的華裔公民（占人口75%以上）可能與四種規範性壓力等距離，並且向圖中的A位置逼近。〔註17〕泰國也是非典型的國家，

[註17]「在新加坡，為什麼華人尋求華人認同？」（沙倫‧‧A‧卡頓斯，《新加坡社會的華人社團》，《東南亞研究雜誌》專號，1975年第37號第17頁），這個問題可以按幾個標準來回答。如按第一個標準，其答案是：新加坡不是華人國家，它僅僅是在「馬來人」世界中間的一個華人多數民族的城市國家。如按另一個標準，其答案是：新加坡華人太接近馬來西亞華人（和一些印度尼西亞華人），不得不也去分擔馬來西亞華人的憂慮，因為他們的華人認同受人攻擊。按第三個標準，答案是：新加坡的多種族主義政策（是否相似於英國殖民者的政策呢？），不允許華人忘記他們的華人性（傑弗里‧本傑明：《新加坡的多種族主義的文化邏輯》，收於里亞茨‧哈薩編《新加坡；轉變中的社會》，牛津大學出版社，吉隆坡，1976年，第115～133頁）。值得進一步指

她不是一個新興民族國家。一百多年來，主要是同化主義的政策保護這個國家，使她不致受到二十世紀華人民族主義過激行為的影響。對大多數的泰國華人來說，他們的多重認同受到強規範性民族認同的支配（即 C 位置和 D 位置）〔註18〕。

至於較大的民族國家，馬來西亞的特點是，該國華人人數眾多，多到夠得上去對遵循文化認同路線（位置 B 到位置 E）或者遵循民族認同路線（位置 C 到位置 D）作出實質性的選擇。〔註19〕由於極不相同的原因，菲律賓對其人數比馬來西亞華人少得多的華人提供了類似的選擇。這主要是由於其強硬的歸化法令和在 1975 年以前同中華民國（臺灣）異乎尋常的密切關係。1975 年以來，這種情況一直在變化，民族認同的路線可能越來越贏得較年輕華人的贊同。在緬甸和越南，人種界限向來較不嚴格，同化主義政策較易實行。顯然，對這兩個國家大多數的華裔公民來說，民族認同的選擇長期以來

出的是，政府強化華人認同的政策，因為它將這種認同當為「防禦社會反常狀態的堡壘」（約翰·克拉默：《新加坡的華人人種和政治文化》，收於戈斯林與利姆《東南亞華人》，第 2 卷，第 266～284 頁）。

儘管如此，我還是要指出，如其非華人鄰國允許新加坡走向繁榮並且感到安全，則其華裔公民即將趨於平衡地位，即四種認同均同等有利於這些華人的位置。那些朝 A 位置移動的人們，在人種方面，必然是華人，在政治上仍然是盡忠和守責的公民，關心他們的階級利益，既有基本文化價值，又有功利主義的文化價值。新發表的一篇論文（肖成功〔譯音〕《人種和民族融合：多種族社會的進化》，收於彼得·S·J·切編《新加坡發展政策與趨勢》，牛津大學出版社，新加坡，1983 年，第 29～64 頁），含義深遠，值得一讀。

〔註18〕我支持斯金納的預言，（《華人社會》，第 380～382 頁）。我認為：不應該將這些預言說成所有華人最終都會被完全同化（即達到 D 位置），我個人的理解是，多數華商泰人將達到 D 位置，但是，在未來的漫長歲月裏，許多華裔泰人將停留在 C 位置；就在這漫長的歲月裏，總還有若干處於 B 位置和 E 位置的華裔泰人。（關於處於我所稱的 C 位置的小資產階級漢泰人，請參閱克里斯蒂娜·布蘭克·嘉頓《泰國小城鎮的泰人與漢泰人：變化中的人種關係類型》，收於戈斯林和利姆：《東南亞華人》第 2 卷，第 99～125 頁）。

〔註19〕說他們的選擇是實質性選擇的論點，可從戈斯林和利姆編《東南亞華人》第 2 卷所收十多篇描述馬來西亞華人的文章（特別是沙倫·卡斯登斯、陳志明、肖莫里〔譯音〕、羅國華〔譯音〕、唐納德·諾尼尼、林馬惠〔譯音〕、薄張〔譯音〕和朱迪斯·斯特勞斯的文章）得知。

華武英（譯音）的近著《馬來西亞的階級和社區主義：依賴性的資本主義國家的政治》（Zed Booms，倫敦，1983 年），強烈地批評馬來西亞政府有關當地民族認同和社會（人種）認同的政策。該書也證實：目前，對願走哪條道路（從 B 位置到 E 位置的路線，或者從 C 位置到 D 位置的路線），大多數華人仍然有實質性選擇（參見第七章和第八章，第 150～194 頁）。

是可以接受的。由於這些國家在其與中華人民共和國的關係方面不時出現料想不到的變化，現在也出現了獨特而複雜的情況。最後，印度尼西亞的情況是最複雜的，甚至是對抗性的。一方面，強套在華裔公民身上的政治規範是這麼緊，以致他們不能看任何選擇。通向華人文化規範的渠道被縮到最小限度。因此，規範性的民族認同對所有人來說，就是基本性標準。另一方面，在印尼華人人口中，屬於外籍僑民身份者約占一半，他們無法取得印尼公民資格。對這些人來說，旨在求生存、謀發跡的文化認向路線，仍然是他們唯一的選擇。〔註20〕

　　上面這些論述難免言之過簡。我這樣論述，其目的只是想說明如何將這些規範應用到東南亞華人多重認同的研究。這種方法對實地考察是否有用，尚需作經驗型檢驗。但是，我確信，通過規範的概念和規範性認同的概念，我們能夠描繪出多重認同的壓力。我希望這種方法能使我們進一步瞭解東南亞華人認同的性質。

〔註20〕下列三本新書，闡明了印度尼西亞情況的複雜性：查爾斯・A・科佩爾的文章和 J・A・C・麥吉的文章（收於 J・A・C・麥吉編《印度尼西亞華人》，納爾遜出版公司，墨爾本，1976 年，第 19～76 頁，第 77～138 頁）、廖建裕的《土著印度尼西亞人，華人少數民族和中國》（海涅曼出版公司，吉隆坡，1978 年，第 138～164 頁）和查爾斯・A・科佩爾的《危機中的印度尼西亞華人》（牛津大學出版社，吉隆坡，1983 年，特別是第 4 章和第 7 章）。

澳洲的歷史與現狀〔註1〕

　　我今天能到暨南大學來參加八十週年校慶，感到非常榮幸，也非常高興，但非常慚愧的是沒想到作什麼大報告。今天談澳大利亞，是一個很小的題目，請大家原諒。我為什麼選這個題目呢？你們大家知道，我是最近從澳大利亞來香港的，是一個新上任的校長，我對自己的工作地方香港還不太熟悉，而對澳大利亞的情況比較熟悉。再一點，聽說同學們對澳大利亞也有點興趣，所以，我才選了這樣一個題目。我在澳大利亞國立大學工作了十八年之久，對澳大利亞的歷史及現狀比較注意。

　　再一點值得考慮的，就是澳大利亞將要慶祝他們二百週年建國的歷史。二百週年，從我們中國歷史的觀點來看，實在是一段很短的時期。二百年前，1788年，在中國乾隆皇帝的時候，是接近中國的近代史，從澳大利亞來講，則是澳大利亞的全部歷史了，所以這是一個很大的區別。從中國人的長久悠遠的歷史偉大文明的觀點來看這個國家，也許有很多有趣的地方，但同時也值得注意。澳大利亞國家雖然這樣年輕，可是，澳大利亞大陸是相當古老的，而且澳大利亞的土著人民，也有很悠久的歷史。我在澳大利亞這十幾年時間，差不多每年都有考古的新發現，說明澳大利亞的土著在很早就已經有他們自己的文化、語言、文物，我們知道的就有五、六千年，但是，留下的有些更早的遺跡，有些屍體，考古學家說是在三萬年以前埋在地下的，現在當然不能完全確定。可是，我們應該知道，澳大利亞大陸的歷史是很悠久的。但澳大

〔註1〕 此文刊發在《暨南學報（哲學社會科學）》1987 年 10 月（第三期）第 1～8
　　　　頁。乃王賡武 1987 年參加暨南大學八十週年校慶的演講報告。

利亞的國家是很新興的。這兩個對比一下，也是一段很有意思的故事。

為什麼我要講講澳大利亞的歷史呢？大家知道，我是搞歷史的，興趣大部分在這方面，因此，我一到澳大利亞（我是 1968 年去的），就很關心澳大利亞的歷史，而且從頭起就感覺到澳大利亞的這麼一段歷史，即土著文化那麼古老，國家新興的那麼年輕，這裡頭的矛盾，似乎有很多特殊的地方，所以，我一開始就感到相當有意思。那麼，澳大利亞的地方古老，土著人民那麼有文化，為什麼才慶祝二百週年的歷史呢？這段歷史也是很看意思的。一百九十八年前，英政府因為當時在美國已經給打敗了，美國獨立，英國不能再把囚犯送去美國。（在此之前，英國都是把他們自己的囚犯驅逐到美國去的。）美國獨立後，英國就不方便再將自己的囚犯流放到美國，它就考慮到將囚犯運送到什麼地方去，因為英國國家小，囚犯太多；有放逐的傳統，結果就考慮到把這些囚犯送到新澳大利亞大陸去。這個決定本身很有趣，但我這裡不多講了。就簡單介紹一下這個過程。

澳大利亞這個新興國家的來源就是這麼一回事。就是英國將自己的囚犯送到澳大利亞，使他們永遠在那裡住下，不許他們回國。當然，除了這些囚犯之外，也派了一些軍隊去看守他們，去保護他們。另外，慢慢地、漸漸地也鼓勵一些普通英國人到那邊去真正地當移民，去殖民去了。有這麼一段很簡單的歷史，就漸漸地成為一個新的殖民地。這個殖民地最初是在現在的所謂新南威爾士州悉尼市那部分建立的，殖民地最初是很小的地方，而且人很少。頭五十年，澳大利亞的白種人也不到十幾萬，土著也可能不超過十萬左右，所以，最初可以說英國殖民地跟當時土著人數是差不了多少的。但因為在他們殖民之後，漸漸朝內地發展，在發展的期間，各方面跟土著衝突，漸漸把土著的土地與他們的權力都奪取了。因此，漸漸把澳大利亞原來的主人都趕到沙漠地方去，將能種植的地方都占去了。由這一段歷史，你可以見到澳大利亞初期的歷史已經歷過文化與文化的衝突，民族與民族的衝突。所以這段歷史裏，有他很有意息的地方，也有他非常悲慘的故事。有個時期，澳大利亞人是不大願意談他們這段歷史，但最近來改變了態度，對他們的這段歷史也很坦白地承認有多麼殘忍的一方面。這是一個明顯的變化，到最後我談到現狀時，我將再提這個問題。

很值得注意的是另外一點，就是澳大利亞大陸與英國、西歐、歐洲的自然環境大不相同，澳大利亞大部分是沙漠，這裡的空地什麼都種不成的。英

國殖民初到澳大利亞的時候，實在感到非常困難，不曉得如何將西方的文明移到澳大利亞去。最初的幾十年，這些移民非常苦，經過許多的災難，想出許多辦法。如何把他們所用的工具，所習慣的風俗，一切重新移到澳大利亞，重新建立他們的社會，這樣經過了一段相當辛苦的時期。換句話說，這不是一件很簡單的事情，不是說英國人殖民去很有計劃的想建立一個新國家，剛才說的先是把囚犯送去，後又派移民去，移民與土著衝突了好多次，漸漸才發現如何可以在澳大利亞大陸生存。這段歷程有很多有意思的地方。更值得說的是，澳大利亞建國初期，是以農業立國的，沒有工業，也沒有資本，資本極有限，主要靠勞力，在新的自娛環境中去打天下。所以，我剛才說他們頭幾十年是非常辛苦的。

澳大利亞發展得快，是什麼原因呢？單單靠牧業農業絕對搞不成什麼發展的經濟的。他們發展得快的原因，主要是因為在十九世紀中葉，他們發掘到金礦。這是在 1850 年，與美國加州舊金山發掘到金礦的時期差不了參少，稍微遲一兩年。你們在書上也看到的，我們很多華人到美國去掘金，到舊金山；再過了兩三年，很多就到新金山去。所謂新金山，就是澳大利亞。因為掘金狂，澳大利亞來了許許多多各種各樣的人，而亙，不僅是從英國去的，從世界各處去的人，都為了掘金去的。也因為如此，我們中國也去了不少人。在五十年代以前也有少數華人到澳大利亞，但那是極少數。在掘金狂的那個時期，就去了很多人，這是一個相當驚奇的數目，我也是到了澳大利亞以後，才真正瞭解到這段歷史。中國到新金山掘金的人在五十年代就有五、六萬人，這個數字在那時來講是相當驚人的。當時，英國的白種人已去了五、六十年了。另外，從美國大陸、歐洲大陸各處也去了好幾十萬。不過總的來說，中國去掘金的有五、六萬人是很可觀的。中國人在那邊掘金，也有相當的成功，因此，使得當時的白種人，尤其是外來的白種人，（即為了掘金而到新金山來的人，）看到中國人掘金比較成功而眼紅起來，於是，採取了一種排華政策。從五十年代末起到六十年代初，一直到了二十世紀五、六十年代，才改變這個政策。這段歷史，使澳大利亞的歷史受到很大影響，華人去了很多，他們不甘願，把華人趕出去，慢慢的逼出去，逼到二十世紀初，華人從五、六十萬降到不到幾千人，可見，排華政策厲害到了什麼程度。這是我們大家知道的。而且澳大利亞的歷史學家也都坦白承認他們那個時候採取的是一種民族歧視的態度；在排華方面，他們很多人也承認是一種不對的政策。這就是我們以

後談到的所謂白澳政策，就是從這麼一段歷史開始的。

但是，我們看澳大利亞的歷史不僅看他們的排華政策，我們也應瞭解他們國家建國這段歷史是如何進展的。因為排華，華人越來越少，所以華人方面的記錄，華人的史料也不多，我也沒看到多少。英國人是幹殖民的，他們對歷史非常看重，他們保存了非常完整的檔案和材料，所以，後來歷史學家研究澳大利亞歷史的時候，才能夠相當完整地把他們的歷史寫好。因此，我們也能看到他們自己對自己歷史的瞭解。

有幾點我認為很值得注意，就是我剛才說的，他們初去的時候是非常辛苦，當時金礦開發了之後，他們的經濟很快地發展了，從十九世紀五十年代起到二十世紀初，幾十年來，澳大利亞經濟發展非常之快，而且也吸引了很多的歐洲白種人遷移到澳大利亞去。在那段時期，所有的華人、土著、外地來的亞洲人或者太平洋遷來的，都在漸漸地減少人數，而白種人增加得越來越快，經濟就越發達。對這一點，他們是非常自豪的。他們認為，把西方的文化移植到澳大利亞去，是移植得非常成功的。但是，對我們亞洲的一般人來說，這段歷史有相當悲苦的一面。

第二點值得注意的就是，從開始起，澳大利亞社會經濟，國家的成立，他們法制制度的成立，完全是靠英國政府給他們建立起來的。所以，這段歷史中有一點很有趣的，是澳大利亞白種人從頭起就非常依靠英國政府，依靠到什麼程度呢？就是依靠大英帝國在全世界的帝國勢力能夠保護澳大利亞，用英國的海軍力量、軍隊保護澳大利亞。他們在英國的保護之下，自己發展他們的經濟，發展他們的社會，所以這點是很值得注意的，我回頭會再提到依靠性和依賴性的發展，一直到現在為止，澳大利亞還有各種依賴性。

第三點值得注意的，是英國移民到澳大利亞去的人，對英國並沒有什麼好感。雖然他們依靠英政府，依靠英國文化制度、法律與政治制度，但是，同時對英國的階級社會非常反感。你也可以想像到的，即最初送去的是一些囚犯，在英國犯法的，但是，不一定每個人都是什麼大罪犯，有些不過是小偷，或者是欠債的，也被放逐到澳大利亞。所以，很多人可以說是下等階級的人被送到澳大利亞去，他們對英國高級社會非常反感。另外，還有一些政治犯，後來的政治犯也被送到澳大利亞去。因此，澳犬利亞的文化與建國裏面又有一些很特殊的矛盾，就是一方面依賴英國，一方面對英的階級制度非常反感。因此，在澳大利亞，許許多多下層階級的人，很想在澳大利亞建立一種新的

社會，這是他們希望的，當然是辦不到的，要能建立一個沒有階級的社會，當然是夢想，是烏托邦式的想法，做不到。但他們的理想仍是要減少這種階級上的區別。這段歷史，倒是相當有趣的。他們雖然對非白種民族歧視得很，都把他們撇開或趕走，對土著待遇也很壞，但在自己白種人之間，就有可以說相當進步的社會觀念，就是想減少階級區分，尤其反對英國的封建主義。英國的封建主義是很深的，而且英國的封建主義可以說在世界的階級歷史裏頭，相當能夠保持勢力，保持地位，有人說到現在為止，英國還保持相當的封建社會。所以可以想像到，放逐到澳大利亞的英國囚犯與後來去的移民，即被送到澳大利亞去的下層社會人，對英國的封建社會是如何反感的了。同時，他們的工會也變成澳大利亞社會裏的一個主要成份。到現在為止，澳大利亞的工會在世界上對比來說，是勢力最大的。這段歷史是從十九世紀起，他們是由於對英國封建社會反感而建立起來的。

　　上面講的三點我覺得相當有趣，對我們瞭解澳大利亞社會很有用。我初次去的時候，書面上看到許多澳大利亞歷史學家說起澳大利亞早期的進步性質，對我也很有啟發。我去了之後，感到澳大利亞社會現在已經大不相同了。十九世紀的那些新法律，工黨的活動，工會的發展，在當時來看，實在是進步的，全世界可能都沒有像澳大利亞那樣進步的工會和工黨。到了二十世紀，這幾十年來，工黨仍然保存著相當的勢力，可是澳大利亞基本上變成了一個相當保守的社會。我對這個社會感到相當有興趣。為什麼一個進步的社會變成一個保守的社會？從歷史的觀點來看，是很有意義的一段故事。所以我就從頭看他們的歷史著作，同時，也可以看到他們的歷史學家之間也有不同的觀點。

　　澳大利亞成為一個國家，是經歷過一個相當重要的階段：就是本來的那幾個殖民地，第一個就是現在的新南威爾士州，還有塔斯馬尼亞州後來就是南澳、西澳，最後又是昆士蘭，又加上維多利亞，（維多利亞就是原來的新金山）一共編了六個州。這六個州，每個州都是一個個別的殖民地，直接與英國政府交涉，直接跟英國政府來往，並沒有一個統一的政府。但是，因為澳大利亞離開歐洲那麼遠，後來在十九世紀末年的時期，許多歐洲的國家也漸漸有他們的殖民地政策了，有法國、德國、俄國的官員到亞洲來，到太平洋去找一些新殖民地。德國就在太平洋殖民了好幾個地方，和英、法、俄的海軍也在太平洋打過好幾次仗。因此，澳大利亞的這六個州的州政府感到非常

不安全，他們決定六個州為了安全的關係，要統一起來。因此，就開始討論如何建立一個新的聯邦。討論了好幾年之後，大家決定成立澳大利亞聯邦（1900 年才成立的）。也可以說，澳大利亞在 1900 年以前並不存在，澳大利亞這個國家是 1900 年以後才有的，以前那段歷史，說是澳大利亞的，其實它是六個州的歷史。在 1900 年以後，才能真正說是澳大利亞成立了一個新的國家，新的聯邦，自己有了一個統一的政府，有它自己的歷史了。

這個是最後一段。之後呢？聯邦就漸漸建立了相當穩固的政府，同時特別注意國防方面，在國防方面，澳大利亞從頭起，還是依賴大英帝國海軍的保護，這一點我還要多講。因為到了三十年代的時候，日本帝國主義開始在太平洋各方面擴張他們的勢力。因此，到第二次世界大戰的時候，日海軍和空軍掉頭到澳大利亞來了，使得澳太利亞聯邦政府，非常擔心在二次大戰中日本軍隊會佔領澳大利亞大陸。那個時候，英國已不能依賴了，他們在歐洲被德國打得不能派軍隊到澳大利亞去保護澳大利亞。因為如此，當時的澳大利亞政府不得不找美國來保護他們，因此，依賴性就從英國轉到美國去了，要求美國海軍來保護澳大利亞。這件事情大家都知道。如果沒有美國海軍，在二次大戰中澳大利亞可能就被日本佔領了，因為它自己沒辦法保護澳大利亞這片大陸。日本海軍勢力那個時候很大。1942 年的時候，日本打到珊瑚海的邊緣，完全是算美國海軍挽救了危險的局面。因此，從那時起，澳大利亞國際關係中心從西歐轉移到美國西部，由美國海軍保護澳大利亞，這是二次大戰的結果。我剛才講到依賴性，我最後還要談一點，就是五十年代的時候，澳大利亞經濟是大大發展的。大發展的原因，主要是澳大利亞豐富的礦產。十九世紀不過是掘金而已，到二十世紀中葉，澳大利亞各種礦產，都得到了世界市場的幫忙，使得澳大利亞經濟很快就發展了，不僅是鐵、煤礦，還有金、銀、鉛、鎳、鋁、鈾、銅、錫等多種礦產，這些都是日本經濟發展需要的。日本依靠澳大利亞的礦產使得經濟發展那麼快。因此，在這個時期，五、六十年代以後，澳大利亞的經濟就漸漸的依賴日本的經濟了。這三段歷史很值得注意的。首先，政治上依賴英國，其次，國防方面依賴美國，到最後經濟方面依賴日本。

我現在已經差不多講到現狀了。現狀這個題目是相當大的，不知道如何講起，不過，我想從歷史的材料裏頭，找幾個線索來稍微介紹一不。我剛才提到澳大利亞歷史，澳大利亞的歷史學家對他們的歷史有相當的研究，寫了

好幾十本書，都很值得看，如果真的要瞭解澳大利亞的社會的話，就不得不看他們的歷史書籍，這是我個人的看法，要瞭解哪個社會也好，一定要先把它們的歷史跟他們本地人的歷史觀瞭解清楚，才能瞭解這個國家的性質。澳大利亞也不例外，所以，我看澳大利亞歷史的時候就注意到這一點。他們的歷史觀到底如何？在我看來，他們有幾個焦點，這幾個焦點，我很簡單地說一下就成了。我希望能夠從這觀點，使得你們對澳大利亞歷史稍感興趣，詳細的則由你們自己去看吧。介紹一下他們所分析出來的歷史觀，主要的幾個焦點在什麼地方，我覺得是很有意思的。

　　第一個，他們承認的就是澳大利亞歷史裏頭如何依賴英國，不僅依賴，而且各方面靠英國援助，不管是文化方面，經濟方面，科技方面，還是工業發展方面，農業發展方面，都是靠英國建立起來的，使他們自己能在新澳大利亞大陸上建立他們的經濟，這是第一點。他們自己承認，而且他們自己還詳細地分析了如何為發展這個強大的依賴性，使得整個澳大利亞人民對自己並沒有什麼自信心。他們有這麼一種分析，非常有意思。

　　第二點，對西方文明如何移植到澳大利亞大陸去，如何適應當地的環境，這也很有意思。這一段我不詳細講了，你們可以想像，西歐的大陸環境與澳大利亞大陸環境是完全兩樣的，如何能夠適應，這也表達了他們的適應本領，能夠改變許多西方文化裏頭的特點，把它們改變得能夠適應新的環境。這種改變，他們分析的也是相當的坦白。最後的結論就是說，澳洲的文化跟歐洲後來的文化有很多地方完全變得兩樣了。

　　第三點，我剛才說的，就是他們反對英國封建主義階級制度的統治。到現在為止，澳大利亞一般的來說，都對英國的階級社會很不滿意，不要澳大利亞從那方面學習英國的社會發展。

　　第四點，就是工黨問題，工黨跟澳大利亞工會的發展是分不開的。為什麼工黨變成了歷史研究的重點之一呢？就是因為他們從頭起就認為進步要靠工黨，不然的話，澳大利亞就會像英國那樣變成保守社會，封建勢力會在澳大利亞重建它們的勢力。為了要保護澳大利亞社會，避免這種封建的發展，就要依靠工黨的力量，依靠工會和工黨的力量才能建立澳大利亞本國的特色，這是第四點。

　　第五點，如何建立一個新國家主義的觀念，這是比較困難的。因為澳大利亞雖然對英國有各種各樣的反感，同時呢，我剛才說的，也依賴英國，養

成一種習慣，好的文化發展還是朝著英國那邊學習，不僅是教育方面，大學教育也好，中學教育也好，文化、藝術、美術各方面，很多地方根本擺脫不了英國的影響，所以，從那方面來講，他們也覺得不滿意，固然他們是依靠英國依靠慣了，同時認為他們是一個新興國家，應該有他們自己的國家主義、國家觀念。所以這幾十年來，澳大利亞的歷史學家希望利用澳洲的歷史來建立一種新的國家主義的觀念，使得年輕的澳大利亞人，從今後起不再依賴英國，全靠自己能進一步發展新的澳大利亞國家主義。這是他們的希望，但是自己能否做到，還不知道。

最後一個焦點值得談一談，不過或許還早一些，就是澳大利亞歷史學家這幾十年年來，談到澳大莉亞歷史的時候，都以男性生活模樣當作澳大利亞社會的標準，完全忽視了婦女的貢獻。這個問題現在澳大利亞歷史學家自己也發覺，就是在他們歷史著作裏頭，根本沒有談到婦女的貢獻，大家現在感覺到這是一個很大的缺陷。到底澳大利亞從建國起是否完全依靠男性呢？女性有沒有什麼貢獻呢？這個問題澳大利亞最近還在爭論。因為還沒有什麼結論，所以，我暫時也不多談。

我提出幾個歷史爭論的題目，主要是說明澳大利亞歷史與現狀有什麼關係，因為澳大利亞經過了一百年的白澳政策，使得澳大利亞社會基本上是白人的社會，白人在澳大利亞中占95%以上，差不多是純粹的白人社會。但是，這二、三十年來，亞洲各國的政治發展以及最近這一、二十年的經濟發展，使得澳大利亞不得不重視他們的鄰國可能影響到他們未來的政治和經濟上的發展。因為注意到這一點，這幾十年來，尤其這二、三十年來，澳大利亞政府對亞洲人，亞洲文化，亞洲國家連太平洋國家在內，漸漸改變了觀點，這並不是他們自願的，而是因為國際環境改變，逼得他們不得不重新估計澳大利亞的未來，在亞太區裏扮什麼角色；逼得他們不得不重溫自己的歷史，考慮以前的一段歷史跟將來的發展，應該有何幫助，有何聯繫。所以，到六十年代的時候，他們開始改變他們的移民政策，開始接收了不少的亞太移民。這二、三十年來，已經比較明顯地被澳大利亞社會漸漸地改變為多元化的社會，並不是純粹的白人社會了。最近這兩三年來，我們都在注意移民政策改到了什麼程度。這兩三年來，亞洲移民到澳大利亞的人數每年已經增加到15～25%之間了，還跟三十年前大不相同。三十年前有一個時期簡直一個人都沒有，但是這二、三十年來，從1%、2%、3%，一直漸漸地增加到15～25%之間。

可見，這個變化相當大，裏頭因素很多，剛才說的，東南亞國家、新興國家跟澳大利的關係，新加坡、馬來西亞連香港在內移民到澳典利亞的漸漸多了。起初是到澳大利亞去念書的，而後念書的留下來了，後來帶親屬過去，再後來漸漸的找些亞太移民到那邊去工作，漸漸地使這個政策完全改變了，從一個差不多完企純粹的白人社會漸漸的改成一個多元民族的社會，這是澳大利亞歷史上一個大關鍵。到現在為止，澳大利亞一般的白種人還不能完全瞭解這個大的改變會如何影響到將來他們的歷史。可是，你也可以想到他們這些歷史學家花了幾十年在分析他們的歷史的時候，現在看到這個大改變、大變化，不得不重新考慮他們的歷史觀點。所以，我覺得這是澳大利亞現狀中最有意思的一個轉變。

當然，澳大利亞現狀不限於這方面，澳大利亞在政治上還是不斷向前發展的，他們經濟上有許多困難，但基本上他們的經濟基礎是很穩固的。經濟發展雖然受到一些打擊，可是，基本上是沒有多大問題，政治、經濟等仍舊是保持一種相當有信心的態度。但是，澳大利亞將來的文化，多元的文化影響白人文化的這一段歷史，可就不簡單了。他們正在研究這個問題。而且亞太去的移民，尤其是華人（因為華人去的比其他人要多一些），最近這幾十年去的華人也很重視澳洲的歷史，也要瞭解他們新移民將來給澳大利亞的貢獻如何，而且會怎樣影響到澳大利亞的社會。這些可以說是澳大利亞現在的文化問題中主要的一部分。

最後，我想加這麼一句，澳大利亞與中國的關係有很多奧妙的地方。最初呢，十九世紀排華的那個時代，跟中國毫無關係，也可以說，十九世紀中葉，就是十九世紀五十年代、六十年代的時候，中國開始變成一個比較弱的國家，因此，大英帝國的政策也影響了澳大利亞的態度，他們之所以能夠排華主要就是因為中國的國家很弱，所以才敢排華，這是大家都很清楚的。當時的華人也認得很清楚，澳大利亞自己人也認得很清楚，他們的歷史也講得很清楚。所以到現在來說，中國大陸恢復了統一的狀況，自己能夠保證中國的統一，中國漸漸的在發展，中國在政治上、國際上地位漸漸增高，這是會直接影響到全世界各國，澳洲當然不會例外。所以，這點我們可以想像到，中國與澳洲的關係，原來簡直是沒有的，到二十世紀初的時候，有些澳大利亞人跟著英帝國勢力、經濟勢力到中國來活動的也有，也有幾個在中國做點事的，也有來傳教的，也有來辦教育的，辦報紙的，當新聞記者的。不過，政

府與政府之間，關係還是淺薄的。其實，在第二次世界大戰以前，澳大利亞與中國根本就沒有什麼外交關係。所以最重要的一個改變，還是中澳建交，就是中華人民共和國與澳大利亞於 1972 年底的建交，這是中澳關係新的一個時代。1972 年以前的中、澳關係極有限，只限於貿易上的一些關係，有些工會的代表團，進步的，同情中國革命的到中國來參加中國的活動。這些是少數，極少數，回到澳大利亞去，他們的影響也不大。所以，在 1972 年年以前的那段歷史可以說中、澳關係淺薄到沒有多大意思。1972 年以後，才不過是十三、四年的事情。中澳關係則變得非常之快，進步得非常之快。連澳大利亞人也想不到中澳關係會變得那麼好，恐怕我們中國方面的一般人，也沒想到中澳關係會進步得那麼快。但是，我們既然進步得那麼快，我覺得我們值得稍微瞭解這個問題，進步的主要原因在什麼地方。

我用幾句很簡短的話，當我這個報告的結論吧。就是最初我說的中、澳關係是靠一些貿易關係，做一些買賣而已，建交以後政治上、外交上的關係就變得非常重要了。中國在國際上的角色改變了，澳大利亞對中國在國際上的活動也採取了新的看法，能夠接受中國是對世界和平有貢獻的國家的觀點。他們自己也承認，以前他們自己的消極的態度是錯誤的。另外一點呢？澳大利亞自己感覺到對中國的瞭解很不夠，因此就大量派學生到中國來讀中文，學中國文史課程，回去教中文，回去使澳大利亞對中國的瞭解加強。這方面，我覺得對澳大利亞文化來說是一件大事，主要是因為澳大利亞承認變化的差別是很重要的。文化的差別可以影響到政治關係，影響到經濟跟貿易關係。文化的差別是不能長久下去的，中澳關係要真正能建立好的話，一定要在文化上下工夫，這點工作他們已經開始做了，這點我覺得他們是一種敏感和聰明的做法。他們現在承認，政治關係還是一方面的，文化方面關係不過也是一方面的，最主要的，而且長久來說，對中澳關係幫助最大的，還是將來的經濟關係。這種經濟關係，他們一定要採取某種策略，來跟中國最近現代化經濟發展能夠結合起來，使得兩國能夠合作，自己能夠同時發展，他們認為這是最理想的。可能中國方面也會那麼想，不過中國國家那麼大，澳大利亞國家是很小的，影響到中國經濟還是極有限的，所以，中國方面可能不會那麼重視中澳關係。但是我可以說，從澳大利亞的觀點來說，中澳關係對澳大利亞將來的經濟發展是一個非常重要的、很關鍵的因素，所以，從中澳關係來談，兩國互相理解的態度要鼓勵。從澳大利亞的觀點來看，一定要下決心

　　瞭解這個國家的歷史又大又長，而從中國的觀點來講，也要對澳大利亞的歷史與現狀多認識一點，尤其是能夠把澳大利亞本地人的歷史觀要領會得到。

馬來西亞和本地區歷史上的
移居模式[註1]

林金枝譯　謐谷校

今天，每當我們談到人口的遷移，都是指一種全球性的現象。人口遷移的類型是如此之多，以至於在過去的二十多年期間，有關研究文獻的數量增加得非常之快。由於移居現象發生在世界各地，因此它現在是必須由地理學家、人口統計學家、社會學家、人類學家、經濟學家和政治學家們都來共同探討的複雜的研究課題。這些學者現在都提出一些概論，甚至是中心理論，以便闡明這一現象。但他們的這種努力存在著種種的困難，由於各國、各地區的條件迥然不同，因而對任何一個國家或地區的具體研究往往都表明，所有那些概論是何等的平庸和過於簡單化，特別是在現階段就忙於提出有關移民問題中心理論或其他理論，是完全徒勞無益的。

然而，重要的是，我們必須記住，移民活動是開始於人類初始階段的一種普遍活動，而且隨著交通的便利及其費用的便宜，移民活動更加普遍了。當然，我們必須仔細區分單純的人口流動和人口移居。顯然，我們所關心的不是旅遊或一切為了特定目的的短期旅行。在這裡，存在著一個如何給移居下定義的問題。關於什麼算是移居而什麼不算的問題。至今仍眾說紛紜，莫衷一是[註2]。我不打算在此參加有關定義的爭論。很顯然，與候鳥每年的南

〔註1〕此文刊發在《南洋資料譯叢》1988年9月（第三期）第80～92頁。文章譯自《皇家亞洲學會馬來西亞分會雜誌》第58卷第1期，1985年。

〔註2〕這方面的文獻很多。三本有參考價值的著作分別是，威廉·H·麥克尼爾和恩·S·亞當斯編《人類移居、模式與政策》，印第安納大學出版社，布盧明頓和倫敦，1978年（第四部分第241～426頁中的8篇論文），威廉·彼得遜，《移

飛和北返不同，那些遷往外國的人往往都決心定居下來了。按一般的慣用法，「移居」一詞有兩種含義：「為了到別處定居而離開某地」和「離開某地到別處去尋找工作」。但是，「移居」這一專門用語則包含了上述兩種含義，並且承認了在大多數人類移居活動中確實包含有兩種截然不同的行動：首先是從某地遷往另一地，其次是決定永久定居下來而不重返故土。移居活動本身通常是一種未完成和未確定的行動。我認為用馬來語 Merantau（出外謀生）或 Pergimerantau（去）有別於 Berpindah（遷移），可以比較清楚地表達這個意思。就我今晚演講的意圖而言，同時也為了使我的演講更加切合本地區的實際，我擬以「出外謀生」來代替「移居」（tomigrate）一詞（因為這才更加準確），並以「出外謀生」這一概念作為我的出發點。讓我引用以下一段有關「出外謀生」的論述來作為我今晚演講正題的開頭語。「『出外去謀生』這個詞的意思是暫時地或永久地離開父母、親戚和家鄉，一部分民南加堡居民的活動已同整個民南加堡的歷史進程血肉相連了。謀生地就是人們去尋找各種科學知識、技能和經驗的地方，其成就將能增進自己的親戚和家鄉的安寧與幸福……」。〔註3〕

上述引語涉及蘇門答臘西部的民南加堡人，移居對他們來說是一種慣常的活動，其移居活動的規模比其他地方的大多數人都要大。但「出外謀生」一詞不僅是描述他們的活動，而且也被馬來社會的其他成員（特別是在東南亞群島）所廣泛使用。「出外去謀生」意即暫時、長期甚至永久地離家庭、親戚、家鄉或祖國。「異地」（rantau）是指外地或外國，是人們去努力，以便尋求知識和技能並取得經驗的地方，而人們在那裡所取得的成就將會大大地增進其本人、親戚、家鄉或祖國的安全與幸福。

「出外謀生」的概念意味著離開家庭可能是必要的、有益的，甚至是有利的。而且，它並不意味著存在任何強制其必須回家的因素。這就是這個詞能最恰當地表明我所認為的移居出發點的原因。「出外謀生」一詞並不包含人們在兩地之間的流動的一切概念。例如，它不包括諸如在侵略者征服某地之

居》，載於《國際社會科學百科全書》，麥克米倫與自由出版社，1968 年 10 月，第 286～292 頁，羅賓·J·普賴爾編《從人口統計的角度來看東南亞的移民及其經濟發展》，牛津大學出版社，吉隆坡，1979 年（導言由羅賓·J·普賴爾撰寫，第 3～15 頁）。

〔註3〕 M·D·曼蘇爾等編，《民南加堡史》勿拉打拉（Bhratara），雅加達，1970 年 3 月。

後或通過買賣把人當作奴隸運往外地的奴役概念（奴隸遷居），或那種不得已而被趕出家園的避難概念（避難遷居）等這樣一些強制性遷移；但是，它的確包含了人們遷移意願的所有各個細微方面，決定何時移居何地，甚至包括某人或某一團體想要移居的一系列可能原因。

現在，我將把話題轉入歷史，即歷史上的移居問題。我無需提醒大家移居問題在多大程度上已成為東南亞近代史的一個主題，有關這方面的例證，在東南亞地區比比皆是。也許其中的絕大部分就可在馬來西亞本國找到。對馬來西亞來說，在五十年代以前和五十年代之後，移居活動存在著明顯的不同。在五十年代以前，人們的全部移居活動都是從國外遷入馬來半島和東馬各州的。在五十年代之後，移居活動就完全變為國內遷移，即幾乎全部是農業人口向城鎮的遷移。但有趣的是，移居或出外謀生的活動，仍然是社會與經濟變化的重要特徵。後一種移居（即國內遷移）的政治意義也許與早期的國外移入迥然不同，但是它對於社會與經濟發展的重要性卻毫不亞於，也並不那麼不同於前者。實際上，應該提出的是，這兩種移居在很多方面都是互相關聯的。而且，這兩種移居所產生的社會與經濟問題之間的關聯也許比它們在範圍與方向方面的差異更為重要。〔註4〕

然而，近代的移居活動卻有一個久遠且更有趣的背景。現在，人們往往忘了移居（有些人不喜歡這個詞，而說是史前漫遊或人口遷移），是本地區自古以來就經常發生的現象。事實上，早期的東南亞史教科書甚至還指出，這一地區的每一個人都來自別的地方。這樣來敘述馬來亞古代史倒是特別正確的。這些書一般都認為，古代的人們從遙遠的地方，帶著他們的文化來到新的居住地。這些教科書推測，原始馬來人，次馬來人和其他稱為印度尼西亞人或奧斯特洛尼西亞人（Austronesians）或馬來—波利尼西亞人，都來自現在屬於中國西南部地區的某些地方〔註5〕。然而，這些教科書還進一步推測，人

〔註4〕如果我們瞭解到自古以來有很多移居活動的方向都是移向城市中心，那麼國內移居和國外移入之間的區別就顯得無足輕重。見曼古特·S·西杜和加文·W·瓊斯，《馬來西亞半島多元社會的人口動態》，UMCB 出版社，吉隆坡，1981 年第一章，第 1～38 頁，又見羅賓·J·普賴爾，《馬來西亞，1970 年以前的人口流動模式》一文，載於普賴爾編《移居與發展》，第 79～97 頁。
〔註5〕例如，理查德·O·溫斯泰德著《馬來亞史》（修訂增補版），馬里肯出版社，新加坡，1962 年，第一章第 11～28 頁和 G·科德斯：《東南亞的形成》（H·M·賴特澤），勞特萊奇與基根·保羅出版社，倫敦，1966 年（法文原著出版社於 1962 年），第 10～33 頁。

們不僅僅是來到這裡，他們還繼續遷移下去。還有許多著作論述了馬來一波利尼西亞人是如何繼續遷移的——他們向西南遷至西南太平洋，其中有些人還再向西南越過太平洋，一直來到馬達加斯加。歷史學家把最後這一壯舉稱為「史前的遠航文明」，並認為在至少一千年的漫長時期內發生了很多次的移居活動，其間，東南亞與非洲之間一直保持著持續不斷的交往。〔註6〕

　　近年來，歷史學家們一直低估了古代人口移居的規模。例如，人們過去都相信馬來半島的居民是中國南部多次移居「浪潮」所帶來的，而且每次移居都一浪高於一浪……。然而，現在則認為這樣一種看法更符合實際，即人們是在很長的時期內緩慢地移入馬來半島的，同時，這樣移民還在各島嶼之間和沿著海岸與河流持續地來回流動。〔註7〕後期的印度移民就是這樣。最近的研究斷言，那些來到馬來群島的印度移民，不大可能是地位低下的平民、商人，也不可能是逃避印度朝廷爭鬥中的武士、貴族，而較可能是一些婆羅門教的僧侶、術士和行政官員。他們的遷入，使當地野心勃勃的統治者獲得了聲譽、權力和組織能力。「印度人並沒有大規模地移居馬來群島，也沒有在那裡建立任何軍事與經濟的殖民地」。〔註8〕

　　這種新觀點是最近有關歷史著作所出現的有趣的重心轉移的產物。我們發現當前的有關著作與早期著作對那種流動性很大的外來移民遷入的描述相反，已基本上否定了那樣的描述。取而代之的是有關本地區內部人口遷移的描述。最明顯的是，現在的著作仍然認為，在馬來地區，普遍存在著人口在鄉村之間以及日益從鄉村向城市集中的遷移。不過，這種過程是漸進且平穩的，它不是移居浪潮推動的結果，而是在地方「大人物」（Orang besar）領導下以新城市中心為基地的新興政治組織之間日益複雜的關係所導致的結果。這些「大人物」的權利和影響取決於他們聚集人力的能力。〔註9〕這就是說，

〔註6〕基恩‧泰勒《古代馬來亞——波利尼西亞神話中的馬達加斯加》，載於肯尼思‧R‧雷爾和J‧K‧威特莫爾合編：《東南亞古代史探對：東南亞人各國才能的由來》，密執安南亞與東南亞論文集，第11期，1976年，第25～52頁。

〔註7〕巴巴拉‧沃森‧安載雅和倫納德‧Y‧安載雅合編，《馬來西亞史》，麥克米倫出版公司，倫敦，1982年9月，第9頁。

〔註8〕I‧C‧格洛弗《印度尼西亞史前時期的後期》，載R‧B‧史密斯和W‧沃查合編，《古代的南亞：考古學、歷史學和歷史地理學論文集》，牛津大學出版社，1979年，第168頁。

〔註9〕在最近的學術論文中，有很多關於這些「大人物」或「要人」的參考資料。其中的一個很好例子就是倫納德‧Y安載雅《十七世紀的柔佛權力結構》，載

在一定的時期內，當他們能吸引較多的人移居其勢力中心時，他們的權勢便增大；而當人們移出其勢力中心時，他們的權勢則削弱。在這個意義上說，這種移居活動和以往任何時候都同樣重要。它們之所以重要，是由於在那些渴望統治著較多和較大城市中心的土侯周圍聚集著大量的人口。因此，在本地區內部足夠大量的人口流動就具有相當大的政治影響。而那些有可能協助地方「大人物」管理其政治組織的為數較少的外商、傳教士甚至是學者的重要性，看來就要比過去所想像的小得多了。

　　總而言之，這就是歷史上人們出外謀生的背景。在一般土侯和有野心的土侯之間持續不斷的競爭中，以及在那些要求成為其本地區「大人物」的過多競爭者當中，只有那些取於冒險去四處活動並且企圖霸佔新地盤的人才有充分的機會獲勝。「謀生地」就是人們去尋找各種科學知識和技能，並取得經驗的地方。的確，移居問題必然使人們對於二十年來最令人感興趣的研究領域有所認識。我指的是諸如東南亞國家的出現，東南亞國家制度的性質以及為什麼一些國家會發展成為大帝國而另一些國家則逐漸消亡等這樣一些引人注目的新課題研究。

　　現在，已有充分證據表明，由於本地區的家屬關係不是嚴格的父系關係，而且把父母雙方的家庭同樣視為家屬，因而直系血統並不是早期「大人物」或這一地區賴以建立早期國家的組織原則。〔註10〕相反，每個「大人物」必須通過其在作戰與生財方面的成就及其慷慨地讓人分享其財富的肚量來證明他是值得支持的。有抱負的年青人都樂於出外謀求名譽與財富，即加入這些「大人物」的行列並到他們已建成其政治基地的城市中心去工作。有一個問題更加使我感興趣，即究竟出外謀生活動是由於國家是通過對人力的控制這種方式來建成，而成為一種積極的傳統呢？還是這一傳統比國家更為古老，因而在一定程度上決定了這些早期國家如此地依賴於流動的人力呢？由於移

　　　　於《東南亞殖民前的國家制度》，皇家亞洲學會馬來西亞分會專題論文集，第6期，1975年，第1～11頁。有關東南亞大陸的資料，見艾金‧拉比布哈達納：《曼早期（1782～1783年）的泰族社會組織》，康奈爾大大學東南亞計劃資料論文，第74期，1969年，第77～96頁。關於較廣義的保護人——受保護人關係，見詹姆斯‧C‧斯科特：《東南亞農村保護人——受保護人關係的削弱和社會變化》，載《亞洲研究雜誌》第32卷第1期，1972年，第12～17頁。
〔註10〕O‧W‧沃爾特斯：《東南亞的歷史、文化與地區考察》，東南亞研究所，新加坡，1982年第4～9頁。請注意，該文作者喜歡以「傑出人物」一詞來代替「大人物」。

居是本地區的大多數人，尤其是馬來群島大多數人的顯著特點，我傾向於相信後面這種情況。這就是說，出外謀生活動深深植根於這一地區的文化中，而且比國家的形成更早發生。因此，當那些「大人物」開始尋求以控制制度的形式來穩定其權力並使之永久化時，他們就會發現在其文化中的移民傳統是必須予以重視的。他們可以通過把青年人吸引到他們這一邊來，以增強其對權力的要求這樣的做法，來利用這種傳統。但是，他們也必須確保其他「大人物」不會將其支持者拉走，從而不至於使該傳統變得不利於他們。由此可見，移居傳統同時也是不穩定的根源。這種傳統所鼓勵的自由流動究竟是否值得，必須用它所付出的政經分離的這種代價來進行權衡，而在許多世紀之內，這一地區都將免不了要發生政經分離的。〔註11〕

　　這個問題使我現在又把話題轉到本講稿的題目。「歷史上的移居模式」中的「模式」一詞，雖然移居活動所起的確切作用仍有待進一步闡明，但它在這一地區歷史上的重要性是勿庸置疑的。在本地區內部的「出外謀生」仍需要進行仔細的研究。〔註12〕在馬來亞地區與東南亞大陸的出外謀生活動之間可能存在著顯著的差別。而且，有關這一傳統在早期是否比在晚期更為顯著，以及它究竟有助於國家的形成還是阻礙了國家在這一地區內的形成的問題，我們都還不清楚。我們所知道的是，二十年來，人們對有關在古代進行移居的是誰、何時移居、移至何處以及為何要移居等問題，已有了新的解釋。總之，有關第一批國家如何在本地區形成的問題是需要進行全面考慮的。現在，這已成為人們爭論的主題。〔註13〕由此又產生了諸如「印度化」上座部佛教

〔註11〕沃爾特斯在其上引書（1982年）第16～33頁中警告人們不要作出如下斷言，沒有常設中心的地區組織是「不穩定的政治組織」。我已在《十三世紀至十八世紀的東南亞：政治分裂與文化變遷的一些看法》一文中論及「分裂」問題。該文載於《紀念馬來亞大學歷史系成立二十五週年歷史論文集》，馬來西亞歷史學會，吉隆坡，1984年，第1～12頁。

〔註12〕出外謀生的移居活動並不包羅一切類型的人口流動。它也不僅僅是民南加堡人離家尋求名聲和財富的傳統。但是，目前仍然缺乏有關本地區的不同地方在不同歷史時期有哪些類型的移居活動的詳細研究。因此，當前有關移居模式討論基本上還是純推測性的。

〔註13〕引起最近一些爭論的主要著作是G·科岱司：《遠東印度化國家古代史》，河內，1914年，第三版譯為《東南亞的印度化國家》（S·B·考因譯），馬來亞大學出版社，吉隆坡，1968年。最新一些有價值的研究，有安東尼·里德和蘭斯·卡斯爾斯合編，《東南亞殖民前的國家制度（見註9），克利福特·吉爾茨《內加拉：十九世紀巴釐的戲劇之鄉》，普林斯頓大學出版社，1980年，

的傳入以及伊斯蘭教作為東南亞一種政治勢力的到達等重大的歷史問題。這些問題與移居活動有多大的關係呢？要是說有關係（我相信它們全都與此有關），那麼究竟哪一類移居活動與它們有關呢？

在討論「模式」時，我的話題似乎已離開了「出外謀生」的概念。因為，我基本上都是在描述本地區內部的人口遷移活動。我現在要指出的是，其他民族也具有類似於出外謀生的傳統。一些明顯的例子有：好冒險的北歐海盜、四處流浪的猶太人、腓尼基商人殖民者和希臘商人殖民者。在亞洲有印度、波斯和阿拉伯商人，他們稱雄於印度洋並渡洋到東方大陸，甚至還經常來到中國。當然，後來還有來自中國的商人。他們的移居，可以看成是另一種不同的模式，即區域間或國際性移居活動。而且，在區域內和區域間的移居模式方面，每一地區或某一地區的每個部分都有著移出與移入這樣的不同模式，有時稱為外部移居和內部移居。〔註 14〕此外，還有種族移居模式，這種模式基於種族認同的強烈意識或在較小的程度上，以宗親關係網為基礎。此外，還有民眾移居與權貴移居，這樣的重要模式，在這些模式的例子中，個別移居活動往往還伴隨有一連串移居活動，而且最終又導致出現了永久性（相對於暫時性）定居的模式。〔註 15〕還有其他的模式，我們可以稱之為季節性移居模式，循環性和週期模式。還有旅居模式（即像中國人那樣的臨時居民模式），這與我們本地區出外謀生活動的基本模式非常相似。〔註 16〕我在翻閱有關民南加堡移居活動的史料時，驚喜地發現一種稱為「中國式出外謀生」模式。這種模式表面上是指一個核心家族的居住，但卻可能涉及一個以上的核

沃爾特斯，《歷史、文化和地區》，以及保羅・惠特利《國家和騎士圍轄區：東南亞城市傳統的來歷》，《芝加哥大學地理系論文集》第 207～208 期，1983 年。

〔註 14〕可進一步區分本地區內部和外來的移居活動以及現代國界以內和來自現代國界以外的移居活動。現在，國界線在東南亞有史以來首次成了區分內部和外來移居活動的界限。

〔註 15〕D・吉爾特爾與 D・厄澤爾合編的《移民研究的探討》，（載於《賴斯大學研究》，第 62 卷第 3 期，1976 年）和 S・戈爾茨坦與 A・戈爾茨坦合編的《概論：發展中國家移民問題研究的方法的評述》（東西方中心研究論文集第 71 期，1981 年 4 月）分析了好幾種的移居模式。

〔註 16〕有關旅居者的問題，（在這裡，「僑」字被解釋為「華僑」），見王賡武，《論「華僑」一詞起源》一文，載《社區與國家：東南亞華人論文集》，喬治艾倫與昂溫印刷公司，悉尼，1981 年，第 118～126 頁。然而，有關能顯示出旅居活動範圍的一系列有參考價值的移居模式，見詹妙斯・L・沃森：《移民與中國血統》（加利福尼亞大學出版社，伯克利；1975 年第 5～8 頁）。

心家族。〔註17〕這就是最近所發現的移居模式，它也許與本世紀期間華人移居模式的新發展有關係。我必須指出，早期的華人旅居者同那些離家尋求機會以改善境遇的民南加堡出外謀生極為相似。

　　現在，我試圖把學者們已發現的這些不同移居模式同一些重大問題聯繫起來。首先是有關「印度化」的問題。最近，學術界顯然都拋棄了大規模殖民化的觀點。但學術界還是分為兩派：一派認為在印度有關國家的觀念與制度影響東南亞的「大人物」之前就有很多印度商人來到這個地區了。另一派則認為，只有少數的婆羅門教徒到東南亞來指導當地的統治者建立一些印度式的國家。總之，兩派學者所指的都是權貴移居這一模式。許多商人和僧侶定居下來，可能是要為那些需要得到其幫助的當地統治者服務。當然，我們可以這樣認為，印度人的移居對開始「印度化」的進程並不是必不可少的。「印度化」可以由那些在訪問印度期間學到一些印度的宗教與政治思想的東南亞商人來進行。它也可以是傳播這些印度思想的結果，因為這些思想使那些已擁有強大勢力的各地「大人物」主動尋求印度商人和婆羅門教徒幫助他們加強對其分散的各個組織的控制。重要的是，這些觀念與制度的性質及其對當地統治者的適用性和價值。但是，移居活動可能也還是重要的。在來自印度的觀念和制度被吸引和應用於當地之後，本地區的內部移居活動便成了把印度促進因素的成果傳播到東南亞不同地區去的手段。〔註18〕

　　這些論點反映了學術界的一些最新動向，不過，這些論點還是存在問題的，既然一些當地的政治組織比另一些政治組織「印度化」，我們就很難堅持認為印度人的移入對這些「印度化」的政治組織的發展，不是很有必要的了。的確，要是人們能考察一下在東南亞大陸的柬埔寨與占婆和東南亞群島的爪哇與巴釐那種精緻的建築結構，當地各種碑文的語言並與偉大的印度史詩般的神話和宇宙觀滲透其中的深度來考察，就會明顯地看出，來自印度的移居活動的文化傳播過程中起了直接和最重要的作用的這個過程也許需要經過很

〔註17〕加藤剛毅《婚姻與移居住，演變中的印尼民南加堡傳統》，康奈爾大學出版社，1982 年，第 29～31 頁。

〔註18〕科德斯的《東南亞的形成》（第 50～56 頁）和《印度化國家》》（第 14～35 頁）概述了有關的各種論點，而最近的有關簡要評論，可參閱惠特利：《國家與騎士團轄區》（第 285～287 頁）。又見泰勒的上引書（見注 6），格洛弗的著作（見注 8），霍爾和惠特莫爾合編的《探討》一書，第 1～14 頁；以及沃爾特斯的《歷史、文化與地區》第 9～12 頁，第 16～28 頁。

長的時期，而且包含了各種不同的移居模式。例如，在文化傳播的早期階段，印度和東南亞兩地區之間的移民是重要的，因為兩地人們的雙向移居確保了有關君主統治、印度教與佛教、文字及其作用等有價值和重要的制度與觀念能得到傳播。但是，一旦這些主要思想被本地區的各個不同地方所吸收，那麼在本地區內的相互移居就變得更為重要了。因為這樣一來，地區內的移民（特別是在諸如柬埔寨與占婆和爪哇與巴釐等這樣一些地區的不同地方之間）就起著把那些已被當地所應用的印度觀念與制度鞏固下來的作用。通過人們的移居，統治者就可以瞭解到其他統治者是如何行事的。他們還可以學會如何控制人口的流動、鼓勵人們定居和建立一些與其他地方截然不同的本地優良傳統與制度。這樣，早期的移居模式便為一種不同的移居模式所取代了；一旦特定的需要得到滿足，地區內移民的重要性就會超過地區間的移民了。〔註19〕

　　此外，其他不同形式的移居也是重要的。那些基於持續的商事訪問或婆羅門教高僧傳教式訪問的遷移屬於權貴移居的模式。這類移民的人數較少，而實際上定居下來的數則更少。在本地區內這類移居的情況也是如此。另一方面，由不穩定政治制度的崩潰，國內戰爭，鄰邦「大人物」的征服，或殘暴的專制統治造成的內部移居也可能導致大規模的人口遷移，甚至是具有重大影響的種族移民。雖然「印度化」經歷了很長的時期，而且很有必要不間斷地實行，但發生的變化可能已改變了人們對其統治者的態度。在國家的繁榮與穩定取決於人口流動的情況下，集體遷移就可以成為國家自身合法性的因素。〔註20〕

　　當歷史上發生更多變化時，情況就變得更加有趣了。伊斯蘭教的來臨就是一個很好的例證。除了由東南亞土著文化基礎和「印度化」層次所編織成的東南亞新結構之外，國王、酋長和「大人物」們還面臨著另外一系列的挑戰。在這方面，用以說明移居作用的證據要明顯得多。這些新挑戰是由來自印度，波斯（即伊朗）和阿拉伯地區的穆斯林商人提出的。至少從十三世紀

〔註19〕惠特利，《國家與騎士團轄區》，第287～303頁。我還極大地受益於由沃爾特斯教授的新著《歷史，文化和地區》一書所引起的關於《九世紀至十四世紀的東南亞》專題討論會（1984年5月9日～12日在堪培拉澳洲國立大學舉行）上的討論。該會議的記錄彙編將由新加坡東南亞研究所出版。

〔註20〕科德斯和早一輩學者對於這種現象的論述具有豐富的想像力，而沃爾特斯和惠特利的新近著作則具有很高的學術價值。最近的另一部重要著作是理查德·A·奧康納：《東南亞本土城市化的理論》，新加坡東南亞研究所，1983年，第28～38頁，第46～49頁。在上面數頁中，我只是對移居模式的問題拋磚引玉，以引起大家注意近來被忽略的一些問題。

以來，這些西方移民（加上一些中國移民）把伊斯蘭教帶到了東南亞群島的各個地區。〔註21〕由於當地的印度佛教徒正處在衰亡狀態，因而他們對新信仰的傳播取得了成功。「印度化」的統治者曾把自己標榜為世界主宰的象徵，但是，無論是當地的傳統還是從印度引進的制度都無助於他們建立更加穩定的中央集權政體。許多統治者試圖通過興建一些豐碑式建築物來鞏固其作為世界主宰的權力，這裡僅舉兩個最著名的例子：如婆羅浮屠和吳哥窟。為此，他們便對其鄰國發動戰爭來奪取必要的人力，並利用這些豐碑來贏得人們的敬畏和尊重。但是，他們終究得不到政治上的穩定。沒有政治的穩定，他們也就無法保持經濟上的繁榮。更有甚者，他們往往還使其國民皈依宗教和從事農業生產。他們通過進行貿易來獲得那些建立豐碑和吸引與追隨所需要的財富。他們更多地求助於外國僑民來進行貿易，而這些人的技能和地區關係網則保證了這些統治者獲得財富來維持其統治權力。因此，來自西方和北方的最活躍的外僑商人便成了導致本地區那些分裂的不斷衰弱下去的國家發生變化的重要因素。〔註22〕在以後的三個世紀（即從十四世紀至十六世紀）期間，那些得到在其城市中心的穆斯林外僑的經濟支持的，雄心勃勃的「大人物」逐漸接受了這些外僑傳入其領地的較為平等與民主的政治原則。〔註23〕

在這裡，外來移民的作用是確定無疑的。但是，這種基於來自本地區之外的外來模式的移居活動，僅僅是歷史新篇章的開端。無論是本地人還是外僑在本地區由出外謀生活動都是同樣重要的。這就是說，來自西方和北方的穆斯林商人（包括其在本地的家屬）和好冒險的出外經商的本地人中那些皈依宗教者，都在傳播宗教信仰方面發揮了一定的作用。那些皈依宗教的亞齊人和蘇門答臘與馬來半島的馬來人便是明顯的例證。他們自己的

〔註21〕S‧Q‧法蒂崇的《伊斯蘭教傳入馬來西亞》（馬來西亞社會學研究所，新加坡，1963年）對此問題作了很好的概括。

〔註22〕關於長途貿易對於新政體與新制度的建立所產生的作用，見惠特利《國家和騎士團管轄區》，第263頁後面數頁，第287～290，297～303，321～329頁。有關外國人作用的新近論文，見梅‧埃比哈拉《十六、十七世紀的柬埔寨社會組織》，載於《東南亞研究雜誌》，第15卷第2期，1984年9月，第293～295頁。

〔註23〕A‧H.約翰遜，《東南亞伊斯蘭教問題的前景展望》，載於C‧D‧科恩和O‧W‧沃爾特斯合編的《東南亞史及其編史工作：D‧G‧E‧霍爾的論文》，康奈爾大學出版社，1976年，第304～320頁。

出外謀生活動可能一直決定了穆斯林信仰向馬六甲海峽以外地區，以及後來向群島的港口和沿海以外地區的傳播，特別是決定了他們在爪哇島所取得的顯著成就。〔註24〕

　　必須指出的是，外來移居活動是一種初始促進因素，而後來的本地人移居活動則鞏固了它所導致的變化。由於外來移民活動這一因素的確決定了新變化的方向和範圍，因此這一過程具有重要的歷史意義。來自西方的移居活動比來自北方的移居活動具有更大的影響，這一事實是這種移居模式的關鍵。這就是說，新宗教信仰對西部舊政治組織的影響比較大，而且要經歷了很長一個時期才能進一步影響到的東部島嶼。總之，伊斯蘭化經過馬來群島的路線與先前的「印度化」大致相同。甚至有關的一些移居模式也與此相似：本地區內較集中的移居活動助長了外來的移居活動，而且總的說來，其移居方向都是由西向東的。有趣的是，上座部佛教在東南亞大陸的傳播也可以說是與此非常相似。雖然貿易不是促進這種傳播的主要因素，而特意進行的傳教活動才是起決定作用的，然而，一些變化卻是由外來移居所導致，並由本地的內部遷移活動所進一步擴展的。同樣有趣的是，其傳播方向也是由西向東的。〔註25〕這些相類似的傳播範圍和傳播方向當然絕非偶然，這些相似的特徵表明，在東南亞，人們對於那些來自印度及其以西地區（當然也是通過印度逐漸傳播過來的）的宗教與政治的信條、觀念和制度，總是有著一種特別的好感，然而，在十世紀至十六世紀期間，人口移居活動的由西向東，也同樣是人們的一種偏好。

　　從十六世紀起，人口移居的模式開始起了變化。當然，華僑商人從十二世紀開始就經常來到東南亞，而且到了十五世紀，這種移居就已變得越來越重要了。由此可見，由北向南的小規模外來移居模式早已形成了。其實，鄭和將軍率領中國船隊到達南洋這一事實正預示著將出現一個由北向南移居的新時代。但是，結果中國的遠征卻有點離開了正軌。〔註26〕後來船隊撤回去

〔註24〕關於這一論題，至今尚無比 M・A・D・邁林克——羅洛夫茨，《1500～1800前後的亞洲貿易與歐洲在印度尼西亞群島的影響》，（馬蒂納斯・尼霍弗，海牙，1962 年）前 5 章更為權威的著述。

〔註25〕我所談的傳播，是指從斯里蘭卡到緬句南部以及北至緬甸北部，但主要還是往東傳播至泰國、柬埔寨和老撾。

〔註26〕王賡武《1402～1424 年期間的中國與東南亞》，載《社區與國家》，第78～80頁。

了，從那以後，直至二十世紀就再也沒有任何中國海軍出現在東南亞水域了。開始於十六世紀的移居新階段基本上還是由西向東的遷移。經由印度來到東南亞的葡萄牙基督教徒，雖然人數不多，但他們的移入比任何較早西方移民集團具有重大的思想意義。這是一種絕對標準的移居模式。因為這些新外僑移居的方向甚至其地區範圍都符合傳統的模式。他們的移入雖然較有意義，但其人數卻往往很少。他們對東南亞生活方式的威脅並不嚴重。即使是那些接踵而至的荷蘭人和英國人也沒有對現有的變化模式構成威脅。〔註 27〕在十六世紀下半葉期間，西班牙人移居菲律賓，則與上述情況不同，但這種差異在當時的東南亞地區卻幾乎沒有引起人們的注意。西班牙人移居菲律賓標誌著一種新的移居模式。首先，他們來自東方。雖然他們沒有繼續向西遷移，對東南亞的其他地區沒有產生什麼影響——他們的影響如此之小，以致霍爾教授的《東南亞史》第一版連提都沒有提到菲律賓——但他們確實做了一些與早期移民迥然不同的事情。他們在大多數島嶼建立了殖民地，即他們征服並直接統治土著居民。他們傳入自己的宗教並令其轄區內的所有人都改變其信仰。他們將其本國的政體帶到菲律賓來，並建立了一個隸屬於西班牙中央帝國政府的歐式殖民地國家。的確，原先許多人錯誤地歸咎於印度人的事，現在都已發生了遙遠的國家第一次來到東南亞建立殖民地了。〔註 28〕其次，西班牙人更感興趣的是北方而不是西方。他們把注意力放在中國和日本，他們的這種興趣比早期的印度人、波斯人和阿拉伯人，以及那些按較為傳統的由西至東方向移入的其他歐洲人大得多。當然，葡萄牙人已經到了澳門，荷蘭人很快就會到達長崎（以及到臺灣短期逗留），英國人也同樣堅決地將在中國沿海建立基地。但是，在本地區的其他大國勢力沒有一個像在菲律賓的西班牙人那樣，同中國的經濟與政治勢力建立了如此緊密的聯繫。〔註 29〕第三，中國人（特別是東南沿海的福建人）對西班牙人及其大量的新大陸銀元迅速地作出了反應。西班牙人來得很適時，他們所提供的刺激正好可以產生最大

〔註 27〕 約翰·巴斯廷和哈里·J·本達《東南亞近代史》，普倫蒂斯——霍爾，恩格爾伍德·克利夫斯，1968 年，第 17～32 頁。

〔註 28〕 約翰·L·費倫《1565～1700 年菲律賓的西班牙化：西班牙人的目標和菲律賓人的反應》，威斯康星大學出版社，麥迪遜，1959 年。

〔註 29〕 最有代表性的論著仍然是 W·L·舒爾茨的《馬尼拉的西班牙大帆船》，達頓，紐約，1939 年（平裝本再版，1959 年）。而另一部具有不同重要性的著作是塞拉芬·D·奎森的《1644～1675 年英國與菲律賓之間的「國家貿易」》，菲律賓大學，馬尼拉，1966 年。

的影響。因為，雖然幾個世紀以來，中國人不斷地來到了東南亞，但他們到這一地區的旅居或謀生都是非常艱苦甚至是很冒險的。然而，菲律賓比較靠近福建的港口，而能夠獲得高質量的銀元，就能確保可靠的利潤。日本人也是這麼想的。因而在這一時期的第一個世紀期間，也被強烈地吸引到這個地區來進行較為廣泛的貿易活動。在以後的幾個世紀期間，西班牙人和其他歐洲人都向遠東開放門戶，中國也向中國人的大量移居東南亞開綠燈，這兩種情況都是以本地區前所未有的方式進行著。〔註30〕

　　現在，我將回過頭來談談內部移居問題。我們務必記住，這一時期內，地區內部移民也同樣是很普遍的。事實上，最早由緬甸人和泰國人在幾個世紀前向南移居的本地區的移居活動一直持續不斷地進行著；後來，較多的越南人向南遷移至占婆和柬埔寨；馬來人移至東部的島嶼或向南移至爪哇沿海；民南加堡人越過馬六甲海峽到達馬來半島和更遠的地區。根據所有文獻的記載，在歐洲人到來以前，就存在著大規模的本地區內部人口遷移活動。〔註31〕值得注意的是，一般說來，陸路移民主要是由北往南，而海路移民主要是由西向東。就這一群島而言，只有爪哇人向東北或西北方向遷移。〔註32〕在十六世紀以後的幾世紀期間所出現的顯著變化是，連本地區的移居活動也改變了方向。有較多的資料報導，當地的出外謀生活動也有由東向西和由南向北的。最好的例子是好冒險的布基斯人向西遷至廖內林加群島，然後又移到馬來半島。其他的例子如蘇祿與婆羅洲的海盜集團活動。〔註33〕最近的例子是從本世紀初葉開始，爪哇人以史無前例的規模移出爪哇，當然，這一活動仍然在進行著。

　　然而可以肯定地說，移民模式的最顯著變化產生於兩個與歐洲人的競爭

〔註30〕全漢昇，《十六至十八世紀期間向美洲銀元向中國的流入》，亞洲與北非人文科學國際會議的主要論文，該會議於1983年8月31日至9月7日在東京—京部舉行。他還指出，西班牙銀元也通過葡萄牙人和荷蘭人由西流入中國，但大部分銀元是從東部越過太平洋流入中國的。

〔註31〕D·G·E·霍爾《東南亞史》，第4版，麥克米倫出版公司，1981年，第6、7、9、10章。

〔註32〕關下爪哇人不顧麻咭巴歇帝國的申令而旅行甚遠一事，是很令人懷疑的，C·C伯格：《古代爪哇概述》，載於《印度尼西亞編史工作導論》，康奈爾大學出版社，1965年，第97～105頁和第109～117頁。

〔註33〕詹姆斯·F·沃倫：《1768～1898年的蘇祿地區：在一個東南亞沿海國家轉變過程中的外貿奴隸制與種族動態》，新加坡大學出版社，1981年，第149～165頁。

有關的外部因素。其中的第一種因素是本地區所熟悉的。歐洲統治者本身也和當地的「大人物」一樣，很注意人力資源。他們也力圖把人們吸引到其統治的港口城市來。人口的移入不僅帶來了能使歐洲「大人物」確保其權力基礎的人力，它還會創造財富，從而又會吸引更多的人們到一個發展中心來，這個道理對當地人來說也是很好理解的。這些歐洲人統治的城市中心的發展促使了當地「大人物」更加尊重這些外國人的勢力範圍。〔註34〕這些歐洲「大人物」所採用的等級結構也是家喻戶曉的。此外，他們也像早期的東南亞統治者一樣，對外僑商人的偏愛甚於對當地居民，而且直至二十世紀的相當一段時期，他們都不打算改變這項政策。幾個世紀以來，他們一直為了各自的中心而互相爭奪那些最有用的，即最有利可圖的外僑商人和外僑工人。最後，力量對比變得有利於那些能夠創造最多收益並能加速其領地經濟發展的歐洲統治者。根據這一標準來看，最受重視的就是華人辦企業的才能，其次就是華工與印度工人從事艱苦勞動的能力。這種對於外僑勞動力的偏愛大大地改變了人口移居的模式。於是，大規模的外來移居活動便有史以來首次決定了東南亞的發展。〔註35〕

然而，導致移居模式發生變化的第二種因素是較少人知的，它所起的革命性作用卻毫不遜色。它產生於十九世紀發生的急劇變革。傳統的港口，變成了現代的工商業城市，而其他的現代新城市則發展成為適應新的城市需要。所有這些城市不僅吸引了外僑，也吸引了本地區內，特別是來自本地區內各個政府控制下領地的出外謀生者。農村人口開始大規模地向這些新的城鎮遷移。這一過程後來形成了一股潮流並一直延續至今。〔註36〕在這裡，我所強調的是工業強國的競爭，因為上述過程並非僅僅取決於殖民政府及其領地內的代理人。在近代的世界經濟中，人們可以廣泛地進行競爭，即使是那些在本地區內沒有殖民地的列強，例如斯堪的納維亞國家和德國（人們還可能舉

〔註34〕在這裡，我不是懷疑航速較快的船隻和較大、較準確大炮的威力，而只是想強調人們所共同關心的人力以及港口城市的規模與富裕程度開始形成一座新型城市之間的關係。

〔註35〕在十九世紀中葉以前，沒有發生這種情況。維克多·珀賽爾《東南亞華人》，第二版，牛津大學出版社，倫敦，1965年，有關馬來亞、新加坡、暹羅和印族尼西亞的章節；S 阿拉沙叻南：《馬來西亞和新加坡的印度人》，修訂本，牛津大學出版社，吉隆坡，1979年，第二、三章。

〔註36〕西徒和亞斯《人口動態》，第一、二章；普賴爾：《馬來西亞》，第79～97頁。

出日本和美國，儘管它們曾有過短暫的越軌行為）等，也還是能促進其他民族的殖民地的經濟發展的。〔註37〕因此，內部移居模式是受制於國際經濟發展的，即使是在許多東南亞新國家獲得獨立之後，情況仍然如此——而隨著那些新獨立國家日益致力於實現其發展目標，情況也許就更是如此了。

我是在本講演的開頭提到了現代城鄉之間的內部移居問題，現在我兜了一圈，又回到原來的話題上了。如此，匆匆地回顧了整整幾個世紀的歷史，是很難充分地闡明這一主題的。然而，我希望能通過上述所強調的問題來引起大家注意到自我上次在貴會的講演以來已經出現的一些問題。

第一個問題是當代事件如何影響歷史著作。在上世紀末和本世紀初，國外移入和殖民化是當時的主要問題，而歷史學家們卻往往以回顧歷史的方式來闡明過去，甚至是古代的和史前的歷史。因此，本地區的每一個人都被說成來自其他地方，每個群體似乎都能作遠距離的移居，甚至能夠反覆移居。至於那些來自本地區以外的移民，他們則著重描述印度、緬甸、泰國、越南和中國的移民和殖民者，這些描述的措詞令人聯想起歐洲人最近對本地區的征服和殖民化活動。後來，即在二十年前，東南亞國家結束了這種國外移入政策之後，歷史學家的觀點發生了很大的變化。他們也開始貶低國外移入活動。當然，人們反對過去那種強調從地區以外移入人口的做法，是可以理解的。隨著近代的研究工作把注意力轉向當地的城鄉遷移，人們對過去那種國外移入活動的興趣便淡薄起來了。現在人們所關心的重要問題是，國外移入活動對其不起重要作用的國家形成過程，像馬來西亞這樣的國家迫切需要民族的團結。由於內部移居活動減少了種族群體的分離並且促進了新興城鎮更大程度的社會混合，因此它能最大限度地減少昔日殖民社會遺留下來的對立種族之間的分歧。

但是，有必要對歷史學家們敲起警鐘，因為他們貶低國外移入活動的這中新傾向很可能會走得太遠。他們強調現有的國界，好像它們向來就是如此似的。這雖然是可以理解的，但重要的是要提醒我們自己，如果硬是把這些邊界視為古代的邊界，那就會歪曲歷史。東南亞地區的邊界也是這樣。如果把該地區視為似乎一直就是個獨立的實體，好像它向來就是作為一個地區而

〔註37〕在 1914 年以前，美國、德國和丹麥對東南亞地區有很大的興趣。後來，日木成了該地區主要的非殖民經濟強國，這種地位一直延續到 1941 年它走上擴張主義的道路時為止。

存在著，那便是時代的錯誤。這種錯誤已導致一些歷史學家去尋找一些可用來證實本地區在整個歷史過程中都具有持續重要性的共同特徵。這樣一來，「內部」這個詞就被解釋為在以當前東南亞的國界和地區疆界之內的各個區域。如果過分強調這一方面，我們就會過分貶低了本地區歷史上的「外部」移入活動。〔註38〕

　　我想引起大家注意的第二個問題是，移居活動是否持續不斷地成為馬來西亞和本地區歷史的主題，這種持續性如何？歷史表明：移居活動是經常發生的「出外謀生」是移居者共同的出發點。雖然大多數出外謀生者可能希望重返家園，但有許多人則由於種種原因而不想回去。不管那些原因是什麼，也不管他們的處境有多大的不同，及從獲得巨大成功這一極端到遭受徹底失敗的另一極端，如果我們以本地區的長遠觀點來看，那麼這些出外謀生活動就都是歷史，是普遍而正常的。移民出入境的正常性之所以值得重視，是因為它也預示了這些移民最終定居下來，適應其居留地新的生活條件以及受到土著居民或早先定居者歡迎的正常性。此外，深入瞭解移民的歷史就會清楚地看出定居移民中斷與其原居住地聯繫或至少切斷同那些一度要求其效忠的權力中心直接聯繫的正常性。不用長遠的觀點來看待移居模式，就難以評價移居活動是什麼，它們有多普遍，甚至無法評價適應新環境的可能性有多大。

　　第三個問題是有關現代國家與社會的一種怪現象。本地區的現代化意味著新國家的出現以及這些國家在國家地位、國界和對人口出入境等方面都具有一些新觀念的控制。當所有民族國家都採取相類似的嚴格限制移民政策時，移居活動實際上就會停止的。肯定不會出現任何規模的移居活動，但可能會出現為逃避戰爭和自然災害而挺而走險的逃難活動。對於新興國家來說，在艱苦的建國時期，大規模的移居活動簡直是不可能的，這就同過去二十年期間大多數東南亞國家所經歷的情況一樣。

　　正像我所指出的，歷史學家已深刻地認識到這一點，而這種認識已影響

〔註38〕對歷史學家來說，必須研究所有國界的來龍去脈。明顯的例子見馬六甲海峽和柔佛海峽，現在的越南與泰國的國界線以及印度尼西亞和巴布亞和幾內亞之間的國界線。即使是地區的邊界線也是有具體時間性的。今天，把「東南亞」看成一個地區是很有好處的，我贊成歷史學家把它當作一種組織結構來進行研究。但是，如果把（地區）「內部」和（地區）「外部」的定義理解得太刻板，以致在中世紀泰國的斯里蘭卡僧侶成了「外來」移民，而在例如馬來西亞的泰國僧侶卻成了「內部」移民，這將會很容易使人誤解的。

了他們對本地區早期歷史的闡述。然而，每個新興國家還是得把自己視為互相依存甚至互相滲透的世界大經濟體系的一部分。而正是世界經濟中一個大部分的開放性為技術上層分子提供了一系列新的機會。其中的大多數是高度專業化的傑出人物，如醫生、工程師、科學家、學者、會計師、經濟學家、企業行政管理人員、技術人員和某些企業家等。對這些人來說，移居不僅是可能的，而且往往是常有的事。與新興國家在建國時期封閉邊界的傾向相反：某些類型的上層分子移居不失為一種積極的選擇。當然，這並不是完全新鮮的事物。自古以來，像商人、傳教士、僧侶和學者這樣一些上層分子的移居活動就是可行的。與過去不同的是，現在有範圍大得多的人們有資格享受這種優越的待遇。他們的出現主要是國際教育的結果，現在他們可以比以往任何時候移居得更遠和更快。不幸的是，這種情況往往導致了在各國之間出現顯著的不平衡。如果用國際收支來進行比喻，這就可以稱為傑出人才移居的收支不平衡，或者用人們更為熟悉的說法，即較不發達國家向發達國家的「人才外流」。這使我們回憶起歷史上的「大人物」國家為了保持強大和富裕而把人力吸引到其本國來。當然，這些國家已認識到人力的不平衡並試圖通過經濟援助、教育和培訓來加以糾正，以促使不發達國家躋於世界開放經濟之列。而這種努力是能夠在促進人才的流入與流出趨於綜合平衡方面取得相當滿意的效果的。

　　但是仍然存在著移居的問題。出外謀生的精神依然存在於我們的周圍，也存在於現代模式的上層與專業人才跨越國界的移居活動中，正像它過去曾引導有抱負且敢於冒險的年輕人那樣。它也可以在某些方面對不發達國家有所幫助。〔註39〕例如，不發達國家肯定可以受益於那些來自鄰國，甚至是大國人們的出外謀生精神的，因為它們可以通過實行反吸引措施來引進那些國家的技術人才，以彌補本國人才外流的損失。但是，從長遠的觀點來看，增加國內技術人才儲備量的較有效辦法是通過較有組織地鼓勵內部移居來認真樹立在國內的出外謀生精神。純粹為了到城市尋找工作而進行的流動，與那種出外謀生精神有很大的區別。出外謀生精神意即出外「尋找各種科學知識

〔註39〕在這裡，存在著複雜的「融合」和「同化」問題，而且對這些問題都需要進行比較長期的仔細而敏說的研究。必須強調的是，「出外謀生」只是移民們在其可能會很長的旅程中邁出的第一步，而這整個旅程所需要改變的不僅是自然環境，還有許多不合時宜的文化、觀念和社會準則等。

和技能，並取得經驗」。這樣一來，專業人才的不平衡也可以通過合理使用各國自己的人力資源而從內部來加以調整。〔註 40〕我相信，如果我們仔細地觀察歷史上的移居模式，我們就會認識到這種出外謀生精神體現於人才的移入與移出，是人類進步的重要因素，也是東南亞歷史的一個組成部分。

〔註40〕T‧G‧麥吉的著作，尤其是《第三世界城市化的進程：理論探討》（貝爾，倫敦，1971 年）一書對我的影響很大。我認為有所裨益的兩篇新近論文是：海里‧卜杜拉的《城鄉之間的人口移居：皇后港的實例研究》和阿卜杜爾‧毛貞德‧尤素福的《一個城市化的馬來鄉村：其社會組織的某些情況》，二文均載 H‧M‧達赫蘭編：《新生的馬來西亞社會：發展、趨勢與問題》，馬來西亞國立大學，人類學和社會學系，吉隆坡，1976 年，第 133～155 頁和第 157～191 頁。

沒有帝國的商人：
僑居海外的閩南人〔註1〕

李原、錢江譯

　　中國商人長期以來一直與認為他們應居於社會政治等級制度最底層的儒家傳統觀念進行鬥爭。中國這個農業帝國是靠武力建立起來的中央集權的官僚機構管理。這個帝國很快就對商業財源加以嚴格控制，從此迫使商家處於守勢。該帝國的根本原則是，不准許此類家族利用商業財富來獲取政治權力，無論是直接地通過官府任命或間接地通過高社會地位，均不許可。隨著數百年來官僚政府的演變，軍人家族除了在朝庭處於危急時期之外，最終也被摒充於政治權力的大門之外。朝庭官吏大部選自那些擁有田產或沒有田產的文人學士，他們成了皇權和法統的化身，商人們根本別指望向這樣的一種國家結構挑戰，他們所能指望的只是：在獲取商業財富的過程中取得某些官吏的合作，讓其家族內的某些成員接受教育，攀上文人學士的地位，從而有助於保護自己的企業。

　　然而，在這個總體架構的後而，隱伏著種種對抗的趨向。自漢朝至唐朝（大致自公元前二世紀至公元九世紀）的這一千年中，反對朝庭官吏權勢的主要壓力來自於那些力圖建立封建結構的軍人家族。商人們根本沒有參與這場鬥爭，他們卑微的社會地位使其與工匠為伍，儘管他們在日益以現金為基礎的經濟中所顯示出的聚財技能使其經常成為豪門大族的有用的代理商。十世紀以後，中國大地上再也不可能出現軍事貴族；於是，經文人學士之途走

〔註1〕此文刊發在《海交史研究》1993年6月（第一期）第111～125頁。文章譯自
　　　　王賡武著作《中國與海外華人》，泰晤士學術出版社，新加坡1991年。

向權勢便成為最重要的途徑，並得以牢固地確立。但是這一途徑卻又引發出一種不同的趨向：它導致出現能人統治，而財富在能人統治中是能夠發揮作用的並確曾發揮過重要的作用，它還對企業家的精神和新興的商人階級給予新的鼓勵。於是，宋代（公元 980 年～1276 年），尤其是十二至十三世紀的南宋，向商賈們提供了創造財富的各種機會，以增加帝國的稅收；與此同時，讓商賈們努力向社會上層流動。〔註2〕然而，從未容許財富脫離官吏的控制，財富的價值總是取決於其對朝庭的價值，以及其與官員們的聯繫，更可取的是通過那些已轉為文人學士身份的家族成員來建立這種聯繫。

正是在商人具有這種新作用的情況下，公元十世紀以後，海外資易在中國東南沿海的數個省份變得重要起來。本文通過中國商人在海外的活動來探索華商社區的本質。在已瞭解商人受歧視的背景下，我們可以向那些較為勇敢、具有進取心、在朝庭官吏控制以外的地區尋找財富的人們學習些什麼？在那些華商中最為活躍的是福建南部的商人，即著名的閩南人。〔註3〕本文的第一部分將描述他們從事海上活動的背景，尤其是十六世紀末葉以前的貿易條件。第二部分將集中於討論他們的兩個社區：一個是十六世紀七十年代之後建在馬尼拉的社區；另一個是 1600 年以後位於長崎的社區。從他們的經歷中可以清楚地看出，華人為什麼不曾逐漸建立起那種在十七世紀的歐洲所出現的強大網絡和組織。閩南人還與歐洲的商人社區形成了對照，後者在許多彼此競爭的城邦小國中處境頗佳，因為那些小國需要並且支持其海外貿易。在為中央集權的帝國所勉強容忍的商人與受統治者和政府雇傭並為帝國事業服務的商人之間也還存在著差別。當商人能從國王和貴族那兒得到有利的條件時，他們也可望最終獲得對政府本身的控制。一個深信成功的國家應以和平而多產的農民階級為基礎的官吏勢必會對利潤和商業財富的作用提出質疑。受鄙視且被排斥於政治權力之外的商人社區則不大可能指望建立起他們自己的帝國。

公元 1500 年以前中國人的海上活動

對於華人來說，長途海外貿易正如其對於其他經商的民族來說一樣，並

〔註2〕 馬克·埃爾文《中國歷史的模式》（Mark Elvin. The Pattern of the Chinese Past 斯坦福，1973 年），第二部分，以及第三部分的第十四章。

〔註3〕 斯波義信：宋代福建商人的活動及其社會經濟背景，文載《和田博士古稀紀念·東洋史論叢》（東京，1960 年）。

無任何區別。它要求先進的航運技術、巨額的資本投入，以及某種程度的官方保護，以保證那些專門從事海外貿易的人能持續運作和有利可圖。自古以來，中國就擁有比較長途的沿著海岸線貿易航行的技術，即從朝鮮半島南下至印度支那和馬來半島。我們對私人投資的情況所知甚少，但有關朝庭和地方政府所支持的海外貿易的記載卻十分豐富。朝庭與地方官府或派遣自己的使團前往海外，或鼓勵外商（包括官方商人與其他商人）定期前來中國口岸。到了唐代，外商已多到足以在廣州形成社區。降至公元十世紀前半葉，隨著南漢和閩王國這兩個獨立的王國分別在廣東和福建建立，更多的外商（其中許多人仍被視作是由其統治者派來的官方使團的代表）時常出入這兩個王國的港埠，尤其是廣州、福州和泉州。儘管這兩個王國僅維持了五十年到六十年，但它們奠定了經濟增長的基礎，特別是開墾了新土地、人口增長和地方工商業的興起。這一切使得閩、粵兩省對宋代的重要性不斷增多。〔註4〕

在福建的歷史上，公元十世紀時曾成為獨立王國是一個較重要的轉折點。福建首次不是為中國而是為本地開發。顯而易見，海外貿易對其未來的繁榮是必不可少的。泉州接替福州成為最主要的口岸並非偶然。泉州擁有較好的港灣，閩南人比其北面閩江流域的人民更少農地，泉州和漳州兩府又都是朝庭和省級官吏鞭長莫及的「邊疆」。於是，海外貿易開始蓬勃發展。到了1127年，南宋國庫享有泉州市舶司的外貿收入後，海外貿易的增長就更快。〔註5〕

儘管海外貿易日益重要，當時的載籍卻從未清晰地描述這一貿易和控制貿易的商人。儒家傳統的恢復，在悠悠萬事中重申了商人的地位卑微。福建通地的編纂者和文人學士為自己在科舉上的成功、在臨安的宋朝中享有高官厚祿、更為當時一些新儒家的大思想家包括朱熹本人出自本省而感到十分自豪，相形之下，對該省通過海外的貿易以及在其口岸徵收的商稅而對宋代經濟和皇室財政所作的貢獻卻輕描淡寫。至於福建的商人、水手以及他們的企

〔註4〕 王賡武《南海貿易》（Wang Gungwu "The Nanhai Trade"），文載《美國皇家學會馬來亞分會學報》（JMBRAS）第31卷，第2期（1958年）。第1～135頁。愛德華·沙費爾：《閩帝國》（Edward Schafer. The Empire of Min）東京，1959年。

〔註5〕 斯波義信《宋代商業史研究》（東京，1968年）；馬克·埃爾文已將該著譯成英文出版，安納珀，1970年。

業，有關的記載最為貧乏。〔註6〕我們所看到的大量資料均涉及外商的官方核准和待遇。

海外貿易即使不是官辦也仰賴於官方的支持，在駐有商務欽使和市舶司官員的那些較大的口岸尤其如此。有了官方的默許，在此類口岸的一些富豪望族就會為遠洋帆船提供資金並出資採購船貨。風險很大，但每一支商船隊返航時所獲的利潤也很豐厚，較小的貿易家族和生產外銷貨物的能工巧匠也會加入這一事業。最後一些小口岸的商人階級在成功事例的鼓勵下也投資建造帆船出海貿易。這樣，以泉州港為中心便向外輻射出一連串類似安海和月港的小口岸，這些小口岸後來在元代和明代成了海外貿易的中心。這些較小的中心由於更加不受官府的監督，從而使得當地的商人能夠愈發大膽、自由地擴展貿易，這種現象還意味著，在福建、廣東和浙江，有愈來愈多的沿海社區直接捲入了海外貿易，（粵、浙二省捲入的程度較輕）。〔註7〕此後，航海技能和技術在十二世紀至十五世紀之間均有所發展，從而使得蒙古人的元朝海軍能夠在十三世紀末入侵日本和爪哇，艦隊司令鄭和可在十五世紀初進行那些更加令人驚奇的對印度洋的遠征。在這兩例中，當船隊、造船者、船長和領航員能夠轉向如此壯魂觀的冒險時，官方對私人海外貿易的批准便獲得了報償。

對居住在泉州和其他地方的外商社會的待遇，是以最初當皇都（諸如長安和洛陽）所設計的法律為基礎而制定的。早在一千年前，首批經陸路來華的外商就已到達長安和洛陽。這些法律曾經保護過經陸路來華的外商，它們又同等地被用於對待那些來到南方口岸的海外商人。還可假定，中國的實踐曾受到亞洲其他地方實踐的影響，中國人以自己的經驗對其加以修改，轉過來又影響於其他地方的實踐。於是，為不同的外商社區而設立的蕃坊得到了官方的承認，這些蕃坊擁有其自己正式選出的首領，他們自己的社區中心、市場和教堂。〔註8〕一些中國官員和通譯被專門任命來與各個蕃坊打交道。經過幾個世紀，一種大概類似亞洲其他地方外商社區所運用的權利與義務的模

〔註6〕 在卷帙浩繁的福建地方志中，這一情況尤為明顯。例如，乾隆時期（十八世紀後期）的泉州府志、漳州府志、海澄縣志、晉江縣志以及龍溪縣志均如此。

〔註7〕 《安海志》（晉江，1983年）；並參見由福建歷史學會廈門分會於1983年出版的《月港研究論文集》中收編的論文。

〔註8〕 桑原騭藏《蒲壽庚考》，英文本載《東洋文庫研究所學術論文集》（Memoirs of the Research Department of the Toyo Bunko），第2期（1928年），第1～79頁。

式便在中國逐漸形成。通過這種渠道，那些渴望出海經商的中國商人可約略
知道自己出國後或沒法在該地自建社區時希望做些什麼。唯一的區別大概在
於，航赴東南亞的那些小王國或酋長領地，以及日本的口岸的中國商人往往
有機會與國王、貴族或掌權的酋長直接談判自己的貿易和居留權。相形之下，
外商在華卻應與朝庭委派的欽差大臣打交通，他們更可能面對的是較低級的
省府或地方官府的中國官員，後者若得不到適當的賄賂便會履行詳盡得令人
厭煩的管理條例。

　　正是在這種背景之下，福建尤其泉州港成了十三世紀至十四世紀較重要
的外商中心。福建的商人在一個相對自由、並得到官方支持的貿易氣氛中發
展自己的航海技能。他們要交納商稅，接受監督，但在其他方而卻不受限制。
這就鼓勵他們出海貿易，並打算在每次航行之後歸來，除非萬不得已不在外
國逗留，而且絕不長期離家。若有少數人員留在某個外國口岸，他們也是作
為代理商而由企業派駐當地，那些企業定期（大概是每年）從中國派出船隻
出航。這樣，他們實際上是代表其家族或其雇主暫居國外的旅居者。然而，
隨著貿易的擴展，旅居者的數量增多，一些小規模的社區便應運而生。有證
據表明，此時期在占婆（後來成為越南的一部分）、柬埔寨、蘇門答臘和爪哇
的那些較大的港口均可見到此類（與部分廣東商人在一起）的小社區。〔註9〕
有些旅居者選擇定居，娶當地的女子並生兒育女來延續與中國的貿易聯繫，
或乾脆憑其自身的資格成為當地商人，這種現象均不足為奇。旅居者的社區
往往對當地經濟作出了可貴的貢獻，他們似乎為此受到優待。遺憾的是，我
們所能得到的少許證據是不完整的，而且是間接的，沒有關於這些商人作為
社區而存在的記載。

　　我們同樣不清楚那些定期返回中國的旅居者是否也娶了當地的女子，並
留下自己的後裔，成為歸化當地社會的成員。若然，就不曾存在定居海外的
華商社區，而只存旅居者社區。換言之，那是由一批批接踵而至的旅居者組
成的社區，這些社區接納新的旅居者，並為之提供庇護。最早的兩份有關海
外商人社區的明確記載可回溯到十五世紀初。當時，朝庭對海外貿易的政策
正處於大幅度轉變的時期。這一政策的轉變發生在元朝末年（1368 年）至明

〔註9〕周達觀《真臘風土記》，保羅・伯希和（Paul Pelliot）的法譯本載於《法國遠
　　　東學院學報》｛Bulletin de I'Ecole Francaise d'Extreme—Orient｝第 2 期（1902
　　　年），第 123～177 頁；參見陳正祥：《真臘風土記研究》（香港，1975 年）。

太祖統治期間（1368～1398 年）〔註10〕這項新政策將所有的海外貿易侷限於只對外國朝貢使團進行貿易的範圍內，並禁止所有的中國人出海旅行——從而對國外的這兩個商人社區關上了國門。這兩個商人社區中，一個在爪哇東北沿海，另一個位於巨港（蘇門答臘）。前者被描述為穆斯林，大概是曾定居泉州（或其他中國口岸）的漢化了的外裔穆斯林，1368 年之後因為明朝政策的轉變，他們被迫將自己的業務轉移到爪哇。後者由閩、粵兩省的本地人組成，他們可能是定期在巨港經商的中國旅居者的後裔，但更可能是明代這項新政策的受害者，他們因違抗貿易禁令出海而被迫留居在國外，他們不屬於定居的華人社區，而是一批武裝的、非法的（若非海盜的）商船隊成員，當他們發現自己無法返回中國時便奪取巨港來自保。當時，在東南亞別的地方很可能還有其他類似的社區：如占婆、暹羅（阿瑜陀那）、馬來半島、蘇祿群島和婆羅洲沿海，這些地方在十四世紀時曾有過十分繁盛的對中國的貿易，可是，我們卻見不到任何有關這些社區的描述。此處要提出的論點是，一個不同類型的華商社區可因朝廷政策的突然轉變而產生。

明代最初一百年的政策旨在制止私人海外貿易，中國政府的這一政策無論有何正當的戰略方面的理由，其後果對於從事海外貿易的泉州和福建商人來說都是災難性的。明政策在廣州設立了一個登記、核查所有來自西亞、南亞和東南亞朝貢使團的複雜機構，以此取代曾促使泉州壯大的監督貿易。這些使團及其貨物通常在抵廣州後經陸路護送到帝都（先在南京後在北京），他們接受了皇帝的大量禮物後再經陸路返回廣州、泉州以及福建的一些口岸大都被忽視。在這些口岸根本見不到外國商人的蹤影，只看到朝廷的駐軍，他們建起新的要塞堡壘，乘坐著沿海航行的船隊，扣留非法出航的海船，擊退中外海盜和防止走私。不過，令人略感慰籍的是，這項政策為這幾省帶來了和平與安定，從而亦帶來了一種不同類型的經濟增長。〔註11〕

這項政策還產生了一種意想不到的結果，那些僅僅是暫時在海外居住的

〔註10〕馬歡《瀛涯旄覽》，J・V・G・米爾斯的英譯注釋本（J.V.G.Mills trans. and ed., Ma Huan, Ying-yai Sheng-lan: The Overall Survey of the Ocean's Shores（1433），劍橋，1970 年）；王賡武：「明初與東南亞的關係：背景研究」（Wang Gunwu, "Early Ming Relations with Southeast Asia: A Background Essay"），文載費正清編《中國的世界秩序》（John k. Fairbank ed., The Chinese World Order，坎布里奇，麻省，1968 年），第34～62 頁。

〔註11〕朱維《福建史稿》，下冊（福州，1986 年），第六編，第十七章。

華商人數在十四世紀末急劇下降；但對於那些已在國外而且又無法立即返回中國的人以及冒禁下海、繼續從事海外貿易而被迫無限期延長居留者來說，這項政策保證他們形成較為穩定的社區甚至於永久定居，只要朝廷嚴格執行海禁，出海貿易的中國人就更少，已在國外者中就有更多的人被迫在當地自我組成社區。艦隊司令鄭和及其水師正是在這種氣氛中開始其 1405 年～1433 年規模宏大的遠航。當這些遠征結束並決定不再派出遠征隊時，他們自相矛盾地在私人貿易正被摧毀、海外貿易私商的後裔正被恐嚇的同時向更多的中國人指出了海外貿易的機會。

　　泉州港因為外商的忽視和實際上中國海外活動的終止而嚴重受損，作為一個港埠，它再也無法恢復昔日大港的地位。不過，福建的商入階級轉向了其他企業。〔註12〕在這個相對穩定的世紀中，他們的注意力轉向了諸如糖、茶、靛藍、木材、水果、甚至棉花等經濟作物。他們生產出質量較好的紡織品、絲綢和瓷器，並鼓勵開發其他手工藝製成品，他們對鹽業和漁業加以改進，特別是發展建立起與鄰近省份海防貿易聯繫的網絡。沿海的閩南人（包括其北面的興化和福清漁港的人民）並未喪失其造船和航海的技能。事實上，他們進一步豐富了自己來往整個中國沿海的航海經驗，以及上溯長江一直深入到華中內地的經驗。他們加入由廣東、浙江、江蘇、甚至包括安徽商人組成的日益壯大且活躍的商人集團，組織中國國內的私人貿易。然而他們主要的實力還在於熟悉大海，因為大海為他們進入中國所有的大市場提供了最佳的途徑。他們在絕大多數情況下也得依靠大海，因為他們的沿海平原狹窄，耕地有限；當人口迅速增長時，他們被迫轉向大海將自己所需的糧食自長江三角洲和珠江三角洲的穀物市場購進後，再經海路輸入。當然，這還意味著，無論何时，一旦嚴禁海外貿易的禁令不被嚴格執行或部分解禁，或當地官員準備對閩南人傳統的海上活動視而不見時，就會湧現出大量能幹的並且願意向海外市場拓展的百姓。〔註13〕

〔註12〕埃沃林 S・羅斯基：《華南的農業變革與農民經濟》（Evelyn S．Rawski. Agricultural Change and the Peasant Economy of South China，坎布里奇，麻省，1972 年）。

〔註13〕張維華《明代海外貿易簡論》（上海，1956 年）；林仁川《明末清初私人海上貿易》（上海，1987 年）；吳振強《紳商與農民小販——～1522 年到 1566 年間閩南人對近海貿易機遇的反應》（Ng Chin-Keong, "Gentry-Merchants and Peasant-Peddlers--The Response of Southern Fukiense to Off shore Trading Opportunitiest 1522~66"，文載《南洋大學學報》，第七期（1973～1974 年）；第 161～175 頁。

　　明朝的孤立主義政策實際上不可能維持。它十分成功地遏制住中國沿海的違法活動，帶來了經濟的飛速增長，從而也帶來了人口增長。這一結果反過來又對沿海中國人尤其是閩南人增大了壓力，閩南人看到海外貿易有厚利可圖，便想方設法地規避貿易禁令。況且，中國的繁榮鼓勵更多的外商前來，但他們當中有愈來愈多的人因為假裝帶貢物的使團而屢遭挫折。在那些其本身也越來越想冒險經營私人貿易的當地官員的默許縱容下，他們千方百計地力圖擴大與廣州以外的口岸直接通商的機會。因為在高度官僚主義的廣州他們的使團要被迫進行登記。已在外國口岸的華商準備給予協助，他們往往充任外國統治者的代表或作為通譯遣使團來中國，其他人尤其是那些經驗豐富但為人所忽視的閩南水手和商人，則秘密地出海與已在東南亞各口岸形成的小規模的商人社區交易，甚至可能加入這些盲人社區。於是，儘管十五世紀期間實施海禁，海外貿易風險甚大，國外的小規模的華商社區仍得以生存。例如，在馬六甲、萬丹、文萊、蘇祿等港埠均有此類華商社區，在琉球群島和九州，或許也有華商社區。於是，在歐洲人到來之前，一系列小口岸上的華商社區已在開展著繁盛的貿易，而東亞和東南亞的許多人當時正積極地設法擴展這一貿易。〔註14〕

　　我們沒有關於這些社區及其狀況的詳細資料。因為，在中國看來他們並非合法，故見不到任何官方的記載；至於中國旅居者本身，若不是文盲，便是謹小慎微到不留任何記錄。他們在中國口岸的較有文化的支持、合作者又不能公開承認自己捲入了這一有利可圖的貿易。因此，我們開始見到有關這些社區的較完整的描述僅僅是在葡萄牙人東來之後。最初留下記載的是葡萄牙人，其後西班牙人、荷蘭人和日本人，最後才是中國人自己的記載，當時，明朝的政策在 1567 年之後幾乎完全被放棄。這些記載給我們留下了有關設在會安、馬六甲、北大年、平戶、長崎、馬尼拉、萬丹和巴達維亞的一些著名的華商社區的描述。〔註15〕

〔註14〕有關的證據散見於《明實錄》中，趙令揚等人已將其選編為兩卷本的《明實錄中之東南亞史料》（香港，1968 年，1976 年）。

〔註15〕M.A.P.梅林─洛伊羅夫斯茲《1500 年至 1630 年左右印尼群島的亞洲人貿易與歐洲人的影響》（M.A.P.Melink-Roelofsz. Asian Trade and European Influence in the Indonesian Archipelago between 1500 and 1630，海牙，1962）；箭內健次：《長崎》（東京，1966 年）；陳荊和《會安歷史評注》（Chingho A. Chen, Historical Notes on Hoi-An (Falfo)，卡爾達累，1974 年）。

公元 1500 年以後中國人的海上活動

　　在十六世紀末之前，這些華人社區中是否有任何一個社區已達到數百人之眾的規模難以斷言。當然，數百名中國男子在當地結婚，衍繁子孫，其後代成為華人，如此可將人數很快地增至數千人。但是除了十六世紀九十年代的馬尼拉之外，在十七世紀以前大概未曾出現。

　　種情況。中國男子絕大多數是不打算久留的旅居者，即使他們內部通婚，也會讓自己的孩子與當地居民同化。馬尼拉的例外是頗為有趣的。菲律賓的西班牙人與葡萄人不同，他們是在一連串處於複雜微妙的「東方」文明前沿的未開發的海島上定居，而葡萄牙人侵佔的是諸如果阿和馬六甲這樣已建得很好的城市口岸，並進入富饒的腹地接觸到技術先進的土著民族。西班牙人很幸運，在十六世紀六十年代至七十年代間，他們所遇到的穆斯林均很弱小，其與較強大的穆斯林同伴之間的聯繫，又被葡萄牙人所切斷，加上無論是日本人或中國人都對領土不感興趣。這一小批西班牙官員、傳教士和軍人很快就明白，他們如想保衛並發展自己的既得利益，就需要發展對中國的貿易。況且，他們需要中國的帆船、商人和能工巧匠來將馬尼拉建成一個大型的海運中心，即助西班牙人加速對該群島的控制。於是，他們歡迎中國商人前來。在不到三十年的時間內，華人便達到上萬人，若將混血的華裔也包括在內，其人數或許更多。〔註 16〕這的確是第一個海外華人的大社區，而且無疑是十六世紀期間最大的海外華人社區。

　　在十七世紀期間，巴達維亞出現了另一個大型的社區，其規模最後變得比馬尼拉的華商社區更大。這又是荷蘭人深思熟慮的政策的結果，該政策力圖通過利用已建立在馬來群島、印支沿海和日本的華人貿易網絡來獲得對東亞和東南亞貿易的全面壟斷。荷蘭人遠比西班牙人強大，而且也更有決心快速擴張。他們歡迎華人的合作，並試圖在任何可能的場合勸說華人擺脫葡萄牙人和西班牙人。結果，由荷蘭人支持的一系列華人社區便在巴達維亞等地興起，該地區西起巴達維亞、東抵馬魯古群島、北至暹羅、東北達中國和日

〔註16〕陳臺民《中菲關係與菲律賓華僑》（香港，1985 年），其著作主要取材於布萊爾與羅伯遜的五十五卷英譯本《1493 年至 1898 年的菲律賓群島》（E.H.Blair and J.A.Robertson, The Philippine Islands, 1493~1898, 55vols，克利夫蘭，（1903 ～1907 年）。陳荊和寫了一本水平很高的概述性的著作：《十六世紀的菲律賓華人社區》（Chen Ching-ho, The Chinese Community in 16th Century Philippines，東京，1968 年）。

本，待到葡萄牙人被逐出馬六甲和馬魯古群島而被限制於澳門時，巴達維亞的荷蘭人就像馬尼拉的西班牙人那樣，控制了東南亞最大的華人社區，並利用他們來加強自己的海上帝國。絕非巧合的是，荷蘭人與西班牙人也都感到被吸引前來他們兩個城市的華人對自己形成威脅，他們均試圖很謹慎地控制自己的華人。在其後的一百五十年中，當西班牙人感到馬尼拉的華人對自己產生威脅時便實行大屠殺；在巴達維亞，1740 年也發生了一次大規模的流血事件。西班牙人特別感到易受攻擊，因為他們對華人的依賴程度很大，他們的兵力又較弱，而精力旺盛的漳、泉二府閩南人的家鄉就在近旁。荷蘭人即使擁有強大的海軍，也得小心翼翼地控制其華人盟友潛在的勢力。荷蘭人的帝國內分布著數個大型的華人社區，尤其是在巴達維亞他們的大門前有一個大型的華人社區，對此，他們不敢掉以輕心。〔註 17〕

馬尼拉

　　兩個分別設在馬尼拉和長崎的閩南人社區值得更加注意。前者是由某個歐洲人的政權亟需中國商人而興起，後者基本上是在歐洲人東來影響下亞洲人自身的開發。

　　馬尼拉華人大型社區興起的歷史與西班牙人的政策是密不可分的。但它在最初一方而是作為閩南人在菲律賓群島的傳統貿易的擴展，即從文萊向蘇祿伸展而開始的，另一方面則是作為對十六世紀初葡萄牙人東來後福建沿海出現新的貿易發展的響應。隨著中國人貿易成就的自然發展，他們建立起一條經由臺灣和巴布延群島到呂宋的新航路。此舉大大地縮短了行程，從而使得漳、泉人民在其從未錯過的對菲貿易上佔有比其他中國人更大的決定性的優勢。此後，定期前往位於呂宋—民都洛以及位於棉蘭老和蘇祿的某些特定口岸的航行便成為家常便飯。然而，這條新航路並不引人注意，其在重要性上顯然不如那些通往南中國西端的較為富庶口岸的主要貿易航路。不過，隨著葡萄牙人的到來，中國沿海的貿易日益繁盛，閩南人的貿易運氣驚人地出現好轉。

〔註17〕 蘇桑・阿貝亞塞克雷《雅加達史》（Susan Abeyasekere Jakarta: A History 新加坡，1937 年），第 1，3～47 章，包樂史，「1619～1740 年的巴達維亞：一個中國殖民城鎮的興衰」，（L.Blusse, "Balavia,1619~1740:The Rise and Fall of a Chinese Colonial Town"，載《東南亞研究學報》（Journal of Southeast Asian Studies）第 12 期（1981 年）；第 159～178 頁。

　　葡萄牙到來時，恰逢明朝政策幾乎全而瓦解之際。〔註18〕中國人和外國人從事的非官方貿易同樣超過了經由朝貢進行的貿易。於是，當廣東的官員因為葡萄牙人不在朝貢體制之列而拒入其境後，葡萄牙人便決定無論如何也得進行貿易，即使動用武力亦在所不惜，此舉對閩南人的影響特別大，不安份的閩南商人十分樂意尋找那些航經他們口岸的葡萄牙人及其盟友衝突和騷亂之源時，有些認真的朝廷官員終於設法強行實施貿易禁令。由此造成的騷動導致發生廣泛的反抗，參與反抗的不僅有秘密捲入這種海外貿易的閩南當地的鄉紳名仕，而且有日本商人和其他非法商人。這場反抗在時間上恰好遇上日本在一連串的內戰之後處於實際上的無政府狀態，正因為如此，當時有許多日本浪人可供雇用。這一反抗從 1550 年一直持續到 1570 年，其所採取的形式是中日合作，對華南沿海地區進行一系列的襲擊。四個沿海省份遭到連續的襲擊，在 1552 至 1565 年間尤其如此。儘管明朝軍隊最終獲勝，朝廷還是吸取了教訓，海禁在 1567 年被解除。〔註19〕此舉在時間上與西班牙人來到菲律賓恰好一致，剛好發生在西班牙人定居馬尼拉之前五年。

　　自一開始，這些西班牙人與新近擺脫繁重的貿易限制的閩南人之間建立有利可圖的關係之前景就一片光明。值得注意的是，西班牙人初抵馬尼拉地區時，曾發現有一百五十名左右的中國人，這些中國人都渴求貿易。這預示著未來是美好的。果不其然，在此後的三十餘年內，確有大批閩南人來到。至於商人社區的形成，在數份載籍中得到了充分的證實，張燮所著的《東西洋考》（1617 年）中的描述，對此做了很好的總結：

　　華人既多指呂宋，往往久往不歸，名為壓冬，聚居澗內（八聯）為生活，漸至數萬，間有削髮長子孫者（即改為信奉天主教，或仿傚洋式，與當地女子通婚，在該地成家）。〔註20〕

　　然而，對西班牙人和華人來說，馬尼拉的華人殖民團體仍然是個懸而未決的且令人不安的問題。這部分應歸咎於中國沿海處於「日本」海盜（倭寇）時代餘波的情況。有幾個較大的海盜集團仍令中國沿海官員煩惱不堪，其中

〔註18〕張天澤《1514 年至 1644 年的中葡通商史》（Chang Tien-tse, Sino-Portuguese Trade from 1514 to 1644 萊登，1934 年）。

〔註19〕蘇均煒《十六世紀明朝的倭寇》（Kwan-wai So, Japanese Piracy in Ming China during the 16th Century，東蘭新，1975 年）；另見陳懋恒：《明代倭寇考略》（北京，1957 年）。

〔註20〕張燮《東西洋考》（臺北重印版，1962 年），第 174 頁。

以林鳳為首的一個海盜集團曾於 1574 年至 1575 年間南航，企圖佔領馬尼拉，自己的地位仍然是多麼不穩，不過他們也瞭解到明帝國的一些情況。明朝的沿海官員主動提出要幫助摧毀林鳳的軍隊，而且事實上，他們對西班牙人的獲勝感到十分高興。兩批明朝的官員訪問了馬尼拉，第二批官員實際上帶去了朝廷對西班牙人去中國貿易的許可，值得人們進一步注意的是，他們對當地的華商社區絲毫不感興趣。西班牙人得到了明確的啟示，華人在國外貿易的確是依靠自己的力量，因此，可利用華人來促進西班牙人在中國貿易上的利益，進一步擴大西班牙人本身在東南亞的事業。與此同時，由於這些華人的數量日益增多，必須很小心地把他們限制在自己的居留區內。1582 年，西班牙人為這些華人劃出了一個特別的地區——八聯（Parian）（這個華人區在其後的二百年中曾數次遷移，但控制非天主教徒的華人的原則卻始終未變。）以絲綢貿取白銀的貿易在十六世紀八十年代變得特別有利可圖，每年大約有二十艘帆船來自福建。到了 1600 年，每年航自福建的帆船數字達到三十餘艘；三年之後，選擇留居在呂宋的華人超過二萬五千人，1603 年，西班牙人對這些華人的猜疑和恐懼導致發生了一場爭執，其結果絕大多數的華人被屠殺。在幸存者中，據稱約有五百人返回了中國，留下的僅是另外那五百人。閩南的一些地方志和族譜均以特別強烈的口吻報導了這一悲劇。〔註 21〕

　　儘管在這一時期西班牙人的著作中有許多關於華人的記載，可有關設在八聯的華商社區的組織狀況卻語焉不詳。我們獲悉，那些販賣絲綢和其他織品的大商人；其餘的商人販賣瓷器，還有的商人則販賣食品、家具和工具，有的提供個人服務。應列舉出的其他重要的技能還包括裁縫和印刷。不過，絕大多數的華人都開辦店鋪，經營買賣，且十分成功。他們中有愈來愈多的人改為信奉天主教，並娶當地妻子，因而獲准可在八聯以外的地方居住。在這些華人及其子女中已出現為眾人所信任的首領，他們代表該地區與西班牙當局打交道。在這些受信任的華人中，有部分人甚至獲准在馬尼拉要塞中與西班牙人雜居。〔註 22〕

　　然而，這還很難算得上是個穩定的華人社區。在 1603 年的大屠殺之後，華

〔註 21〕《安海志》第 I44～I52 頁上列舉了一些與此悲劇有關的值得注意的記載。

〔註 22〕小阿方索・菲力克斯編《1570～1770 年的菲律賓華人》（Alfonso Felix: Jr.ed., The Chinese in the Philippines, 1570~1770，馬尼拉，1966 年）第 1 卷，該著作主要運用布萊爾與羅伯遜編纂的《菲律賓群島》中的史料。

人人數急劇下降至約五百人。令人驚訝的是，沒過多久就有更多的閩南帆船載
著更多的商人航抵，從而使人數再度上升。在其後的二十年內，菲律賓的華人
總人數達到了三萬，按照西班牙人的政策，居留在馬尼拉的華人人數不得多於
六千人，然而實際上這一政策無人理睬，據估計到 1621 年，在八聯至少有二萬
華人，此外，在旅居的華人與已皈依天主教的華人之間，此時已界限分明；前
者居住在像八聯這樣封閉的地區，後者若自己願意的活可獲准與土著菲人雜居。
在十七世紀餘下的那些年頭內，由於西班牙人的政策變化無常，尤其是 1620 年
至 1684 年間，中國政局動盪不定給西人政策造成的影響，使得華人人數繼續波
動不定。西班牙人學會與一些有限的航自中國的帆船共處。他們自己的華人混
血兒社區也已穩定地成長起來，以操縱對中國的貿易。於是在馬尼拉和菲律賓
其他地方的華人社區在性質上發生變化。華人社區開始分化成兩個既相關但又
有區別的社區：即旅居的社區和處於過渡階段的社區；後者已成為一個（帶華
人血統的）本地化的華裔混血兒社區，他們中的許多人傾注全力與那些來自福
建祖家的中國旅居者貿易，其後裔則逐漸地成為未來的菲律賓人。〔註23〕

　　旅居者以及非天主教徒的華人都由一名西班牙人的「總督」加以控制，
但八聯還有其充當中間人的「首領」。我們對各種各樣的貿易活動是如何組織
的一無所知，在別的地方，廟宇總是社區生活的中心，要麼是供奉保佑水手
的女神──天后，要麼是供奉商人喜愛的神──關羽，或者是二神兼而供之
（後來，往往又加進如來佛或大慈大悲觀世音）。由於幾次大屠殺也因為八聯
幾度遷移，在馬尼拉已找不到早期廟宇的任何遺跡，甚至連有關它們曾經存
在的記載亦蕩然無存。我們所擁有的絕大部分史料仰賴於西班牙人的載籍，
可這些載籍主要集中於討論中國──墨西哥貿易，華人對西班牙當局的威脅
以及華人可能改為信奉天主教，至於華人本身利用什麼公共機構來維持團結
並進一步拓展其事業成就的情況，則隻字不提。秘密會社、行會和方言群社
團直到十八世紀才變得普及起來。總之，由於華人幾乎全部是泉州和漳州二
府的本地人，故這樣的組織或許並非必不可少。〔註24〕

〔註23〕魏安國《1850～1898 年菲律賓生活中的華人》（Edgar Wickberg.The Chinese in
　　　　Philippint Life. 1850～1898，紐黑文，1963 年），第 3～41 頁。

〔註24〕不過，寺廟卻是必不可少的。關於馬尼拉的寺廟，至今未見到全面、詳盡的
　　　　研究；但是，蘇爾夢與龍巴爾的著作《椰城華族廟宇志》（Claudine Salmon and
　　　　Denys Lombard. Les Chinois de Jakarta: Temple et vie Collective，巴黎，1977
　　　　年），表明了寺廟對於海外的華人社區來說是至關重要的。

有關的記載提到，八聯的那些旅居者按照各主要行業或以宗族、村莊、縣區等籍貫為中心聚居在幾條以木製建築物構成的街上，可能有一幢建築物是作為天后宮或關帝廟，另外一些小祭壇散佈於其他建築物中。華人天主教徒（在十七世紀初期，其人數不超過華人人口的百分之十至百分之十五），尤其是那些已婚者，則住在比農多以及近郊的教堂周圍。據聞，1687 年時的比農多華人公會（市議會），其領導為十名華人甲必丹和五名混血華人甲必丹。但到了十八世紀中葉，混血華人的數量已多到足以與華人僑居者分道揚鑣。人們由此獲得的印象是，毫無疑問，西班牙人通過教會引導的政策控制了絕大部分的華人人口；大凡在此類地方，西班牙人讓各不同群體的華人在其願意的時候以其自己的方式自由組合，或賄賂西班牙官員，使其允許他們這麼做。〔註 25〕

長崎

十六世紀末赴日經商的中國旅居者與馬尼拉的華人社區形成了鮮明的對比，他們不必與一個危險的而且是擴張主義的西方強權打交道。反之，他們可得益於中日之間長期的歷史與文化方面的聯繫。然而，這些聯繫並不是連續的或可預測的，雙方的商人往往成為兩個妄自尊大的帝國政府多變的政策的受害者。例如，宋代不斷增長的貿易在十三世紀末為忽必烈汗的野心所切斷；當時，他兩度試圖入侵日本。後來，為明朝政策將對外貿易侷限於朝貢使團的範疇時，日本又拒絕接受臣屬關係的觀念，儘管是名義上的臣屬關係也不行。日本的海盜（倭寇）和走私者在十四世紀末至十五世紀初將關係進一步惡化，以至於中國商人愈來愈難安全地航赴日本，更不必說支持在日本的任何僑居社區。這種情形並未使得局勢有所好轉，因為當時日本正處於痛苦的內戰時期，當形形色色的封建領主苦戰捍衛其領土時，政治上的無政府狀態使之不可能有正常的貿易關係。儘管如此，由於九州的口岸較靠近華南各省，有進取心的華人也較易前往，所以九州封建領主的利益使得非官方的貿易仍保持活躍。九州領主們本身的船隻和商人開始航越中國，並設法進入東南亞各個口岸。日本商人與中國商人特別是閩南商人之間的私人聯繫確實得到了進一步的發展。他們彼此的關係十分密切，以致於十六世紀中葉中國嚴厲實施貿易禁令時，那些直接受影響的日本商人與中國商人便聯合起來，

〔註 25〕菲力克斯，前揭書；魏安國，前揭書。

以武力襲擊中國沿海地區。為了進行這些襲擊，他們利用了浙江和福建的一些近海島嶼，但是，他們的幾次較大的襲擊卻是從九州群島的口岸基地組織的。〔註 26〕據報導，大多數的這些口岸上有旅居的中國人，但沒有任何證據可以表明在十七世紀前曾存在著一個華人社區。人們不清楚這些歷時二十五年以上的對中國沿海的連續襲擊究竟在多大程度上滿足了商業的需求，那些載籍強調了財產包括耕地和沿海工業的毀壞，以及可怕的人口喪生；載籍還描述了那些明朝主將如何竭盡全力地擊潰這些倭寇團夥，並將其驅逐回日本。無可置疑，有許多中國人（個別地或小批地）進到了日本的一些口岸旅居或定居，其餘的中國人則與日本夥伴一道南航，在越南（當時已包括占婆各口岸）、呂宋、北大年、萬丹和馬六甲旅居。〔註 27〕值得人們注意的事實是，「日本人」並未獲得明朝的寬恕。當海禁在 1567 年被解除時，對日本貿易的禁令仍然生效，這意味著旅居日本的中國人不能返回中國，日本商人也不能直接與中國進行貿易。於是，閩南人便無法從富有的對日貿易中獲益；閩南人對非法的私人貿易的積極性最初導致朝廷強化海禁，後來又是他們強烈地呼籲和不顧一切的懇求使得朝廷在 1567 年解除了海禁。葡萄牙人取而代之，成了主要的受益者，他們利用其新建的澳門基地來進行中日之間的雙向貿易。閩南商人只好滿足於與葡萄牙船主們結盟，依賴他們，並加入葡萄牙人設在日本各口岸的一些小型但頗為成功的貿易中心和傳教中心。〔註 28〕

在十七世紀初，這種對日本的間接貿易有一個較好的實例。南安（在泉州）的冒險家鄭芝龍（即鄭成功之父）前往澳門探望母舅，成為一名天主教皈依者，然後隨澳門船隊去九州。在平戶，他為非常成功的閩南商人李旦效勞，娶了一位日本女子為妻；待李旦去世後，他便接管了李旦的海上商業帝國。顯然，當時在平戶一定早已存在著一個小型的閩南人社區，另一位名為顏思齊的閩南人，開始時據設在當地以裁縫為生，最後發夠了財，在鄭芝龍

〔註 26〕蘇均煒，前揭書；山脅悌二郎《鎖國時代的走私貿易》（東京，1965 年）。
〔註 27〕川島元次郎《德川幕府早期的海外貿易》（東京，1917 年）。
〔註 28〕C.R.博克瑟《航自澳門的大帆船：1555～1640 年澳門與日本早期貿易編年史》
（C.R.Boxer. The Great Ship from Amacon: Annals of Macao and the Old Japan
Trade, 1555~1640，里斯本，1959 年）；同著者：《遠東的葡萄牙貴族》（idem.
Fldalgos in the Far East. 海牙，1948 年）；喬治·布里安·索薩《帝國的幸存
者：1630～1754 年葡萄牙人在中國及南中國海的貿易與社會》（George Bryan
Souza, The Survival of Empire: Porluguese Trade and Society in China and South
China Sea, 1630~1754，紐約，1986 年）。

到來之前已領導著他自己的海上帝國。有證據表明，當時在長崎附近和長崎本地還存在著其他小批的華商和華人冒險家。〔註29〕

　　荷蘭人是在十七世紀初來到九州的，恰逢新的幕府將軍德川家康將日本重新統一在其控制之下不久。德川家康很快就認識到對中國的貿易有厚利可圖，他決定讓日本商人招募中國人來輔助自己，而不將這一貿易留給葡萄牙人和荷蘭人去競爭。一種新的貿易許可證制度被引入，從而打破了歐洲人對該貿易的壟斷。正是在這一時期，李旦和鄭芝龍建立起他們的海上勢力，臺灣島也被中國人、荷蘭人和西班牙人相繼開闢為有用的貿易基地。降至十七世紀二十年代，澳門、馬尼拉、漳州月港（十六世紀時它取代泉州而成為閩南人的口岸）、廈門（十七世紀時在鄭芝龍的影響下興起的新的閩南港埠）、臺灣以及九州的貿易便不再是小商人所從事的貿易。歐洲人的到來建立了一種具有新的規模的長途貿易，葡萄牙人和西班牙人分別有其皇室的支持，荷蘭東印度公司則有官方集體支持作為後盾。幕府將軍向日本商人提供中央的支持是一種很現實的反應。〔註30〕唯獨中國人——我在此特指那些處於日益衰微的明帝國東南一隅沿海地區的閩南人——得不到官方的絲毫支持。鄭芝龍之所以能將其龐大的海上勢力統領在一道，靠的是軍事上和外交上的技巧，靠的是成功的貿易活動，更重要的是依靠其大家族和忠實的閩南同鄉的支持。

　　九州的形勢直到家康孫子的時代仍不穩定，當時，日本國內的政治導致出現完全閉關的政策。各種形式的對外關係均告終止，葡萄牙人及其貿易船隊被趕走。到了 1641 年，僅長崎一個口岸維持對外開放，但也僅僅是對中國人和荷蘭人的商船開放而已。長崎作為漁村在十六世紀七十年代因為葡萄牙人在貿易和傳教方面努力的結果而日益重要的歷史是非凡的，這段歷史常為人們所稱道。中國人，包括那些受雇於葡萄牙人的華人天主教徒，在長崎的發展過程中曾起過積極的作用。有證據表明，在 1602 年時，當地存在著一個小規模的閩南人社區，十七世紀其餘的年代裏，這些閩南人始終是當地最重

〔註29〕小威爾斯《從汪直到旋琅的中國沿海：以邊緣歷史為主題》（J.E Wills, Jr. "Maritime China from Wang Chih to Shih Lang: Themes in Peripheral Hislory"，文載斯賓瑟與小威爾斯合編：《從明到清：十七世紀中國內部的征服、地區與連續性》（J.D.Spence and J.E. Wills.Jr.eds, From Ming to Ching: Conquest. Reglon, and Coniinully In Seventeenth Century China，紐黑文，1979 年）。

〔註30〕村上直次郎《貿易史上的平戶》（東京，1917 年）；長崎市役所《長崎市史》（通交貿易編，東洋諸國部，長崎，1938 年）。

要的華人群休。這個小規模的閩南人社區的盛衰或可劃為三個時期，第一個時期是從十六世紀八十年代一直到 1635 年，當時這些閩南人是最為大的。第二個時期由 1635 年至 1688 年，閩南人由於擁有其自己的水師而得心應手，與此同時，其他來自福州、寧波和長江三角洲的中國人則因其家鄉的基地受到明朝滅亡以及清政權鞏固期間中國政局動盪不安的嚴重影響而衰弱。1688年以後，在長崎的中國人數雖下降，閩南人變得對移居臺灣以及東南亞的各個港埠更感興趣。〔註31〕

　　德川幕府在 1600 年以後愈來愈反天主教，它想要那些願意證明自己是非天主教徒的中國人。因此，長崎的這個僑居社區的第一階段是以中國人公開信佛作為標誌，倘在別處他們用不著這麼做。〔註32〕1602 年，閩南人利用當地的一座佛寺作為正式的集會場所，在當地並非只有閩南人這麼做，但他們卻是首先利用寺廟聚會的。來自江蘇和浙江的競爭者進而在 1623 年建立了興福寺（南京寺），此事導致閩南人在不久之後的 1628 年建起了他們自己的福濟寺（漳州寺）。翌年，來自福州的第三個商人群體自建了崇福寺（福州寺）。他們以這樣的方式與葡萄牙人、信奉天主教的日本人和華人（包括由馬尼拉的西班牙人改變信仰的其他閩南人）劃清界限，而成為在長崎受優待的外商。後來，在 1641 年，在荷蘭人被迫由平戶移居到出島這一限制其在長崎活動的人工島時，這些「佛教徒」的華人便顯然受到優待。事實上，這些華人未被限制居住在各自設於市區的寺廟附近，而是獲准自由地住在那些與之交易的日本商人家庭當中。不過，人們可以設想，這三個亞社區中的任何一個一定會利用他們自己的寺廟作為會場、社會活動中心、福利中心、以及宗教活動的場所，以加強他們的亞民族的團結。〔註33〕遺憾的是，我們不知道這些寺廟是否曾經被用來進一步促進他們的商業抱負，或在像李旦和鄭芝龍這樣的人物所獲得的成就中曾發揮過任何作用。

　　在第二個時期，鄭芝龍及其子鄭成功保證了閩南人控制著長崎、廈門和臺灣（以及中國和東南亞的其他各口岸）之間的所有貿易。比任何其他時期都更清楚的是，在鄭氏艦隊控制之下有點兒像是個海上帝國。他們得益於清

〔註31〕《華夷變態》，東洋文庫叢刊第十五號，第一卷（東京，1958 年）；山脅悌二郎《長崎的唐人貿易》（東京，1964 年）。

〔註32〕山本紀綱《長崎的唐人坊》（東京，1983 年），第 146～193 頁。

〔註33〕山脅悌二郎，前揭書。

政府將沿海人口內遷的遷界政策，這項政策延續了二十多年（1661～1681年），從而使得鄭氏家族在其衰落之年幾乎沒有遇上競爭者。在此時期內，長崎當局開始更嚴密地監督中國人，還對他們的社會政治活動甚感興趣。不過，這些中國人仍然可以比較自由地與日本人雜居，至於那些忠於明室而逃到日本的流亡者，他們發現選擇歸化可受到優待，故從未被歸入為數眾多的寓居的閩南人一類。然而，對於華人社區來說，直到鄭氏「帝國」崩潰，臺灣在1683年為清朝水師攻克，沿海居民再度獲准出海時，其鼎盛時期才來臨。1687年，從中國駛來了一百多艘帆船，人們突然發現這些船隻帶來了極大的壓力。長崎當局決定限制帆船的數量，並為華人建造了一個唐人坊。隨著1689年長崎當局將所有的華人集攏在一起，強迫他們像荷蘭人在出島那樣住在一個受限制的區域內時，一個新的时代便開始了。〔註34〕

自1688年到十九世紀中葉，長崎的華人被限制居住在一個四周有圍牆並有看守的「唐人坊」，該區由日本人控制，1708年，受雇在該區工作的日本職員為九十六人，但有一百三十四名日本人被任命來看守出島的荷蘭人。此外，唐通事會所雇用的工作人員達二百五十人，而與荷蘭人打交道的僅有一百三十八人。儘管閩南人在十八世紀時只有少數人在關注著長崎的貿易，1708年，在一百六十七名操用各種中國方言的通事中，受訓操用泉州（閩南或廈門）方言的通事達到一百零一人。〔註35〕

結論

閩南人之所以成為本文的焦點，是因為他們在十三世紀至十八世紀的海外商人中占大多數，他們也最有成就。閩南人在中國沿海作為一種連貫的貿易力量出現的時間，比葡萄牙人在歐洲沿海出現的時間還早，他們在早期的成功應歸功於宋，兩個朝代皇帝統治之下官方的支持，正如葡萄牙人的成就自一開始就取決於皇室的鼓勵那樣。但在1368年之後，當明朝政策改變、官方的幫助撤消時，閩南人就在法外堅持到底，依靠自己的力量生存。他們需要閩南造船者和船長的技能，需要從事國內貿易而致富的富裕的宗親的資金，也需要自己的士大夫親戚作為代言人，甚至對他們的一些非法活動提供庇護。

〔註34〕關於鄭成功的論述現已相當之多。可參見近年在中國出版的兩本書集，尤其是《鄭成功研究論文選——續集》（福州，1984年）。至於唐人坊，可參閱山本紀綱，前揭書，第197～207頁。

〔註35〕中村質與中田安尚：《崎陽群談》（東京，1974年），第263～303頁。

他們需要自己的家族和鄉村中的關係網提供人員，他們還不得不在國內賄賂
貪官污吏，在海外與外國官員和外國商人合作，儘量閩南人付出所有這些努
力，儘管他們擁有地理上的優勢以及對東南亞地區的長期的瞭解，閩南人仍
然得十分艱難地與官辦的、武裝的葡萄牙人競爭。

　　至於西班牙人，閩南人與之相比所佔的優勢甚至更大些。菲律賓群島就
在近旁，中菲之間的海域暢通無阻，閩南人在數量上又遠比西班牙人為多。
而且，西班牙人處在一個龐大的帝國較弱的一端，更受到抱有敵意的葡萄牙
人和摩洛人船隊的制約。在呂宋的閩南人社區倘若不去主宰政治經濟事務的
話，按道理應能夠掌握自己的命運，但是這種局面並未出現。恰恰相反，被
中國官員遺棄的閩南人，選擇了僑商這種低姿態。而對西班牙帝國的勢力，
他們孤立無援，許多人實際上淪為西班牙人擴張的工具。另一方面，菲律賓
的華人社區卻對中國經濟作出了巨大的貢獻，他們成功的貿易將大量的白銀
輸入了中國，他們的企業把蕃薯、玉米、花生和煙草之類新大陸的糧食作物
引進了中國，改變了其故鄉全省的主糧生產農業。〔註36〕

　　荷蘭人也像閩南人和葡萄牙人一樣，居住在大陸的邊緣，他們同樣面臨
著來自海洋的危險和機會。與葡萄牙人不同之處在於，他們的事業沒有其王
室的支持，而由一特許公司支持。該公司在組織方面很現代化，較符合新興
資產階級的需要。與閩南人不同之處在於，荷蘭人不僅有官方的支持，還有
法律和政治的保護。他們用荷蘭東印度公司的名義武裝的商船也獲得君主的
認可。即使在長崎，在沒有任何外國集團控制的情況下，華人在理論上與荷
蘭人平等時，荷蘭人仍比華人佔有更大的優越性，因為他們可作為外國國家
的代表與幕府將軍的官員打交道。不管幕府將軍是否有印象，荷蘭人均可時
不時地提醒他們，說自己的公司是得到國家認可的，可以代表自己國王來談
判。閩南人卻不能提出任何類似的要求，他們僅能尋求自己所能得到的盡可
能完善的安排，而他們所能得到的也僅是東道主認為他們應該獲得的東西。
無論是在馬尼拉還是在長崎，閩南人既不能與西班牙王國的殖民主義者、教
士和士兵競爭，也無法與國家支持的特許公司裏全副武裝的雇員競爭。他們
是中國朝廷邊遠省份的地位卑微的商人，他們必須靠自己的機智謀生，培養
冒險的高超技巧；此外，在競爭中僅能指望家族─鄉里系統和強有力的閩南

〔註36〕羅斯基，前揭書；朱維，前揭書，下冊。

當地人的忠誠來幫助自己度過艱難的歲月。〔註 37〕

閩南人的成敗皆易被誇大，從他們在馬尼拉和長崎的歷史中歸納出的結論是，他們的貿易活動在很大的程度上受到歐洲人東來的鼓勵，按照進取心和膽量來衡量的話，他們能夠做歐洲人所做的一切。然而無法在中國促成必要的制度變化來與歐洲勢力甚至日本勢力匹敵，他們從來就不是明、清政府當局建立商人帝國的任何勢力的工具，他們也不能指望為其自身任何創新的努力而獲得官吏的支持或意識形態上的支持。他們最終必須滿足於成為自己的競爭對手所建立的商人帝國的參加者甚至是資助代理商，這些對手雖然來自中國，但是有國家支持的組織。華商社區就是以這樣間接的方式對世界經濟的增長作出貢獻，那種貢獻的程度將是未來研究的主題。

〔註 37〕吳振強《廈門的興起》（Ng Chin-keong: Trade and Society: The Amoy Network on the China Coast, 1683~1735，新加坡，1983 年）；田汝康，「15～18 世紀中國海外貿易衰落的原因」（Tien Ju-kang, "Causes of the Decline in China's Overseas Trade between the 15th and 18th Centuries"），文載《遠東歷史論叢》（Paper on Far Eastern History），第 25 期（1982 年），第 31～44 頁。

海外華人研究的地位〔註1〕

譚天星譯　梁英明校

　　在今天中國之外的華人中，生長在不同國家或地區者之間有著明顯的不同。例如，美國土生華人對世界的看法就與新的中國移民或東南亞華裔的再移民不一樣。在西歐、印度、朝鮮或日本、斐濟、澳大利亞、新西蘭、大溪地或毛里求斯等有一定規模的定居華人社會裏，情況也相似，而這些社會裏的華人又與那些新近直接從香港、臺灣或中華人民共和國來的移民不同。

　　這樣，人們的研究從何入手呢？顯然，有些華人社會有自己的悠久歷史可以敍述；有些則規模之大足以吸引人們進行社會學和心理學的研究；同時，還有一些則是外交政策、政治與安全所關注的問題。今天，更多的華人已在經濟上取得巨大成功，以致引起了經濟學家、大學研究者和第三世界的計劃制訂者們進行個案研究的興趣。一些華人群體在中國之外有了數代的繁衍，許多華裔已與當地居民通婚並已完全同化，還引起了醫學家和衛生學家的極大興趣。

　　在此，我無意於撰寫一篇書目提要式的文章或作文獻的概述，也非羅列各地華人的諸般特徵。我知道專家們在以後三天提出的論文中的中心內容，因而，這裡我只是十分簡要地說些我想說的話。首先，我將對迄今為止的海外華人研究史作一概述，並指出作為一個究竟是衰落還是發展似乎還難以斷定的領域所存在的某些明顯的不足。其次，將對兩個重要的傳統與研究方法

〔註1〕　此文刊發在《華僑華人歷史研究》1993 年 7 月（第二期）第 1～8 頁。文章乃
　　　　王賡武 1992 年 11 月在美國「落地生根：全球華人問題國際研討會」上所作
　　　　的主題演講，譯文略有刪節。譯者譚天星係中國華僑華人歷史研究所副研究
　　　　員，校者梁英明係北京大學亞非研究所教授。

作些分析。其一是集中在各個極力成為僑民和移民的小中心的海外華人社區。其二是著重研究通常是每個這樣的小中心所屬的範圍內的矛盾現象。在過去幾十年裏，這兩種研究有了迅速的發展。我認為，在未來的研究中，二者還有很大的發展潛力。

最後，我將舉例說明使海外華人的形象增大的兩個問題。這兩個問題是：（1）作為移民商業社會的經濟適應性與成功的問題；（2）在經濟成功同時的文化意識問題。越來越多的學者、記者、遊客和其他觀察家們以及海外華人社會本身對這兩個問題的興趣日增。而且，我將指出兩者在將來的重要性。為此，我所選擇的許多例證都是來自東南亞，一部分原因是因為東南亞的華人影響最大並為世界學者所矚目，而且還在於我希望東南亞的經驗對於那些研究美洲和大洋洲的華人社會或其他較小、較孤立或較新的華人社會的學者們能有所幫助。

一

關於海外華人研究簡史。

中國人從北部中原南移西遷的歷史長達 2500 餘年，許多人在兩千年前即已到達滿洲（中國東北──譯者）、北朝鮮和越南北部。有關這些定居點的記載已成為中國悠久歷史的一部分，但是從來沒有「域外華人」的觀念或研究。漢朝以後，少數中國商人從海路抵達朝鮮、日本和「南海」。迨至唐朝，此種情形有增無減。大約在一千年前，已出現小的華人定居的跡象。有關這些華人的記載是斷簡零篇，且通常是附屬於有關外國的報導或記述中，這除了作為中國歷史的一個延伸或一部分之外不值得另加注意。沒有什麼可稱之為「海外華人研究」的。即使是在大批華商到達南洋活動的前夕，關於鄭和下西洋這樣較重要活動的記載也是簡略之至。諸如《明實錄》等官方文獻曾順便提及一二。直至 20 世紀，海外華僑社會還不是中國國內的歷史學家們研究的一個題目。中國商人和僑民在朝鮮、日本、越南或東南亞其他國家的歷史文獻中也不值得進行認真的研究。

可以肯定的是，中國最早意識到「華僑」僅僅是 17 世紀初的事情。這便是張燮的《東西洋考》。一個世紀之後，有陳倫炯的《海國聞見錄》問世。19世紀初，有謝清高的《海錄》；接著在首次中英戰爭（1840）後不久又有魏源的《海國圖志》。所有這些作品均為關於外國的報導，沒有能稱得上「海外華

人研究」的。說實在的，較之原住民或中國人自己，16～19世紀的歐洲人則對東南亞華人注意得更多。在歐洲人關於東南亞主要貿易港口的文獻中，有對中國商人和工匠的描繪與評論，這些地方歐洲人都是將華人視為競爭對手，或者能夠既雇傭他們又把他們作為合作的夥伴。葡萄牙人在馬六甲，西班牙人在馬尼拉以及後來在菲律賓各地，荷蘭人在巴達維亞和馬來群島的其他地區，都留下了有關華人社會的最早記載。爾後，當英國東印度公司和殖民官員在逐漸建立了對諸如檳榔嶼和新加坡等日益興起的港口城市的統治時，他們開始認真看待華人社會，而有關華人經濟活動的報告也更加豐富和準確。

這是在從 19 世紀歐洲殖民研究的傳統發展成為一種少數民族和種族研究之前的大致情形。有些人會認為，這是早期東方主義傳統的一種延伸，當許多中國人被作為苦力引入殖民地之時，這種研究愈益政治化。正是在此時，還不能把華人視為商人和工匠。勞工移民的蜂擁而至，礦場和種植園中的緊張勞動，造成了管理上的新問題、稅收的新來源，甚至對法律與秩序的新威脅。為了使殖民當局與土著官員能夠對華人進行更有效的控制，這就需要做更多的研究。因而，描述性著作的水平提高了，而許多行政管理與經濟的報告水平堪與近年來所做的專題研究相比擬。

19 世紀後半期，為了尋找工作和商業機會而離開中國的華人數量急劇上升。一些華人社會的財富也在增長。在具有殖民傳統的學者之外，不久又有兩個對華人懷有同樣興趣的集團與之並駕齊驅。一是中國國內少數感到自己有責任瞭解外國事務的官員與學者；一是美洲和澳洲等移民國家的記者、律師、政治家和工會領袖。儘管引起他們興趣的來源不一，動機不同，但他們的作品卻多為政治性的。作為殖民管理的事務，在美國和加拿大的西海岸、澳大利亞的金山，對白人居民來說，「華人問題」已從殖民統治問題發展成為移民和勞工政治問題。在清代中國，華工爭端成為有關主權和政策的嚴重問題，中國保護海外子民的能力受到懷疑。迨至 19 世紀末，人們認識到這個「問題」最終是不能與現代民族主義現象相分開的。

從根本上來講，這是將海外華人「問題」政治化和「黃禍論」的一部分。19 世紀後期，中國與西方國家（包括美國和在太平洋的英帝國）之間的爭論發展成為 20 世紀初期一系列有關海外華人效忠的問題，當這些問題無法解決之時，新生的東南亞土著國家在交戰時期的領袖們對於中國政府呼籲海外華人愛國的做法，深懷恐懼。孫逸仙和他的國民黨與海外華僑有著很深的淵源，

將華僑視為該黨的主要支持力量之一。後來，中國共產黨對這些華僑依賴較少，但 1949 年他們的勝利在東南亞引起了對中國通過華僑進行擴張的更大恐懼，這是幾十年來海外華人研究著作產生的背景。自越南戰爭結束以來，這些恐懼多少已經減輕，但它決非一去不返，而是仍然易於復發。

這裡特別需要指出的是，從 19 世紀 80 年代到 20 世紀 70 年代，幾乎主要有關東南亞華人的研究都具有強烈的將華僑「問題」政治化的色彩。無論是在殖民當局的或議會的或國會的報告中，無論是在對當地、殖民者或中國等方面所面臨的該問題進行生動記述的報刊雜誌中，在近百年的時間裏要將華人問題與政治、外交、防務和安全諸問題相隔離開來看待，那是何其之難。

在過去近百年的著作中，可能有好的，有壞的或無足輕重的，為我們所稱的海外華人研究可能奠定或沒有奠定某些基礎。然而，不管怎樣，其著力之處與不足之處確實需要進行考察。在此，用幾句話是難以公正地評述這些作品的廣度與深度的，但它有助於回答這樣一個問題，即「我們究竟由此向何處努力？」這些著作可以粗略地分為四類，即殖民官員、白人居民和土著領袖們所作的政治報告；中國官員和學者們的著作；當地華人（無論定居與否）的作品以及現代國際上的和華人的著作。

總的來說，東南亞殖民官員采用比較研究的方法，這是因為他們有同時統治土著居民和中國移民的職責。對每一個殖民地不僅進行土著居民與華人之間，而且進行該地華人與其他殖民國家華人之間的比較，這是很有用處的。當他們的目的是幫助各自的殖民政府更穩定地進行治理時，他們發現有必要去瞭解每個華人社會的經濟地位以及社會的與文化的動力。對東南亞華人進行超越表面的和一般化研究的經典之作有格魯特（J.J.M.de Groot）、弗萊明（J.L.Vleming）、維尼（W.L.Wynne）和巴素（Victor Purcell）等人的作品。與之相反，北美和澳大利亞白人居民的著作題材則過於狹隘，而且通常更多的是向人們顯示他們的種族主義態度，而不是生活在他們中間的華人。直至最近，才有學術性的作品問世。亞洲土著民的作品當表達的只是他們的民族主義與仇外主義的熱情時，便不具有學術性。現在，真正的研究工作已經出現，但主要是當地華裔，他們的著作應與第四類研究著作加以同樣看待。

第二類是中國官員和學者們的著作。他們主要描述海外華僑與中國歷史上的聯繫，華僑的愛國主義與政治活動，其經濟成就，他們的學校、報刊以及清朝、國民黨和共產黨政府所執行的華僑政策的演變。儘管有些人的確在

其所涉範圍內力求有所見地，但其基調仍然是中國認同論，包括強調投資以及政治與文化的效忠。最著名的學者有馮承鈞、陳達、李長傅和姚楠。1949年以後，中國大陸與臺灣都將華僑問題高度政治化，很少有學者受到鼓勵去進行認真的學術研究。值得提出的例外情況是一些歷史學家和人類學家，如田汝康（人類學家，回到中國後轉向歷史研究）與臺灣中央研究院的李亦園。近十年來這一研究有了明顯的復蘇，但大多數作品即使沒有那麼多的共產主義意識形態的色彩，也依然侷限於對華人經濟成就的民族主義自豪感，只有極少數的學者有機會對華人社會自身進行研究，同時他們也需要建立起有特色的海外華人研究的方法。

第三類是當地華人自己。無論他們是僑民還是居民，他們都比較傾向於著重探討因政治效忠（無論是對中國或對當地或對殖民政權）而引發的複雜的、多種多樣的問題。二戰前在東南亞，這方面的學者有宋旺相、郭德懷、林天佑和梁友蘭。戰後，在歐洲、北美和澳大利亞接受訓練成為現代學者的新一代土生華人開始作為歷史學家、人類學家、社會學家、政治學家、經濟學家和語言學家在不同的學科內進行寫作，他們大多數已認同於各自的民族國家。然而，即便如此，在他們大多數研究中，政治效忠和文化整合問題仍然是一個基本的主題。從廖建裕所編《東盟各國華人》一書中的一系列論著中可以發現，一批優秀的當地學者已經與後殖民時期在這一領域頗有建樹的西方學者齊頭並進。

第四類在本世紀 50 年代和 60 年代是由兩位傑出的人類學家領導的，他們是倫敦經濟學院的莫里斯·弗里德曼（Maurice Freedman）和康奈爾大學的斯金納（G. William Skinner）及他們在倫敦康奈爾的年輕學者隊伍。他們關於新馬、中國南方（弗里德曼）、泰國和印尼（斯金納）的著作是具有權威性的。緊隨其後的有人類學家威爾莫特兄弟〔其中雲達樂（Donald Wilimott）研究印尼、雲達忠（William Willmatt）研究柬埔寨〕以及歷史學家魏安國（Edgar Wickberg）研究菲律賓。此外，還有克勞婷·蘇爾夢（Claudine Salmon）關於華人作家及其馬來文作品的重新發現的引人注目之作。他們的專業化風範給新一代土生華人學者以很大的影響，並幫助他們作為認同於當地民族的堅定分子去提出新的觀念。與之鮮明對比的是，這種專業化風格並沒有激發土著學者對華人進行認真的研究。一旦土著學者有意識地對他們的少數民族進行很好的學術研究，這將是知識成熟的一個重要標誌。

　　對東南亞華人的研究與對其他地區華人的研究可能有很大的不同。最顯著的不同或許是關於從 19 世紀末到 20 年前對美國華人的研究。在此，我不僅是指占支配地位的關於移民、勞工關係及其他政治與法律方面的著作（特別是美國學者的著作），而且也指華人自己著作中的矛盾。在華人著作中，很少有關於經濟機遇和移民成就的故事，而更多的是向美國人學習，作為瞭解西方文明的窗口。同時，還有大量作品是關於歧視、對美國教育、文化和社會的真實的驚奇，這是延續至今的羨慕與困惑的混合體。

　　還有一點不同的是，在本世紀 50 年代中國向東南亞的移民完全停止之時，北美則開始向中國人和朝鮮人開放門戶，至少有四種中國人是可以辨別出來的：來自臺灣的；來自香港的；來自東南亞及其他地區的再移民；以及最近直接來自中國大陸的。人們幾乎可以稱之為一個新的華僑潮，不過多數是學生（不是選擇成為過客，而是預期的移民），比起過去有更多的人傾心於永久定居。毫不奇怪的是，許多有關這些華人及其先輩們的學術著作已經開始出現，至少是作為種族研究領域的一部分，這在美國甚為流行。

　　當我最初看到這些不斷增多的著作時，我認為在華人移民研究方面出現了一個「復興」，並且不知道如何將之與中華民國（1912～1949）的華僑研究和 1945 年至 60 年代之間東南亞具有政治色彩的人種學著作進行比較，不過，隨之而來的卻是這一研究長達幾十年之久的顯著衰落。近年來大量湧現出關於「四小龍」以及儒家文化對東亞經濟成功作用的著作似乎標誌著對海外華人社會興趣的復蘇。很自然，這已導致對有關來自中國大陸、臺灣和香港新移民的性質與潛力的研究。然而經過仔細反覆思考之後，我感到「復興」的說法為時尚早，而且過於簡單化。

　　海外華人社會已經發生了一個質的變化，它不僅表現在該社會的性質方面，而且在於教育與經濟的全球化已經造就了各種不同的華人。這些變化意義深遠，其中有些需要的不是按照固有的模式去進行更多的和較好的「華僑」研究，而是需要對新移民的基本現象進行全新的考察。我在下文中將嘗試歸納在中國以外的華人社會延續較久方面的已發生的變化。我希望藉此揭示出把對這種社會研究推上一個新臺階的可能性。

　　先讓我來作一概述。目前的海外華人社會研究缺乏比較研究。在過去 30 年裏，美國學者通過對種族和亞裔美國人的政治方面的研究，使這種情形有所改變，但這只是一個開始。在東亞和東南亞，這種比較研究仍被忽視。因

而，許多領域仍然停留在學術交流之外（如果不是相脫節的話），而且有時在很大程度上是以中國為中心，並由於種族自衛或民族自豪而結合起來。這樣，今後海外華人研究前景所面臨的第一個考驗將是：人文科學與社會科學的學者們是否有足夠的興趣去進行一系列的比較研究，如對各個華人社會之間、華人社會與占支配地位的土著民和其他已定居移民的社會之間，尤其是在東南亞和北美或澳大利亞的華人社會之間，那裡有許多來自歐洲、非洲、印度和中東等地區的其他移民社會。這個問題我將重點作些分析，首先，討論一下兩種學術研究的傳統問題，即把華人作為社區的或作為一個圈子。然後看看作為海外華人的經濟和文化影響這樣兩個現實的問題。

二

「華人社區」這一概念引起了許多不同的反應。從對一個商業社會的容忍到對一個僑居社會的不信任，從對一個少數民族的同情到對一個有似隔離區生活方式的輕蔑，各種論調應有盡有。但是，要界別一個華人社區並不是那麼容易的。除了新加坡華人是一個多數民族，或在馬來西亞的幾個城鎮和東盟國家的首都，那裡的華人至少是重要的少數民族之外，其他海外華人群體不一定構成為社區。特別是在鄉村地區的小鎮上的華人，或是在美洲和大洋洲分布更稀的華人，都難以稱之為華人社區。住在一起的一群或幾群華人什麼時候構成一個社區呢？有一座廟宇、一條雜貨鋪的街道、一塊墓地、最低限度的成年男女，這就足夠了嗎？或者必須有一家俱樂部、最低限度的家庭、一份華文報紙、一所華校或一些人們可以稱之為唐人街的地方？或者主要的條件僅僅取決於在一個國家裏有一個重要的華人集中區而它可以為散居更廣地區的小群體所認同？如果有成千上萬的華人或華裔，分散在一個大城市但不再感到有必要形成一個社區，那情形會是怎樣呢？一個複雜的組織和社團（包括秘密會社）網絡是一個華人社會所必備的條件嗎？

我們對東南亞華人做過若干區域研究，還對幾個國家，如對泰國、菲律賓、日本、美國、加拿大、英國、新西蘭、巴布亞新幾內亞等國華人做過一些個案研究。我們對新加坡、檳榔嶼、曼、雅加達（巴達維亞）、三寶壟、馬尼拉、西貢、金邊和紐約、舊金山、倫敦和多倫多等城的華人社區以及在歐洲、美洲和大洋洲或許可稱為華人社區的一些小鎮做過出色的歷史與分析研究。但是，我們也知道一些正在設法謀求生存或在極力形成的華人社會，以及那

些已經萎縮、分散或簡直已經消失的華人社區。顯然，我們只是開始涉及到這一問題的表層。

之所以如此，原因是多方面的。但最重要的或許還在於所有這些社會（1965 年成為獨立共和國的新加坡除外），無論其大小、實虛，幾乎在各方面都是附屬於更大的實體。例如，在與當局的關係方面，他們總是處於權力之外或在其邊緣。他們在外國的司法下經商和勞作，大多數時候為中國國家的保護所不及。即使是他們自己的文化和制度也源自中國的邊緣地區，而且已難以保存，因為其教育水準總來說較低，與家鄉的聯繫斷斷續續。多數中國人開始在國外生活時是作為過客，通常他們的社會是一個大旅館或出租的客房。定居下來後，他們會竭力全面重建華人的象徵，然而由於缺乏任何形式的權威或是針對他們所作所為的合法性，以致這種努力都失敗了。更多的情況是（特別是在西方），他們的子女在當地的學校受教育，並期待在別的地方尋求永久的權力。或遲或早，他們所處的環境會不知不覺地破壞他們建立一個強大而有凝聚力的社會的願望。

在那些官方歧視不明顯的、外國宗教與土著學校持友好態度的以及當地經濟較開放與走向工業化的地方，尤其如此。在本世紀前半期，在亞洲各地定居的機會要大於在北美和在大洋洲。二戰以後，華人新移民在北美、後來在大洋洲及其他地區更受歡迎，而東南亞新的民族國家則開始緊閉門戶。不過，自從 1912 年中華民國建立以來，現代民族主義問題，對中華民國（1949年之後為臺灣）和共產主義中國的不同效忠問題，以及同樣重要的對居留國的新的效忠問題，不斷困擾著所有的海外華人。

這些不只是明顯的政治效忠問題，而且還是社會與文化認同以及個人自我發現的問題。在本世紀的大部分時間裏，左右著他們歷史的仍然是權力當局的問題，他們面對的問題是：哪一個政權承認他們？他們應該接受哪一個權力當局？對生活在中國之外的每一代華人而言，權力當局的本身意味著什麼？這是一個在任何地方都沒有系統研究過的大問題，更不用說對過去和今天的海外華人社會進行比較研究了。

讓我舉幾個例子來說明曾試圖進行過什麼研究工作。關於華僑愛國主義（即部分海外中國人認同中國和中國政府的願望），已經作過許多研究。另外一些研究表明：無論何時一位中國高級官員，不論他是政府的還是黨派的官員，在任何一個華人社會露面，都會有一些必不可少的典禮與儀式以示歡迎。

然而，究竟這在多大程度上反映了人們的效忠或是接受該官員權威的真實感情呢？這是很難說的。的確，另外一些研究已經表明：對這種中國官員的禮節較之該華人社會對一位高級的土著官員或殖民官員、政治領袖或其他一些權威人物的歡迎並沒有多少不同。由此可見，我們看到的是對權力當局的一般的態度，而不是對任何特別的權力當局的服從。

其他研究卻是通過華人社會捐獻給某種特別事業的金錢數量來衡量華人的效忠的。這些研究結論不是無可爭議的。人們可以指出，為孫逸仙、康有為及其各自政黨而捐款，為支持抗日戰爭或共產主義革命運動而捐錢。但是，同樣地人們可以發現向當地和中國的慈善事業所作的大量捐獻，如捐獻給學校和其他慈善事業，援助因饑僅、水災及其他自然災害的受難者。甚至還有向當地土著或殖民政權表示忠誠的巨額輸財之舉。

少數幾個種族研究已經表明，大多數華人存在著與許多來自血緣、地緣或方言群、寺廟、商業行會以及或多或少的秘密會社（包括三合會）等方面基本制度進行抗爭的問題。然而這些組織或制度在多大程度上曾具有權力的意義呢？其間存在著權力層嗎？中國以外的權力制度與中國內部的權力制度一樣嗎？或者在沒有官僚體制限制人們選擇的海外他們取得了不同的地位嗎？一旦不得不作出選擇時，他們是怎樣面對外國權力象徵的呢？

而且，還有許多與傳統相背離的例子。這在每一個足以對其所處環境作出種種反應的大的華人社會裏都可以發現。例如，決定改信伊斯蘭教或基督教、成為某土著國王或蘇丹的臣民，棄商從文成為一位使用宗主國語言或當地語言的作家，或選擇做一名畫家或表演藝術家，這些都可以視為尋找其他權力來源的努力。它甚至還反映了年輕華人從邊際走向可以取代已經失去的中國中心的某種中心的願望。這些例子是不是力圖擺脫舊社會存在的危險、逃避不再相關的社會傳統呢？或者反映了他們因決定定居和作出新的承諾而引起的態度方面的變化呢？還是僅僅反映了他們同化的程度和自覺地拒絕華人特性呢？

尤為重要的是，這些例子告訴我們：無論是作為一個政治實體或是一個文化中心的中國，對生活在它控制之外的華裔的魅力是什麼。昔日中國的榮耀對無論走到哪裏的大多數第一代華人依然產生影響力，但是這種影響力究竟有多大，存在多久呢？可以持續多少代呢？19世紀中葉以來中國所遭受的恥辱與失敗可以引起強烈的民族主義情感，但是華人特性的神秘感僅僅在於

那些年輕時接受過較多華文教育者的身上，而在那些海外出生和在非華文學校受教育的華人社會中間已失去光澤。不過，仍有許多東西為我們所不知。這包括價值觀的當地化；新的生活方式、行為與語言類型當地化的途徑；與定居在同一國家共享當地政治文化的其他移民集團相比，華人的適應能力，以及與非華人居民在國家建設中的作用等課題。

由於家庭與教育背景、職業、居住地點、與中國和其他華人社會聯繫的程度以及對中國大陸和臺灣的看法等因素的影響，華人之間會有很大的不同。對許多人而言，幾十年來他們對中國政治甚至中國文明的興趣日趨淡化。只是在過去十年裏隨著中國經濟的復蘇以及規模更大、速度更快的經濟發展前景給中國的未來帶來了新的希望。如果經濟發展繼續給中國人民帶來繁榮，那時中國會對海外華人發生什麼樣的權威作用呢？如果不是今天海外華人對中國現政權所擁有的那種效忠，中國所形成的往日榮耀的理想形象將怎樣經受今日海外華人容易受到的更開放和現代的文化、社會乃至是政治的變化所帶來的挑戰呢？

這些都是關於海外華人社會某些傳統問題的延伸。由此引出了我將要分析的兩個問題，即作為中國以外華人的經濟與文化的影響問題。儘管二者是相互關聯的，還是讓我將之分開，並從我所指的經濟影響談起吧。近年來，有關「東亞奇蹟」、「四小龍」、甚至「亞太世紀的論爭以及其他關於儒家文化對資本主義的貢獻和海外華人在東南亞發展中作用的同樣誇張的預言層出不窮。一些作品坦率地表示問題還可以爭論，因而提出了更多問題，卻未作出科學的回答。許多作品卻達到了以前文獻包括我在上文提到過的文獻不曾有的牽強附會的地步。由於重視實際調查，現在可以把對華人社會比較研究得到的數據匯聚起來，以開展政府的與專門的研究。在商業、國家和國際政策等較實際的領域，要估計東亞發展包括貿易、工業和移民類型對世界其他地區經濟起了怎樣的作用，這是相當容易的。

關於海外華人經濟成就方面的種種研究，出現了兩個絕然不同的方向。其一是把包括海外華人在內的東亞模式推向社會科學與商業研究的主流之中。這是令人鼓舞的。因為在過去數世紀以來、這是亞洲所發生的變化第一次擺脫了負面的形象，並且提高了地位以至可以直接對產生於西方的學科作出貢獻。當然，也有人持相反的看法，他們認為這些經驗對經濟學家和其他社會科學進行更高層次的理論工作毫無益處。但是，至少在發展和現代化的

領域，西方學者已經不能忽視東亞和東南亞所發生的種種變革。因而，這些數據與分析遲早會被納入理論之中，成為全球化知識範圍的一部分，這將是非常接近於早期西方學者努力探尋的全人類歷史。

　　第二個方向，尤其對漢學家和華裔學者而言，是要重振和擴展海外華人的研究領域。前面我已簡要分析了早期研究工作的興衰。在我看來，這些經驗證明這一領域的力量和特點，最重要的力量來自華人社會已逐漸變得自覺並有良好的組織。他們似乎有能力在某些發展中國家充分擴大它們的經濟資產，在不需要依賴他人太多的幫助的情況下，達致本身的現代化的目標。這種力量使得有關社群的學者得以集中精神於華僑社會的研究，並使這一研究對於其他地區的海外華人研究也有所幫助。然而，大多對海外華人的研究已轉向對中華文化特質的更深認識上來。這是可以理解的。不過，這種研究面臨著除了某些學者和那些希望藉此維繫其民族自豪者之外無人問津的危險。一旦這種情形出現，那麼海外華人研究就不太可能超越本地化的少數民族史的研究，它將永遠滯留在中國史和各所在國歷史的邊際。

　　如果在研究時把對海外華人企業家及其對當地經濟的影響與華人社會對當地執政當局的態度兩者的研究結合起來，同時接觸到有關海外華人的政治化與同化等老問題，那麼將會有更好的效果。例如，早期華人的經濟成就不是依靠中國政府或是任何類型的外交保護，而是在專制的、封建的或殖民的政權統治下取得的。這一點可以說明他們對專制權力的偏愛和對現代民主政治的迴避。由重信守諾、有權勢的決策人士私下達成協議，是華人習以為常的一種根深蒂固的處事方式。與此同時，他們又能充分適應自由市場經濟，依靠建立在強大的法律與政治權威保護的跨界和國際金融體系而發展自己的事業。在一個龐大的經濟網絡中，他們有能力發展，即使是處在居住國實行歧視外僑的政策下也能生存。

　　同時，還有反對同化、因其經濟成就而保持華人價值體系的重要性問題。這就涉及到與之相關的第二個問題即文化意識。人們會問：作為華人是華人企業家成功的原因嗎？如果是，那麼需要成為一個什麼樣的華人呢？什麼樣的華人特質會有益於此而什麼樣的特質無益呢？如果不是，那影響的因素又是什麼呢？是具有舊經商傳統的歷史背景，或是嚴密的血緣組織與強烈的對社會的忠誠，或是個人的膽量、智慧與精明，或是他們作為僑民與移民的事實，還是所有這一切的綜合作用？我們確實不知道如何去歸納，但不管怎樣，

如果我們忽視近年來引起廣泛注意的文化因素，那將是愚蠢的。

當然，大部分華商都側重於同其他華商合作，同時無論在哪裏，都歸屬於一個強有力的華人社會。可是，也有充分的證據顯示：他們也可以與當地的或國際上的夥伴合作，適應非華人環境的商業文化，吸收最新的法則與條例、制度與技術的變化而繼續茁壯成長。假如一個人的先天條件業已具備，那麼問題是，自由市場條件下的現代商業知識，或是作為華人長大並依靠華人關係一定會提供的有利條件，這二者誰最重要呢？如果海外華人研究要成為一個特有的領域而不是對全球華人成就的簡單的愛國主義的研究，那麼，它將取決於：作為華人並充分保留其特性是他們獲得經濟成就的基本前提，而反過來，經濟成就又是海外華人社會生存的一個必要條件。

有鑑於此，我們不可能寄希望於海外華人研究輕而易舉地成為一個重要的學術領域。它在一百餘年後才成為人們認真對待的研究領域說明，在這一學科最終獨立之前還存在許多大的阻礙。不過，在海外華人經濟上獲得成功和中國近年來改革其經濟結構的道路上，還會有重大的變化。目前，有一個特殊的機遇，即華人研究至少還是漢學至關重要的一部分。但是，我相信，海外華人研究可以進一步成為種族研究和少數民族研究的一個次生領域，甚至取得與其他社會科學學科同等的地位。這還有大量的工作要做。本次會議即是一個很好的、新的開端。

華商來中國投資的心態和前景分析[註1]

李偉昂整理

　　我是研究東南亞歷史的，今天要講的並不是經濟分析，主要是就現在華商在東南亞的地位及其投資中國的心態發表一些意見。

　　我對華僑歷史的研究很注意到定義的問題。許多人把港澳臺同胞、海外華人混為一談，這容易使得外國政府及本國學者有相當的誤會。港澳臺同胞與海外華人是兩回事，不應一概而論，尤其在貿易經濟方面，應該分清楚，當然事實上海外華人經常通過香港作跳板，轉移到中國來投資，因此其投資數目很難準確估計。我們把港澳臺與海外華人投資大陸的數目混在一起，很容易引起外國人，尤其是東南亞國家政府的誤會。因為這個數目是很龐大的，他們以為整個數目都是東南亞華人投資中國去的。因此，我們需要把港澳臺的投資與海外華人的投資數目分開，才能清楚地澄清這個事實，這一點非常重要，這是第一。

　　第二，我們經常談到移民模式。我曾經說過，華商是華人出國的基本模式，從開始到現在都是如此。當然，我們也可以提到別的模式，像華工模式、華僑模式。這兩個模式都是暫時的。華工模式只是一個時期的事。從 19 世紀中葉到 20 世紀初，此後，華工模式的時代基本上就過去了。華僑模式最主要的時期是清朝末年到 50 年代後期。華商時代則不是固定的，從開始到現在，華商投資不是什麼希奇事，它的發展是符合歷史發展規律的。但當今的華商

〔註1〕 此文刊發在《廣東經濟》1994 年 4 月（第四期）第 30～31 頁。文章根據王賡武 1994 年 4 月 19 日在廣東省僑辦、省府研究中心舉辦的「華商來中國投資心態與前景分析」報告上的發言整理，未經本人審閱。

投資與以前比較則發生了很大的變化。主要的變化有三點：第一，華商本身的性質已有變化；第二，中國近幾十年，特別是近十幾年的變化很大；第三，東南亞國家本身變化也很大。

先說華商的變化。以前的華商基本上做的是小生意，而且出洋相當危險，資本少，回來投資的機會不多。即使回來投資，還是投資在原來的行業為多，沒有大財團，發展的餘地小。從宋元到明清，基本上都如此。就東南亞來說，華商在東南亞賺錢回來投資的不多，但留在東南亞的倒不少，而且後來都落地生根了。清朝末年以後，華商富有的越來越多，華商的經濟力量不停地在增長，但大規模的投資仍然很少，範圍也有限。像陳宜禧修新寧鐵路、陳啟源辦工廠只是少數的例子之一。當時華僑在工商業上的投資一般還是在家鄉或者靠近家鄉的地區。這一點上海是例外，上海當時吸引了各地的華商進行投資，這部分可以表示海外華商真正有心投資到現代化工業中去。但如果把在上海的投資與在廣東、福建的投資相比較，那就顯得很少了。因為八成以上的投資還是在閩粵兩省。當時海外華商匯款、捐款回大陸，主要是幫助家鄉的親人，幫助家鄉的建設，辦教育。抗戰時期華僑捐錢捐物，那多少已帶有政治色彩，與中國的經濟建設沒有多大的聯繫。華僑時代對政治比較重視，對經濟重視得比較少。

到了現在，華商的變化很大。在東南亞脫離了殖民地時代，取得了獨立以後，華商參與到當地的經濟開發，經過艱苦奮鬥，得到相當發展。現在華商的經濟力量比以前大得多，增長得非常快，這個新的經濟力量跟以前已大不相同。在獨立國家，華商以當地公民身份參與經濟發展而成為大商業集團，過去是從來沒有過的，這是歷史的大轉變，這個變化很更要。但是，現在有人說華人資本已經龐大到控制了東南亞國家的經濟命脈，我個人認為是有疑問的，這個數目到底是誰算的，怎樣算的，從哪裏來的，我們要十分小心。有些人把凡是公司裏有華人參與的就把它劃為華人企業，這是不正確的。

第二，中國本身的變化，這是大家都知道的。這個變化在歷史上的作用怎樣來作個總結可能為時尚早。明清時代的中國在亞洲是一個富有的在國，海外華商對中國的貢獻有限，也不重要。中國經濟本身的變化是從強大到逐漸衰落，這一點在清末民初非常明顯。那一段時期.華商普遍認為中國社會動盪，投資到中國去沒有錢賺，據說，在40年代很多華商想大規模投資到中國，

數目可觀，但就是投資環境不好，結果並不理想。中國解放以來的一段，可分三個時期。50年代很多東南亞華僑想投資到中國，但似乎政治上的困難比以前更嚴重了，共產黨與資本主義國家在意識形態上的鬥爭很劇烈，世界都處在冷戰的狀態中。在那種情形下，大部分華僑都受其影響，投資並不自由，不可能有資本的自由流動。大躍進與文革期間，國內政策改變，似乎也不歡迎海外的投資，海外華商對於來中國投資失去了興趣，這也是政治上的一種影響，除了小部分匯款幫助家屬外，沒有任何經濟上的投資。改革開放以來的變化太大了，所以，中國的變化是很明顯的。中國實行市場經濟，初步使得東南亞華商重新估計他們對中國投資的問題，但應該採取什麼新的辦法與策略，他們也有待進一步探討。

　　第三個變化是東南亞本身的變化，這個變化也很重要。東南亞國家獨立以後，大部分東南亞華商能因此而鞏固他們的經濟力量，增長他們的資本，讓他們的投資範圍擴大，不僅可以在國內投資.也可以在國外投資。這跟東南亞國家擺脫殖民統治，取得經濟獨立有大的關係。第一，東南亞國家的獨立清除了殖民主義者在經濟上的壟斷；第二，東南亞國家本地商人較少，經濟上沒有多大的能力，靠華商的直接幫助是迫不得已的。總的來說，當地商人與華商的關係還是很好的。他們互相合作，共同發展，相互得益。

　　這幾個變化都對華商投資有影響。但我認為主要是中國的經濟前景非常好，中國的改革開放給外國商人，包括華商在內很多賺錢的機會，這一點對於華商的投資心態很重要。東南亞華商把中國看成是一個賺大錢的地方，這在歷史上是沒有過的。因此，華商投資中國是必然的。

　　對東南亞國家來講，如果中國仍然保持現在的發展速度，那麼就會影響到東南亞國家政府對中國的看法。考慮到中國近十年、二十年內將成為亞洲最大的經濟力量，因此他們十分關心當地華商投資中國的反應。華商投資中國對他們來說不是一個純粹的經濟決定，因此他們對這個問題十分敏感，這是可以想像的。這就影響到華商投資中國時，必然會受到政府的注意，華商如何投資也會受到管理和監督。

　　目前，華商最感興趣的是跟香港企業家合投資中國，也就是說不是直接投資，而是間接投資。

　　東南亞有幾個國家鼓勵華商投資中國，這有助於當地國與中國建立經濟

關係，而其投資又能處在國家監督之下。另一方面，當地政府很支持華商投資中國，但要他們跟本地商人一起合作。因此，華商投資中國，一方面是跟香港人合股，一方面是跟當地的大商人集團合作。

移民地位的提升：
既不是華僑，也不是華人[註1]

吳藜譯　梁英明校

　　我講演的主題是：「移民地位的提升：既不是華僑，也不是華人。」這裡所有的關鍵詞項都需要界定。那麼，我就先從移民的概念談起。移民的概念是漸漸演變而來的。移民（包括移入民和移出民）一詞含義的變化，在20世紀一直特別引起人們的注意。廣義來講，這個詞指的是這樣一批人：他們或是背井離鄉，或是流落異邦。但是，談及從一個國家移入另一個國家，早期西歐民族國家的邊界是相對開放的，歐洲人移入各自的帝國及其殖民地正是這種情況的佐證。工業革命之後，首先在西歐，然後在美洲、澳大拉西亞以及整個亞非大陸，移民作為資本主義發展的三要素（土地、資本和勞動力）之一日趨重要。因此，移民這個詞最常與勞動力的流動和勞動力的遷移聯繫在一起使用。

　　直到20世紀的前半期，貴族、富人、資產階級、受過教育的各類專業人才以及那些自認為是紳士的人（當然也包括女士），甚至包括有階級意識的商人和生意人，他們並不認為自己是移民。他們去旅遊、訪問、或僑居，有時是為了科學研究，有時只為了去冒險，有時出於厭煩，有時則是為了賺取利潤。如果條件合適，他們就決意定居下來，在外國安家。他們中有許多是好發異

〔註1〕本文係王賡武1994年12月在香港大學舉辦的「五十年（1945～1994）海外華人比較研究國際學術研討會」上的主題發言。刊發在《華僑華人歷史研究》1994年9月（第3期）第1～8頁。譯者係中國華僑華人歷史研究所助理研究員，譯校者係北京大學亞非研究所教授。

想而又不安份守己的人。另外，也有為了逃避迫害、暴政以及各種歧視的難民，還有許多人是為了逃避法律的懲處。但是，直到近代，他們只是進行殖民活動或到處遊歷，然後定居下來，而不像那些貧窮、挨餓、走投無路、沒有土地的人及失業者那樣移居別處。這種變化是很重要的，我將在下文中加以說明。

就這一點而言，在中國引進工業化之前，為什麼在中文裏沒有與移民相當的概念，是很容易理解的。在農村社會，男人自願離開家園，不僅是一種不忠的行為，也造成了家庭和鄉村勞動力的流失。只有因公務被派駐外地，或被強徵為勞役，被送去學習，或是為了謀求家庭安全，或為了補貼家庭收入的外出工作，或為了經商去冒險，才被認為是合理合法的。因此，所有離家或出國的遷徙都只是暫時的。由此，產生了「僑」或「僑居」的概念，這就是華僑含義的由來。所有行為良好的男人，如果能夠的話，最終都要回家的。否則，政府官員，甚至其家庭成員就會將他們視為流浪漢、逃亡者，是對社會秩序的一種威脅。正如你們中許多人所瞭解的，在現代詞彙裏，「移民」最初並非指自願遷移的人，而是指官方將人們遷離家園的政策，以及因此而遷移的人。當前最好的例子就是，由於三峽工程的興建，中國政府決定將上百萬的人遷離長江中游地區。

移居勞工大體上作為一個階級的概念；而移民則作為官方強制行為和建立新的社會秩序的概念。儘管二者間存在不同之處，然而，歷史上，移民現象卻是一個客觀事實。對於整個部族、家庭和家族、戍邊的軍事單位、勞工集團（近來的技術用語叫做生產單位）是出於何種動機而不斷地遷移，我們已有這樣的記載。直到近代西方的擴張和全球資本主義到來之前，移民並非針對個人而言。但是，最終即使是地位優越的人，不管出自何種原因和動機，所有那些離家未歸者，所有在外安家落戶者都被統稱為移民，即作為移入民和移出民。這是個客觀事實，是歷史的統計資料。

我已在許多文章中討論過華僑和華人詞義的變化，不再贅述。這裏我只想說，在今天，華僑和華人的正確使用要比過去更為清楚了。華僑指的是中國國民（包括沒有其他地區居留權的中華人民共和國和臺灣、以及香港的居民），他們離開上述地方而住在國外；華人指的是加入外籍或具有永久居留權的華族。然而，值得我們注意的是，在移出國和移入國，這兩個詞的使用卻存在很大差別。移出國，特別是中國堅持將華僑與華人連用，而移入國則常

常無法決定他們對華人移民應抱有怎樣的想法。他們游移於非歧視性地使用類似像「海外華人」這樣的術語，或者使用足以顯示出華裔，而又帶有國籍的稱謂。近年來，華人移民加劇了這種混亂。在過去50年裏，華裔和專業人才在經濟領域裏的卓著表現使華人感到自豪，但卻引起了非華人的恐懼。這一事實也使正確使用這一術語變得越來越困難。

下一部分我將討論「移民地位的提升」現象是增加這一難度的主要原因。移民地位的提升過程好像是一種漸進的選擇和接納的過程。上文已說明了移民含義的變化，並已指出華僑和華人的定義，現在我進一步談一談「提升」的含義。從歷史上講，移民最初的提升可以說是在移入國根據勞工的健康狀況選擇移民之時開始的。但是，真正意義上的提升則是指移民變成該國的國民，並且在他們的使用價值耗盡之後也不會被遣返回家。誠然，最早的統計把所有選擇定居的人也納入移民之列，而不管他們的種族血統和階級背景如何。但也可以說，一種實質的提升已經發生了。

第二個階段就是移入國決定接收更高素質的移民。這就導致了移民政策的變化：按優先權將移民分成等級。這種情況通常發生在不再需要大批移民勞工之後，即開拓一項新的產業所需要的體力勞動的階段已告結束，或者說不毛之地以及落後邊遠地區的開發已告完成。隨後，政府就會鼓勵受過良好教育的成功人士來擔任當地人才不足的職務，提升就是以這種形式出現的。最後，為了吸收新移民，新近又規定了移民質量標準，並據此建立了配額制度，所有這些都用以保證提升的系統性和連貫性。

移出國還無力按素質將移出民分類。但是，在那裡提升還是發生了，儘管政府未必是有意識地通過一項法案來促使其實現的。讓我們再從歷史的視角來看，為了能簽訂更好的合同以謀求長期的服務及更多的外匯收入，就必須保證勞工的健康，這樣他們中更多的人才能適應普遍的需要。移出國對勞工留居當地不歸這一點表現出矛盾的態度。但是，只要留居者繼續寄錢給家，那麼這一損失是可以接受的。然而，大多數移出國是在很長時間後才意識到移民的提升可能會導致同化並最終失去那些富有經驗和技能的人才，而如果他們選擇回來的話，他們是多麼可貴啊。一旦這些國家意識到這一點，就會出現這樣的傾向，即將很可能永遠定居外國的移民同只是暫住海外的旅居者的種種稱謂混淆起來。

前面所述是針對至少19世紀末期以來的海外華人。自從中國政府第一次

重視在國外的華人的價值以後，移入國提升移民的政策就被當作是一種威脅。19 世紀末，中國政府開始意識到海外華人可以成為國外投資的大量來源、海外的巨大商業資產以及從先進工業國家獲取新知識的有用橋樑。因此，政府將各種各樣意指商人、勞工和南方居民的術語換成了更有禮貌的提法，從而表明他們具有較高的社會地位。最後，則變成了明顯顯示出官方認可其地位的有力標誌，即華僑或中國僑民。這一術語的使用，表明中國政府準備將海外僑民作為重要的國民提供保護。它以自己的方式將海外移民從反叛者、冒險家、勞工提高到受尊敬和受重視的國民地位，並極為重視他們的效忠。

過去 50 年裏，在全球範圍內，移入國提升移民的趨勢變得更為顯著。通過提升移民的新政策，以大量合同勞工來承擔工業化基本任務的習慣做法不再產生移民了。同樣，許多輸入半熟練勞工從事服務行業的國家，在合同期滿後會要求勞工離境。通過提升移民的政策，移入國越來越實行更加嚴格的控制措施，並採用選擇性很強的配額制度來決定哪些人可以作為永久居民。另一些國家則根本不接收移民，或出於同情，只接收政治難民。還有一些國家則採取帶有種族與宗教色彩的標準，而實際上完全否定了現代移民概念。考察這些政策的不同並不是我的目的。我論述的中心議題是回顧 1945 年以來華人移民的經歷及其對我們採用像華僑和華人這樣的慣常用語產生的那些影響。這反過來又會使我們思考為闡明過去 50 年來華人移民的歷史，要進行怎樣的研究。如果我們能提出確切的問題，並對此進行很好的研究，我相信，這不僅對我們瞭解海外華人，而且對於世界範圍的移民的廣泛研究都是有益的。

我首先從 1945 年前接收移民而此後又改變其移民政策的國家談起。最重要的國家是在東南亞擁有殖民地的帝國政府，即英國、法國和荷蘭，以及獨立的泰王國。總的來講，英國是從其帝國，尤其是從南亞次大陸（印度、巴基斯坦、斯里蘭卡）、香港以及中國通商口岸向這一地區輸入外籍勞工最多的國家。他們在緬甸和英屬馬來亞設有對移民健康和特殊技能（包括辦公室工作與教學能力）進行審查的管理機構。他們提高移民的質量是通過輸入女性以促成移民在當地定居，繼之，又將英國臣民權授予一批精選出來的效忠移民以提高其地位。但是，在世界經濟大蕭條之後，他們相信已定居下來的移民家庭會及時大批地補充勞動力，因而開始對移民的數量進行嚴格的限制。1945年以後及非殖民化前夕，他們繼續推行限制移民的政策。但是，移民的地位

因被授予當地公民權而得到了進一步的提高。在馬來亞聯合邦（以及現在的馬來西亞）獨立前執行的法律，在新的民族主義政府成立後得到了繼承。這個提升移民政策直接導致了在新的民族國家中，具有華人和東南亞人血統的少數民族國民地位的提高。在前殖民地新加坡，類似的法律使絕大多數華裔成為新加坡人。

在法屬印度支那與荷屬印度尼西亞也發生了同樣的情況。他們對移民勞動力的需要不如英國人那樣大，也不具有與英國同樣的現成勞動力資源。然而，他們也採取了某些提升的形式，這包括輸入婦女以鼓勵定居，及最終允許數量有限的華人獲得法國和荷蘭公民權。總的說來，法、荷兩國政府對移民的限制比英國更為嚴厲。雖然他們也推行了使移民有權成為當地公民的法律，但是，由於越南在法國離開後發生了內戰，荷蘭在印度尼西亞引起了民族主義革命，這就使兩地有關移民的法律沒有健全地發展起來。美國統治下的菲律賓則有一些不同。美國是繼西班牙在菲律賓實行殖民統治的，但它卻沒有自己的帝國傳統慣例。因此，它沿襲了西班牙人的一些習慣做法，但也把美國自己的限制移民的法律引用在剛剛獲得的領土內。華人移民就這樣從一開始就受到嚴格的限制。當地公民權的法律是仿傚美國的法律而制定的。美國統治期間，移民地位並沒有提升。這在菲律賓獨立的移民政策中反映出來。直到 20 世紀 70 年代，移民地位才開始有所提升。

泰國是東南亞第一個提升移民地位的國家。它鼓勵移民與本國人，甚至包括王室家族成員的通婚，由此可以使移民獲得合法的社會地位。泰國是有選擇性地給予移民以國籍的。但從最初，政策就承認了這種新國民的平等地位。不管移民的血統和社會背景如何，只要他們接受了這種形式的提升，就意味著沒有歧視。該項政策經過定期的回顧和政治論辯後，一直貫徹至今。這被稱為同化政策。但是，這樣說是過於強調了這一政策的一個方面，而且並非是最重要的方面。的確，如果實施同化的嚴格標準，那麼華人血統的泰國人就會很少了。但是，他們中絕大多數泰國人對自己國家的政治效忠是毋庸置疑的。這要歸於泰國這種特殊的移民政策使華人及其祖先都得到了社會地位的提升。

東南亞地區新建立的民族國家實施的移民政策有明顯的不同。共同的一點是，在過去 50 年內，華人向這一地區的移民是很有限的，相反，它是一個提升過去移民及其後裔的地位、鞏固和建設國家的時期。在這一時期，移民

獲得了國民的角色。然而，我希望引起大家注意的是，在這些移民中發生的一個明顯的發展就是他們中的一些人，特別是取得成功和受過良好教育的人，最近出現了重新移民到世界其他地區的傾向。毫無疑問，這在東南亞的華裔看來，與西方發達國家移民地位的提升，有很大關係。我注意到，在講英語的北美和澳大拉西亞移民國家的情況尤其這樣。

這就是過去 50 年華人移民歷史的主要事實。我認為，從移入國的觀點看來，它與這些移民國家對移民的提升密切相關。讓我通過 1945 年以後世界歷史中對移民最有影響的兩個顯著變化來解釋這種現象的主要特點：其一，即美國勢力的全球化，特別是它作為超級大國出現在太平洋地區；其二，也就是二戰結束後，世界範圍內的反對殖民主義、帝國主義和種族主義的行動。這兩種變化對於美國對中國以及華人移民政策都有直接的影響，這反過來又深刻影響著現代華人移民性質的變化。

讓我先來談第一個變化。美國繼承了英帝國勢力，但特別是在太平洋地區又存在著某些重要的區別，如它沒有領土。因此，它只能從遙遠的地方進行干涉，所以它不得不煞費苦心地依賴它的盟友。並且，美國也受到了來自另一個超級大國蘇聯的挑戰。蘇聯一部分的領土是在太平洋地區。它的意識形態與美國所倡導的一切都截然相反。美國對盟友的需要使它與前敵人日本結成了歷史性的同盟；支持它所不信任的中國政權以及作為其新基地的臺灣；武裝干涉朝鮮戰爭；作為削弱中的西方勢力的代表在東南亞實行積極的外交政策；直至最後陷入越南戰爭。所有這一切，中國的因素顯然是很突出的。結果，就必須強制訂出對大陸以外華人的新的移民政策。當然，並非所有的政策都是戰略性的或出於政治目的，其中有經濟的、人道的和宗教的問題以及社會和文化價值等方面的問題。但是就中國大陸和臺灣的政治難民、知識分子和學生而言，提高移民的地位是最佳政策。

這與前一時代的反對殖民地的、帝國的和種族的遺產是一致的。隨著美國移民政策所保留的反華特點的消失，提高移民地位就不可避免。在此，我是指國會在有關移民、各個少數民族的合法權利、多元文化差異、實際存在的歧視以及教育機會均等等一系列方面所進行的系統的立法改革。這些改革與西方各國最先進的法律相比，如果不是更好，那麼至少是與其一樣的完善。對於華人移民而言，這些改革確實對他們在美國未來的機遇開闢了新的前景。再者，這些改革的措施並非僅適用於來自臺灣的華人。所有有資格的華人，

也就是說所有在教育、家庭背景和經濟潛力等方面符合提升標準的人，都可以加入到申請移民和永久居留權的長長的隊伍中。

這些變化在某種程度上，與英聯邦及像法國、荷蘭這些前帝國的發展有一些相似之處。但在其他講英語的國家，主要是加拿大、澳大利亞，我的可以看到最具特色的細節性的特點，這兩個國家領土遼闊，需要移民，而且都不能再依賴其他歐洲人來填滿其空曠的土地；它們都對各自在太平洋地區的地位極為敏感。並且，他們對美國在戰略和意識形態領域政策的支持，使其更容易步美國的後塵。這鼓舞了它們對移民問題進行新的思考，從而使它們進行了與美國相似的移民法改革。還有一點就是，這三個國家在經濟上都是強大的，具有共同的經歷。尤其在涉及華人的移民方面，已有 100 多年的相似的經歷。在這裡，應該指出與前英帝國和美國殖民地講英語華人的令人感興趣的聯繫。從東南亞再移民的華人，即想要離開東南亞但又不想回到中國或其他中國領土去的華人移民，大多數是從馬來西亞、菲律賓和新加坡這些講英語的國家再移民的，而北美和澳大利亞成為他們首選的目的地。毫無疑問，至今仍在英國人治理下而且講英語的香港也呈現出這種趨勢。

這樣，盎格魯人的美洲國家似乎統治了 1945 年以後的華人移民的新世界。但是，就提升移民的政策能進一步修改到多大幅度，這些國家又能接受多少移民來說，是存在明顯限度的。自 1978 年中國實行對外開放政策以來，當以美國為主導的一些國家開始將其移民政策應用到來自中國大陸的學生、團聚的家庭成員、學者和知識分子時，這些限制就很容易地被突破了。於是，越來越多的中國人不得不尋求其他的地方如拉丁美洲、歐洲各國、其他亞洲國家以及與華人的聯繫較弱的南非及非洲其他地區。但是，華人在這些國家的人數還比較少，他們對新環境的影響也微不足道。同樣，各地區都有提升移民地位的想法。尋求大批農民和無產者出身的移民勞工的國家已不復存在。它們更傾向於移入投資者、商人和一些專業人才，幸虧過去 20 年來，東亞和東南亞的經濟發展提供了足夠的有興趣移民他國的人才。這些地區只有提供最佳的發展機會使其自身繼續具有吸引力，才使素質提高的移民不會大批離開。

在我深入論及移入國提升的移民之前，讓我簡略提一下移民主要的移出地，即中國大陸、臺灣和香港地區。這些地區 1945 年以來輸出了大量的新移民。提升移民的政策對這些地區有何影響？當然，它並沒有減輕這些地區的

人口壓力，相反，卻使大陸在 1949 年以及整個 50 年代出現了突然的「人才流失」。與此相同，臺灣的「流失」雖然緩慢，但卻持續了將近 40 多年，絕大多數人才都流向美國。毫無疑問，這些素質較高的移民提高了海外華人的水平，並對科學技術領域做出了巨大貢獻。許多人後來在商業和工業企業中也幹得很出色。香港在 60 年代末高素質移民的流失情況相當嚴重。20 世紀80 年代初，再次出現這一情況，此後，由於澳大利亞、加拿大與美國一道採取歡迎華人移民的政策，移民人數持續穩定上升。在過去 7 年中，每年都達到了 5～6 萬人。這三個地區，特別是中國大陸對於人才和技術人員流失的後果，幾乎是無法承受的，當然，現在回流已開始。富有經驗和受過高教訓練的人員從西方回到了臺灣和香港以迎接挑戰，在較小程度上也向中國大陸回流。它的影響尚難預料，但是這一趨勢對未來研究提升的華人移民來說，顯然有很大關係。可以肯定，從接收移民的國家看來，過去半個世紀以來移民的提升現象要求我們重新考慮用來描述世界範圍內各種華人和華裔的術語。我們尤其需要對華僑和華人之類的術語的使用進行深入的考察。

我先從現在的兩個截然相反的看法談起。一種極端的觀點堅持認為沒有華人，也沒有加上所屬國籍的華人，如華裔美國人和印度尼西亞華人，而只有國民。一種不那麼走極端的觀點則容許這樣的提法，一些國民是華裔或部分華裔。另一種極端的觀點也不使用華人一詞，而是將中國之外的所有華人都包涵在「華僑」一詞中。這一術語包括臺灣、香港的所有中國人或具有部分中國血統的人以及可能在世界任何地區被發現的華人。

這兩種極端的觀點已存在了幾十年，但由於該地區經濟的驚人發展，兩種觀點的對立大大增強了，在過去 15 年裏，在中國國內也同樣如此。1989 年以來，隨著發生天安門不幸事件、蘇聯的解體以及冷戰的結束，美國成為唯一的超級大國，西方「七國集團」經濟的衰退，東亞和東南亞所取得的經濟成就都非常引人注目。眾所周知，中國的發展、臺灣和香港的作用以及東南亞華人企業的貢獻，導致了「大中國」一詞的各種用法。這一術語聽起來多少帶有擴張主義和帝國主義色彩。一方面是沙文主義者的驕傲，另一方面是區域民族主義者的驚慌，兩種極端的觀點日益引人注目。我認為現在迫切需要學者們做出努力來駁斥這種極端主義並澄清這些術語的含義。這種兩極分化的觀點引起的激烈情緒遠超過啟迪人的見解（如果有什麼見解的話），而現實情況要複雜和微妙得多。狹隘和極端態度政治化的危險是很大的。歸根結

底，這種態度只能使那些不希望看到這一地區繁榮興旺的人獲得好處。

　　我認為應該對下列問題加以深入研究。雖然這些問題大都與東南亞和講英語的移民國家有關，但也關係到世界其他地區存在的類似問題，儘管在那些地區，華人移民不是一個與政治有關的問題。這些問題如下：1. 在東南亞新興國家中，前移民地位的提升程度；2. 在西方國家中華僑成為華人的速度；3. 作為華人地位提升的最高形式的政治參與的實質是移民；4.移民地位在經濟和知識領域的提升中，中國這一因素，尤其是通過中美關係所起的作用；5. 移民遷入國的看法；它們對此是否在意？

　　移民地位的提升在東南亞是複雜而不平衡的。到目前為止，移民地位提升最徹底和深入的國家是泰國。在那裡，華人長期以來一直是一個相當大的少數民族。即使在政界和軍界，人們也很少留意到泰國國民中華裔的存在。華人從事著各種各樣的職業。大體而論，已經沒有華僑。以前的移民及其後裔融入泰國社會組織已達到如此程度，以致可以說，對他們中的大多數而言，現在即使使用華人這樣的詞語也不合適了。沒有比泰王國這些國民更為忠實的臣民了。由於完全不同的原因，在新加坡實際上也沒有華僑，因為新加坡80%的人是華裔，他們現在都是新加坡人，因而根本不需要華人這一術語。

　　比較來看，東南亞其他地區華裔地位提升的程度有所不同。但是，接收移民為公民和國民的政策是比較有效而徹底的，因而已經很少人仍可稱為華僑了。然而，華人是否可以作為適用於那些華裔國民的確切術語仍然是個疑問。例如，菲律賓人包括幾百萬華人和有部分華人血統的人。但是，如果他們將自己視為華人，他們就會受到嚴格的限制，其扮演的角色就只能任政界和軍界以外的職業，而從事商業活動。至於像緬甸、越南、老撾以及飽受戰爭破壞的柬埔寨這樣一些國家，它們的經濟封閉了那麼長時間，以致認同於華人並沒有任何好處和機會可言。在這些國家中，提升移民地位的做法貫徹得較早。儘管生活在那裡有一系列可怕的問題，留在這些國家的大多數華人早已放棄了將自己稱為華裔公民的想法，而是尋求融入為國民。只要他們不是次階級或低級的國民，而且沒有在平等外表下的持續的歧視，那麼對於那些選擇定居的人來說，完全融入當地社會就指日可待了。

　　印度尼西亞和馬來西亞有著不同的經歷。印尼民族主義者的民主革命是通過確立認同和效忠於新的民族國家的標準來提高前移民的地位的，但大多數華人都感到難以接受這些標準。這種無條件的選擇使幾十萬華人在 50 年代

和 60 年代回到中國。此後，儘管中國與印尼的關係緊張持續了 20 多年，但那些留下來的華人使自己適應了成為歸化民的條件。但是，這種提升尚未完成，政府意識到有中國血統的人將自己視為華人，他們中的多數人在正常情況下只限於從事商業活動和某些技術性專業。

前中國移民和印度人後裔占馬來西亞人口的 40%以上，他們地位提升的幅度更大。依靠現代法律和行政管理傳統獲得鞏固的一套強有力的貴族制度，使以前的移民有較多的時間調整自己的作用而得以在國家建設過程中成為直接參與者。一些人由此在政府和軍界中謀得了一席之地。此外，由於外國投資的不斷進入，強大的國際貿易聯網，以及原住民中產階層的迅速崛起，使華人在經濟領域成功所構成的威脅較小。馬來西亞民族政府對於前華裔移民的效忠懷有較大信心，而且它與香港、臺灣及中國大陸的關係比以前有所緩和。儘管華僑實際上已不復存在，但華人這一術語在馬來西亞的使用，可能比在其他任何地區的時間都要長。

簡而言之，即使對鄰近的東南亞，雖然華人移民的歷史最長，但情況的差別是很大的。人們不能輕易地對其作出概括性的結論；而類似「所有的華人都是相同的」、「一旦成為華人就永遠是華人」這樣簡單化的說法也都是無根據的，同時也容易使人產生危險的錯覺。我們有必要既要駁斥所有那種將華裔都統稱為「華僑」這樣草率而懶惰的做法，也要反對那種故意含糊地使用華僑—華人這樣混淆的術語。

我的第二個問題轉到西方國家，但主要只涉及北美和澳大拉西亞講英語的國家。20 世紀 50 年代以來，華人移民大多流向這些國家。在這裡，過去存在著相當嚴重的歧視，這與現在相對來說比較自由的氣氛是鮮明的差別。我已解釋了戰後提升移民地位的政策的變化背景。這些國家的移民政策脫胎於現行公開的種族主義政策，直到最近才發生了轉變，因而，這種轉變就尤為顯著。作為接收移民的國家，它們對華人移民的政策發生了絕對驚人的改變。在過去大約 40 年裏，這些國家接納了 100 多萬名華人移民。在這個時期，老華僑大多數已去世，而新華僑的數量一直不多。這在很大程度上是由於將移民提升為永久性居民，繼而又成為完全意義上的國民，其速度相對來說是迅速和一貫的，除了成千名偷渡到這些國家的非法移民感到脫離唐人街就難以生存之外，在這些國家中，那些地位之提高的移民幾乎是在到達之後不久就可以躍過華僑階段而準備作為華人來思考問題和行事。唯一的問題是，這些

國家同化主義者的力量是否強大到足以使華人一詞只適合在短期內使用，或新的多元文化政策將鼓勵給華人移民一個中間的或過渡的階段，使他們在文化和思想上可以長期作為華僑和華人而存在。當然，移民地位的提升也意味著許多受過良好教育的華人成為移民。他們陶醉於華人的價值觀念中，對他們的文明感到自豪，並且能夠保持華人的社會和文化生活，而這在以前的華人移民中是難以想像的。結果可能是在這些華裔國民中出現了分化，即分成享有完全同化成果的華裔以及在當地法律允許的情況下，喜歡在一種模棱兩可、含糊不清的情況下生存的華僑─華人。

　　我的第三個問題是繼前兩個問題而來的。我們可以問一下，在東南亞和講英語的國家中，有多少華裔血統的外籍國民既不是華僑也不是華人？答案由於每個國家華人參與政治的性質和程度的差別而各不相同。顯然，對政治進程的直接參與，特別是在某種程度上參與民主政治，是移民地位提升的最高形式。如果華裔國民積極參與政治是理所當然的，那麼，保留華人這樣的術語不是過時嗎？如果要保留「華」的觀念，那麼，已有「華裔」這樣的術語來保留這一聯繫。否則，正確的術語應該是印度尼西亞人、越南人、澳大利亞人、泰國人和美國人，等等。

　　在東南亞，華人經歷了漫長的土著帝國、王國和公國的封建政治和中間商的殖民政治。今天，卻是對國家建設進程作出貢獻的商業政治；同時也存在著種族或社區的民主政治。問題是，這樣的參與是否將引導回歸社區的團結，即回歸到政治家們組織起來是為了獲得本種族的選票，而不是為了進一步融入全民族的社會中去。除了在新加坡和馬來西亞以外，當上述人數很少時，華裔小群體如何組織起來，以及他們在實際上如何投票是無關緊要了。

　　在北美和澳大利亞，對同化主義政治的壓力相當強大。參與這種政治活動的人將不得不從種族集團之外尋找盟友。在美國，反對盎格魯撒克遜後裔勢力的彩虹聯盟的思想抬頭是有趣的現象。即使這樣的聯盟最終不會有任何結果，但亞裔美國人在政治、文化和藝術等方面覺醒的事實就意味著對任何純粹華人的認同提出了強有力的挑戰。我上面提到的華僑─華人這一範疇的重要性可能不會繼續存在下去。即使存在，為時也不會太久。基於目前的種種跡象，我認為華人參與國家政治越充分，這一觀念就會越快地受到衝擊並被取代。

　　美國超級大國的地位，以及那裡華人移民為國家所承認的速度快於其他

地區，使我想到了第四個問題。這與中國以及中美關係有關。說到中國的因素，我指的是中國成為該地區下一個經濟大國以及成為對美國霸權潛在的主要挑戰者。在許多人看來，這明顯表明中國在不久的將來可能成為吸引華人或華裔的磁體。這就是「大中華」及其所有類似的說法產生的原因。這一說法是為了表示建立在市場社會主義或「儒家資本主義」基礎上的地區性「中國公司」將在某一天形成一種威脅。加上使用「華僑華人」這樣的術語來包括所有中國之外的所有華人，就意謂著一種不可阻擋的擴張和伸展勢力的警報。

美國華人對中國經濟成功採取的這種潛在的態度對中美關係會有怎樣的影響？人們曾設想在可能的情況下會以一種適當的方式幫助支持這兩個國家之間的貿易和科學的合作，或者至少確保雙方的理解以避免重大的衝突。但是，至少會有兩種保留的情況。這兩種情況都以提升移民的政策所可能帶來的結果為轉移，這些政策使 100 多萬名華人很快地成為美國人。問題是，這一過程是否太快了嗎？如果一些剛剛入籍的美國華人不那麼忠誠，他們就會發現自己正在為擴張中的生機勃勃的中國扮演著代理人的角色；另一方面，如果對美國的熱情是真實的，那麼具有這種熱情的人可能更願意成為中國國內的自由民主與人權的政治文化觀點的支持者。第一種行動表明不管華人的國籍如何，對中國，他們仍然保持著中國人式的孝忠。第二種情況則表明他們準備成為愛國的美國人，並將中國的政治改革視作一種美國人合理合法的事業。無論哪種情況，對中國和美國政府而言都是很嚴重的問題。在這種情況下，像華僑華人這樣的術語是否足以說明他們的立場，是值得懷疑的。

最後，我將以第五個問題來結束我的講演。讓我們回到在過去 50 年來許多接收華人移民並採取提升移民政策的國家的觀點上來。這些觀點的差別很大。例如，一些國家對於具有商業、科學和專業技能以及文學、藝術天賦的華人表示出熱烈的歡迎。然而，其他國家就不那麼慷慨，不那麼願意提高移民的地位。他們放棄了現代文明準則的要求，即尊重移民的一些基本權利，只要移民地位的提升沒有對國家的安全構成威脅。

但是，不管出於何種原因，所有接納移民的國家對於新公民都寄予相同的期望。每個國家以其自身的方式承認華人作為自己的國民。他們都希望提高華人的地位，華人就會以對國家的經濟社會和文化生活作出貢獻作為回報，最終是對接收國的完全的政治效忠。從這一方面來看，華僑這樣的術語是不

適用的（除非對那些保留中國公民身份的人）；即使華人一詞也是不恰當的，至少從長遠的角度來看是如此。而最不可取的是，將華僑—華人聯接起來使用，這在中華人民共和國國內是為某些目的而使用的，那裡的學者們也喜歡這樣用。從接收移民的國家來看，如果提高了華人移民的地位，那就既沒有華僑，也沒有華人。在被他們的新國家接納為國民的移民眼裏，這一觀點無疑事關重大。